武田考玄 訳著

滴天髄真義 巻三

秀央社

目次

『滴天髄』の考玄再編構成原文（続）

用神論

道有體用。不可以一端論也。要在扶之抑之得其宜。〔輯要・闡微・徴義・補註〕

《道に體と用と有り。一端をもって論ずるべからざるなり。要は、これを扶け、これを抑え、その宜しきを得るに在り。》

原注

〔「體」と「用」とは、次のように整理して分別されます。〕

（1）日主を「體」とするなら、提綱を「用」とする。
（2）提綱を「體」とするなら、喜神を「用」とする。
（3）四柱を「體」とするなら、暗神を「用」とする。
（4）四柱を「體」とするなら、化神を「用」とする。
（5）化神を「體」とするなら、四柱を「用」とする。
（6）四柱を「體」とするなら、歳運を「用」とする。

（7）喜神を「體」とするなら、喜神を輔ける神を「用」とする。
（8）格象を「體」とするなら、日主を「用」とする。
そして、それぞれの「體」と「用」を説明しますと、
（1）は、例えば日主の「體」が旺じているなら、提綱の食神財官等は皆我が「用」となす。日主の「體」が弱ければ、提綱にある幇身するもの、強神を制するを「用」とする。
（2）は、提綱の食傷財官が太旺して、日主の「用」とできない場合、年月時上の印比を喜神、「用」とし、提綱の印比太旺して、日主の「用」とできない場合、年月時上の食傷財官を喜神とし、「用」とする。
とするのですが、この（1）と（2）が體用の正法であります。その外は、體用という言葉から生じる、変であり、思考の延長であります。
（3）は、四柱に「用」を取るべきものがなければ、暗合・暗冲の神を「用」と取る。
（4）は、四柱化合して、化神を「用」とする。
（5）は、化の「眞」なるもの、四柱中と化神と相生相尅するものを「用」と取る。
（6）は、四柱を「體」とするのは、本來根源的なもので、四柱に作用を及ぼす運歳を「用」とする。
（7）は、喜神が自ら「用」とできない場合、喜神を輔けるものを「用」とする。
（8）は、八格氣象をなしたり、暗神・化神・忌神・客神は皆一個の「體」の段階で、これら一面の格象をなすなら、日主と四柱中に無干のもの、あるいは日主を傷尅太過するもの、あるいは日主を幇扶太過するもの、

太過せず不及せず、中間にあって體用を分別するところを尋ねるを要するに、また形迹なく、ただ日主が喜神を去引するを「用」とする。別に一箇の活路を求めて、「用」となすものです。つまり、日主を「用」とするの意です。

また、體用にその運行を一緒に考えて見ますと、

Ａ 「用」を立てて、「體」が行るもの。用立而體行。

Ｂ 「體」を立てて、「用」が行るもの。體立而用行。

がありまして、これを明らかな理として知ることが、體用の理を正しくするものであります。例えば、

イ、用神、流行の地に行かず、かつ、また「體」を助けるの運に行くのは、妙でありません。

ロ、體用皆立てるに、體用皆旺じ、勝負分けられず、行運もまた軽重に上下がない、すなわち、各々が立っている場合があります。

ハ、體用共に立たず、滞るものがあります。例えば、木火共に旺じて金土に遇わないのは、共に滞っているのです。

という等の如き場合があるのです。

ですから、一端をもって體用を定めてはならないのです。しかしながら、體用の「用」と、用神の「用」とは、分別があるもので、體用の「用」を用神とするのは絶対に不可ですし、かといいまして、體用を捨て、別に用神を求めることもまた不可であります。ただただ體用の「眞」を斟酌する必要があるのみです。つまり、

緊要とするものを用神とするのであります。しかし二、三、四、五所に用神があるとするのは、妙造ではありません。

須らくその軽重を抑えたり揚げたりすべきもので、有餘不足なからしむるところに、「用」はあるのです。

任氏増注

「體」とは、形象氣局の謂いであります。形象氣局なれば、日主をもって「體」となし、「用」とは用神のことであると言うべきです。體用の外に別に用神はないのです。原注に「體用與用神有分別」と言っているのですが、しかしこの点を詳細鮮明にしていませんので、曖昧模糊となっているのです。體用を除いた外に知ることができるのですが、用神を別に求めることはできないのです。原文の末句に「要在扶之抑之得其宜。」とあります。つまり、體用の「用」ということをよく明らかに知ったならば、ここは用神のことを言っているという点に、疑いを差し挟む余地はないのです。

旺ずるはこれを抑え、弱なるはすなわち、これを扶ける。これは用神の不易の法であります。しかし、不易の法とは言いましても、不易の中に変易あるものでして、ただただ、「得其宜」の三字のみを審らかに察すべきです。ということは、「旺則抑之」とはいえ、抑えることは宜しくなく、反ってこれを扶けるほうが宜しい場合がありますし、「弱則扶之」と言いましても、扶けるは不可で、反ってこれをを抑えるほうが宜しい場合があります。これが命理の眞機であります。五行顛倒の妙用であるのです。けだし、旺極のものを抑えるは、反って、激となって有害です。すなわち、その強いものに従うが宜しいのです。弱極のものを扶けるは、扶けるも徒労で無功、すなわち、その弱を抑えるのが宜しい場合があります。ですから、こういう点があるので、「不可以一端論也。」と言っているのです。

大要を整理しますと、次のようになるのです〔整理しましたが、附け足したり、都合が悪いからとして、削除した点は一点もありません　考玄〕。

①　イ、日主旺、提綱の官・財・食傷、皆を「用」とすることができます。

ロ、日主弱、四柱中に別に幇身する干支を尋ねて、「用」となします。

ハ、提綱が祿刃でしたなら、提綱を「體」とし、その大勢を看、四柱干支に食神財官の得るところのものを尋ねて、「用」とします。

②　四柱干支財殺が過旺なれば、日主旺じていても弱に変じます。ゆえに、財殺を制化して幇身するものを四柱中に尋ねて「用」とします。

③　日主を「體」とするは、

イ、日主旺、印綬多いなら、財星を「用」とします。

ロ、〃　　官殺軽いなら、財星を「用」とします。

ハ、〃　　比劫多く、財星がなければ、食傷を「用」とします。

ニ、〃　　比劫多く、財星軽ければ、また食傷を「用」とします。

ホ、〃　官星軽く、印綬重いは、財星を「用」とします。
ヘ、日主弱、官殺旺じるは、印綬を「用」とします。
ト、〃　食傷多いのは、印綬を「用」とします。
チ、〃　財星旺じるは、比劫を「用」とします。
リ、日主と官殺兩停するは、食傷を「用」とします。
ヌ、日主と財星均敵するは、印比を「用」とします。

④日主力をなさず、合して別の干に化するは、化の「眞」で、化神を「體」とし、
イ、化神有餘するなら、化神より洩らすものを「用」とします。
ロ、化神不足するは、化神を生助するものを「用」とします。

⑤局方曲直の五格、日主元神、すなわち格象をもって「體」として、
イ、氣象を生助するものを「用」とします。
ロ、食傷をもって「用」とします。
ハ、財星をもって「用」とします。
としますが、
ニ、官殺を「用」とするのは宜しくありません。

要は、その格局の氣勢、意の向かうところを視て、「用」として、一を執るなかれです。

⑥無格、無局の如き場合とか、また用神として取るべきものがない場合、
イ、用神が閑神の合を破って往くところのもの、
ロ、冲神の損傷を被るもの、
ハ、忌神が劫占を被るもの、
ニ、客神が阻隔を被るもの、
ホ、用神が単に日主を顧みれないだけでなく、日主も用神を顧みることができないなら、歳運にて、
を「用」と取ります。しかし、
○その合神を破る。
○冲神を合する。
○劫占するものを制する。
場合も、歳運安頓を得る、と言いまして、歳運に随って「用」を取るもので、吉たるを失わないのです。

となります。

原注に、「二、三、四、五用神者、的非妙造。」と言っているのは、大謬であります。というのは、ただ八字あるのみですので、もし四、五字を用神としますと、日干の外に、ただ二字不用のものがあることとなって、断じて、この理はありません。結論的に言いますと、有用無用は一個に落ち着き定まるもので、確固不易のものであります。

命中に喜用の両字ある場合は、用神は日主の喜ぶところのもので、終始依頼とする神であります。用神、喜神、忌神を除きますと、他は皆閑神・客神であります。命理を學ぶ者、宜しく、これらの点を審らかに察すべきであります。大体天干が用神となる場合は、生は生ですし、尅は尅ですし、合は合となります。地支の冲は冲で見やすく取りやすいのですが、地支の作用は種々様々で同じではありませんので、天干は看やすく、地支は推すに難があるのです。つまり、地支の用神は見難いものであります。

〔316〕

丙寅　**大運**
甲午　乙未　戊戌
丙午　丙申　己亥
癸巳　丁酉　庚子

これは火長夏令、月支坐刃、年支生に逢い、時支得祿、年月両支、また透甲丙、烈火焚木、旺の極です。一点癸水の熬乾、ただその強勢に従うを得るのみです。運、木火土に逢い、財喜頻増、申酉運中は、刑耗多端でした。亥運に至って、火の烈を激怒せしめ、家業破尽して死亡しました。所謂、「旺極者、抑之反激而有害也。」とするものです。

〔317〕

戊寅　**大運**
庚申　辛酉　甲子
丙申　壬戌　乙丑
丙申　癸亥　丙寅

丙火初秋に生まれ、秋金乗令、三申冲去一寅、丙火の根は抜かれてありませんし、比肩あるも力となりません。年月両干には、また土金透り、ただその弱勢に従って、順財の性、比肩を病とします。ゆえに、水旺の地に至って、比肩を制去して、事業隆盛となりましたが、丙寅運幇身し刑喪破耗。所謂、「弱極者扶之、徒労無効、反有害也。」となるものです。

これらの格局は大変多いものです。俗論をもってしますと、前造は、必ず金水を「用」とし、この造は、必ず木火を「用」となすとして、吉凶は全く反対となって、命理の信憑性なし、との非難を受けるのです。ゆえに、特に兩造を挙げて、後の証とするものです。

徐氏補註

體用の二字は、今の命家でその人ごとにそれぞれの解釈がされ、混乱している用語であります。從來の命書で、いまだかつてこれに弁別を加えたものはありません。例えば、用財生官と言うに、食をもって制殺するなれば、結局は財が生官するものとなるので、財を「用」となす、としているのです。官を抑えるを「用」となすのは、食神制殺するから、食神を「用」となす、抑殺を「用」となす、と。この體用皆いまだ分けられていないことによるのです。

『子平眞詮』に「用神専求月令」とあります。四柱八字には必ず格局があるもので、格局が「體」であります。これは、「體」を「用」となすの誤りであります。「體」をもって「用」となすのは、真正の用神で、これを名付けるに呼称名はありません。これを相神と名付けますと、相の外にさらに輔助救応の神があることで、位置付けることはできません。要は、輔助救応のものを知ることで、すなわち、相神となすものですし、喜神と名付けられるのです。喜と忌は相対するものであります。任氏増注に、方局形象を「體」となす、と言っているのは、これは氣勢偏旺の外格を指して言っていることです。形象氣局をなさないなら、専ら日主をもって「體」となす、「體」不完備なれば、「體」は体象に体段があると、ひそか言っております。

八正格の「體」は、専ら月令に求めるものです。例えば、

木が春に生まれるのは、月令祿刃であり、まさに春木を「體」となす、とすべきであり、祿刃を官殺をもって制するが宜しいか、あるいは食傷に洩らすが宜しいか、この官殺あるいは食傷が、すなわち用神であります。

木が夏に生まれるのは、夏木を「體」となすものです。すなわち、木火傷官でありますが、夏木は水の滋潤を宜しとなすもので、傷官佩印となす。これは印をもって、用神となすものであります。

木が秋に生まれるのは、月令官殺、秋木が「體」をなすもので、官が財の生を「用」とする、あるいは食が制殺するが宜しいとするは、財と食傷を用神となすものであります。

木が冬に生まれるのは、月令印綬、冬木を「體」となすもので、寒木向陽、これは食傷を用神となすものであります。

ゆえに、「體」は定めがありますが、「用」は一定しないものです。つまり、「用」は配合に随って、需要によって生まれるのです。局勢が転変する、支が方局を成せば、日干と方局を成すところとを合わせて一体として、別に用神を取るのです。例えば、火が春に生まれ、丙が辰に臨み、時支子申に逢うは、子辰会局して、財殺肆逞となり、火水未済を「體」とし、月令印綬をもって「用」となすものです。火が夏に生まれるは、夏火を「體」となすのですが、時戊戌に逢うは、食傷有氣となりますので、火土傷官を「體」として、別支の財印を

「用」となすのです。ゆえに「不可以一端論」と言われるのです。

扶抑とは、用神の作用で、あるいは日干を扶けて、月令の神を抑える、もしくは月令を扶け日元を抑える、「用」は一扶であります。用印、用劫の別がありましても、同一の抑であります。尅が宜しい場合、洩が宜しい場合の分別があります。

また次に、「旺者宜抑」、また、「旺不可抑」があります。従強・従旺は、その氣勢に順ずるを「用」となすものです。弱は扶けるが宜しいのですが、弱で扶けるが宜しくない場合、その氣勢に順じ従財従官殺、「用」をなすものです。

「用」には種々不同なるものがありまして、要は、「得其宜」にあるのみであります。

〔318〕

戊 辰	大運	
甲 寅	48才己未	78才壬戌
丁 卯	58才庚申	
己 酉	68才辛酉	

これは林森主席の命造です。丁火正月に生まれ、春火「體」をなし、寅卯辰東方、甲透、すなわち印綬です。木多火塞、財をもって、用神とし、その作用は損印にあります。財星孤立するも、己土があってこれを護り、運比劫に逢うも、奪財されることをなくし、己土は用神を輔ける喜神であります。早行南方火土の郷、その抱負を展開することできず、庚申・辛酉に巡り、用神は得地して、貴は国府主席となったものです。

〔93〕

丁　卯　大運
癸　丑　42才戊申
丙　申　52才丁未
戊　子　62才丙午
　　　　72才乙巳

これは蔡子民先生の造です。丙火十二月に生まれ、冬火を「體」とします。申子水局、丑中癸水透出し、火衰水旺。すなわち、「正官格」であります。水火の氣は通じ、化官して日元を生ずる、印綬にあらざれば宣となりません。必ず卯印を「用」となすものです。寒木力薄く、丁火がこれを助けています。癸水傷丁、戊土は癸に合し、丁戊は皆喜神であります。前運、わずかに戌字が美。丁未・丙午に交入してから、喜用得地して、貴は、中央研究院院長となりました。

體用の二字、從來の命書中いまだ明確な分界を明示した書はなく、相互に混用されてきました。読者は特に注意してください。

原注に言われている、「二、三、四、五用神」の句は、任氏がこれを排斥していますが、誠にその言や正しいと言うべきです。用神に二つあることはできないことです。どうして、四、五の理があり得ましょうか。つまり「體」と「用」が混乱して言われているのです。例えば、前造の林主席の造、木多火塞、もし木をもって「用」とするなら、すなわち、四、五の用神ということになるのです。結論的に言いますと、「用」に賓主あり、「體」にもまた賓主あるものです。日主は「體」の「體」であり、月令は「體」の「用」、用神は「用」の「體」、喜神は「用」の「用」であります。體用をきちんと整理して分明にしますと、賓主混淆するようなことはありません。

さらに、従化専旺等の格局がありますが、皆全局の氣勢を「體」となし、化局は化神を生ずるものを用神とし、従局は従神を用神とし、専旺等の局はその氣勢に順じ、その性情を引くものをもって、用神とするものであります。

さらにまた、兩神、三神、四神、成象するものがあります。形象を「體」として、配合を斟酌して、用神を取るべきです。

さらに、一神一用する者、兩神成象する者、日主を「體」として、別の一神を用神となすものです。「體」の弁別既に明らかとなれば、「用」を論ずることができるのです。

また、運命学はもともと、その源は易理にあるものなのです。例えば、易の離卦の如く、外陽内陰、これがその「體」であります。一爻《こう》（周易で卦を組み合わせる元になる陰と陽の印のこと）変じて、艮を成し、二爻変じて、乾を成すのは、これ、その「用」であります。命理の體用もまたかくの如きものであります。特に、世俗混淆し、相沿成習、異説が聚立して、反って学ぶ者に糸口を解らなくしているのです。

考玄解註

体用の解釈は、三者三様で、「體」という文字の意義解釈と、「用」という文字の意義解釈の仕方、視点によって違ってきていると言えますので、どれが正しく、どれが誤りとは言えません。

「体」という文字は體で、體から躰となり、体となったのですが、原文・原注・任氏増注・徐氏補註すべて體となっています。體は、もと「骨骨」で、「身豊」もあり、「骨本」もあり、躰もあり、体は、俗字として当用漢字となっています。からだ、の意で、すがたかたち、ありさま、なりふり、もと、本性、本質、内容、作用の本源、その他の意がありますが、連ね結ぶ、くらいまでは命理上にも通ずる用語であります。

「用」とは、もちいる、行う、つかう、はたらき、しるし、通う、功能、たから、資力、等の意が命理上に通ずる意であり、命理のみでなく、外にも、体用という言葉が用いられています。例えば、『華厳經』に、「體用一言。顯徵無間。」ともあり、通俗的には、本体と運用、という、本源的なものと、それが時空の間にあらわれ、変化して行く作用運動、別の言いかたをしますと、静にして不変なる本来のかたちと、動じて変化定まりないもの、あるいは、その作用働きを示すもの、対照的でありながら、不即不離なる接点を有するもの、と解されるのです。命理においても、この本来の意から逸脱して解することはできませんが、その上に立っての命理的解釈があるのはまた当然でもあります。

徐氏は、特に、

「體用兩字從來命書中未有顯明界說。」

「體用兩字。今人每多淆亂。從來命書中。未曽加以辨別。」

と言っていますが、体用に定説をつけようとし、これが体用であると説明しています。春木、夏木、秋木、冬木というように、時令に「体」する日干五行を木を例にして、「体」であると言っているのですが、さて、四季の土旺の木に対しては一言も触れていないのです。言うとすれば、春土の木、夏土の木と言うしかないのです。

ところが、徐氏の『子平粋言』に、木の辰月を、春木とし、参考のところに、「土旺用事、支無申子會局、只作土論」とあるので、春木作土論を参考とする、ということになります。そして「用」、すなわち用神は、

「如木生於春。月令祿刃。當以春木爲體。祿刃宜官煞以制之。或食傷以洩之。此官煞、或食傷、乃用神也。」

としていますが、春木、用神、官殺、あるいは食傷、いずれか以外にはない、と言うことはできません。財を用神とする場合、印を用神とする場合、比劫を用神にする場合さえ生じるもので、夏木、秋木、冬木、すべて徐氏が言っている、官殺あるいは食傷以外に用神はないなどと、もし錯覚する人があれば、大変な誤りを犯すことになるのです。その点、徐氏は十分心得ている方ですから、「用者随配合需要而生。」として、例を上げ、結論を「故云不可一端論也。」と導いている点に重々注意してください。つまり、春木を「体」とすると言いましても、春木の四柱八字の配合組織によって、需要とする緊要な用神は一定しない、ということであります。すると、春木を「体」とする、というのは、実は表現上の誤りです。「体」の字の意義を前述してありますから、もう一度見てください。ですから、「体」を次のように定義するのが妥当と考えます。すなわち、命理学上体用として言われるところの、

○「体」とは、日主と提綱を中心とした、四柱八字の組織構造の有り様である。

つまり、右の定義中には、木と言わずして、甲木乙木となり、月令分野の用事が明確となり、上下・左右・前後・遠近が区別されるということなのです。単に、四柱八字を「体」としてもよいのですが、中心点、月令を曖昧にし、全体というあやふやなものになるのを恐れるのです。

そして、さらに、「用」の用神を定義しますと、
○「用」とは、「体」の需要とする、命中の緊要なる一神である。
とするのであります。別に八格（普通格局）とか、外格（特別格局）とかに分けなくても、これで十分です。

結論が先に出てしまった形となりましたが、次いでに述べておきますと、既に、拙著『造化元鑰和訳』中でも述べていることですが、命理の書に使われる「用」という字は、
1、格局の「用」とされる、という意の「用」、用神。
2、作用する、作用として必要である、という意の「用」。
3、右に説明した、体用の意の用神としての意の「用」。
と、種々に使われている、という点であります。

このように説明してきますと、原注、任氏増注、徐氏補註の上に、さらに考玄解註をする必要はないくらいでありますが、蛇足ながら付け加えることにします。

前述の原注は、理解しやすいように整理し、箇条書きに分けたものですが、私の意見が加わったり、原注の原文を削除したりは一切しておりません。それは、任氏増注を整理分類したところでも同様です。この原注で解ることは、「体」と「用」とを、命理的に考えられるすべての点において、体用として広範囲にとらえ、考えている、という点にあり、そこにも、「体用不可以一端論」の考えが貫かれている、ということです。「用不可以一端論」ではないもので、これはこれとして、誤りであるなどと無下に却けるほうが間違いであると言えま

す。つまり、原註の〈1〉から〈8〉までは、すべて、「体」を作用を発する、もと、本体・本性として、「用」を「体」から生ずる、はたらき、変化のしるし、作用として考えているのです。そして、〈1〉〈2〉が体用の正法であると言っている点をおろそかにしないでいただきたいのです。前述しました体用の定義は、実に、原注の〈1〉〈2〉と〈3〉〈4〉と、さらに徐氏の「体」の考え方を統合したものでしかないのです。先賢の諸論を科学的方法論的にまとめたに過ぎないのです。

ただ、〈3〉は、暗合格、暗冲格に通ずる要素がありますので、削除して可です。

また、用神と喜神とが原注で混乱している点は見逃せません。つまり、用神は喜となるが、喜神すべてが用神とはならない、用神は命中の緊要なる一神であって、喜神は用神を定めることによって、はじめて命の喜となる干がわかるのであって、喜神は一つとは限らず、二、三、四、五、六もある場合もあるのです。

また、〈7〉は、用神が定まってから生ずる命の喜とするもので、表現上にやや無理があります。〈2〉の喜神も用神の意ですし、〈7〉の喜神も用神の意で、用神を輔ける神を喜神として用いる、と解するのが妥当です。ここで輔けるとあって、生じるとも、生ぜられるとも言われていない点に、特に注意してください。

また、〈8〉の日主を「用」とする、という表現もやや妥当性を欠いております。というのは、いかなる場合でも、日主を用神とはできないのです。日主は我であって、生命エネルギーの中心核ですから、用神を取るということは、日主・我の「用」となるものであって、自分自身を用神にすることはできないのです。用神は必ず日主以外のものであります。その意は、原注者は十二分に知っていますので、〈8〉の説明のところで誤解のないよう、しつこいくらい説明に力を入れ過ぎ、ちょっと気楽に読み過ごすと、反って混乱さえ生じかねないほどで、徐氏でさえも誤解して、

「無形象氣局者、専以日主爲體、則體不完備、竊謂體者體象體段也。」

と、しかも、これを任氏増注としているのも誤りで、任氏は一言もそのようなことは言っていません。言っているのは、お読みになったように、原注ですが、徐氏のようには言っていないのです。原注者、冤罪を被っているような形です。徐氏の全くの誤解ですし、曲解です。こういった点、よほど注意して読まないことには、うかうかと一方の論をそのように言っているものと、と受け取る危険性があるのです。決して、悪意あってではないのでしょうが、任氏こそ、はた迷惑というもので、変なとばっちりを受けた形でお気の毒な気もしますが、ここに真相を明らかにしておきました。

ところで、大変重要なことは（原注８頁）、

Ａ「用立而体行」と、Ｂ「体立而用行」と、それに続く、イ、ロ、ハの説明です。

また、〈体用の「用」と、用神の「用」とは、分別がある〉と言っている点で、任氏は、大分「用」は、用神以外の「用」はない、と気色ばんでいますが、私が注意を促しましたように、「用」を用神とのみ取るほうが、特に古書を読む場合危険です。その分別ありと原注者が言っているのは、作用の「用」として、〈６〉などは、その好例でしょうし、格局の「用」とする、とはよく言われていることです。原注は、体用の正と変を言い、かつ作用、はたらき、かかわり合いの意の、「用」をも説明し、このことをも含めて、「不可以一端論也。」とし

ているのです。

しかし、任氏増注は、実に几帳面に、用神以外の「用」はないとしているのです。「要在扶之抑之」に直結するものとしているのです。「要在」以下は、用神であることは勿論ですが、だからと言って、その前文の体用も、用神と決め込まないほうが良いのです。

そして、任氏増注は、不易の法、変易の法を述べ、最終的には「得其宜」の三字に決着するとして、私が整理しましたように、淳々として細察しているのです。整理分類して説明しませんと、五、六回読んでも釈然としない点が残るので、整理した次第です。〈1〉〈2〉はまあよろしいのですが、それでも、〈1〉のハには問題があるのですが、禄刃でも、日主弱となる場合がありますので、それはロに入るものと考えてください。例えば、次のような場合、食傷財官を用神とできましょうか。

(A)
辛酉
庚寅
甲申
乙丑

(B)
庚申
己卯
甲戌
己巳

(C)
庚申
戊寅
甲子
辛未

(D)
辛酉
辛卯
甲辰
戊辰

また、〈3〉はあまりにも原則論的ですし、原則論としても、不足するところ多々ありますし、用神はこんな

に簡単なものではないのです。では、どのように用神を取るかとなりますと、

（ⅰ）陰陽五行、日干を含めての五行十干の、組織構造、干の特性、月令の如何によって力量差を知る。

（ⅱ）干の特性と気候の関係、調候を含めた喜忌を明らかにし、その喜とするものが、あるいは、忌とするものが、どこにあり、その左右・上下がいかなる干支であるかを明確に知る。

（ⅲ）「病」の有無、その位置を知る。

（ⅳ）扶抑するのに、最も適切な干をもって、用神を定める。

（ⅴ）用神の位置・力量と、前後・左右・上下・喜・忌・閑神が、如何になっているかを知る。

これだけの順序を踏まなければならないので、強といっても最強か、次強か、平強か、たとえ平強としても、最強なるものが何であって、その力量差はどの程度か、という違いがあるのです。

日主旺じ、印綬多いからと言って、財を必ず用神とするとは限らないのです。財運としても、干の特性を知らず、財ならよい、と言うものではありません。財あるとしても、近貼して比劫に制財・奪財されているなら、つまり、用神と取れなければ、あるいは財がないなら、一体どうしますか。

とにかく、〈3〉のように、簡単であったなら『滴天髄』も『造化元鑰』も必要ないことになります。

また、〈6〉の無格というのは四柱八字あるなら、ただの一つもないのです。ただあるのは、太過不及と、成敗の格です。ですから、ここは、用神として、最も適切な干が命中にない場合、やむを得ず、次用となるものを取る、と言うべきです。ホは、喜の作用となる、これは用神として取れないものであったものが、歳運によ

って、用神と考えることができる場合がある、と解すべきです。

また、確かに、原注の「而二三四五處用神者。的非妙造。」は、任氏増注や徐氏補註にもあるように、おかしいのです。しかし、その前に、原注では、「而」の前に「於此取緊要爲用神」とありますので、徐氏の言うように、「体」と「用」とが混乱して言われているとするのは、その前の「緊要爲用神。」とあるので、混乱と決め付けることもちょっとできかねます。陳素庵氏の『滴天髄輯要』には、ここの箇所は「卽二三用神亦得」とあり、これでしたなら、一干透出し、二、三蔵はあり得るのです。すると、「二三四五處用神」は、果たして、原注の「真」であったのでしょうか。外格、化従の仮格では、「四五處用神」はあるし、また、妙造ではないこともあり得ます。転々と筆写されてきた間に誤写されたとは、断言しませんが、どうも納得のいかないところであります。内格では、確かに「四五處用神」はあり得ませんから、大謬です。しかし、外格なら「四五處用神」ありますし、妙造ではないと言えます。

それよりも、任氏も、徐氏も、問題としていないところですが、原注の「若以體用之用爲用神固不可。」とある点、疑問があるのです。この体用の意が、原注として整理した〈1〉に該当するのではないか、ということなのです。財格にして、財を用神とする官格にして、官を用神とする、食神にして、食を用神とするのは、真神得用として、そのこと自体が一つの優点となるのを、〈もとより不可〉としているのは解せないところです。不可は不得の誤りではないか、と思えるのです。そして、その後の文も全くおかしいのです。すなわち、「舍此以別求用神又不可。」とあるのです。体用の「用」をもって用神とすることは〈もとより不可〉〈これをおいて、別に用神を求むるもまた不可〉となると、もう用神は取れないことになるのです。別に用神を求めることもできない、などと、果たして劉伯温氏ほどの人が言うでしょうか。〈1〉〈2〉と矛盾してくるのです。つまり、「体用の用と、用神の用とは分別するもので、体用の用をもって、すぐさま用神とはできないことですし、これを捨てて、体用の用を用神として別に求めることもできないことです。ただ、体用の真実なるものを斟酌することが必要なことであって、体用を明らかにして、その上で四柱八字中の最も緊要なるものを用神とするのです。」

と大分追加して解しますと、字句の意味と理も一応は通じますが、〈1〉〈2〉とやはり矛盾してくるのです。第一傍点をこれだけ追加しなければならない、ということ自体、実はもう大変おかしなことです。〈1〉〈2〉に言っていることは、既に、用神の「用」を言っているので、体用の「用」だとしますと、日主旺とか日主弱とか、年月時上に取るとか言っているのは、用神のことではなくて何でしょうか。任氏も徐氏も、原注を一貫して読んで、どうしてここに疑問を持たなかったのでしょう。

任氏増注で、最後に言っている一句は「故天干易看、地支難推。」と言っているのは確かです。だからと言って、地支蔵干に、用神を求めることができないとか、難しいと言っているのではありません。ただ、巳中の庚金は、用神と取るには、左右・上下をよくよく見ないと、あるからと言って、それをすぐ取ることはできない、という点はあります。

徐氏補註で「總之用有賓主、體亦有賓主。」は、体中に「用」あり、用中に「体」あり、ということにもつながりますが、特にこのように分けなければ、体用が解らないものでもないのです。あまり深く拘らなくともよいところです。

また、徐氏補註は、易理をもって体用を説明していますが、易学から五星の術が派生したものではなく、命理学の源となる思考的根拠は「陰陽五行哲学」にあって、易学は陰陽の理から出ているもので、命理学に易は重要な係わり合いを持つものではなく、易理をもって、命理を説明する必要は全くありません。

体用の説明定義は、前述した通りで、正格・普通格局であったらどうとか、外格・特別格局であったらどうとか、「兩神成象格」であったならどうとかに分けて、体と用神とを区別して、それぞれに説明する必要はないのです。確かに、徐氏の、春木、夏木、秋木、冬木の類を「体」とするのは、卓見ではあり、徐氏の論に従って、そのように「体」を解している命家が多いのも事実です。しかし、骨であって、體と言うには不十分なので、前期のように定義した次第です。

ところで、『滴天髓輯要』を出刊した陳素庵相国は、その著『命理約言』の中の「看用神法」に、次のように言っています。

「命以用神爲緊要、看用神之法、不過扶抑而已、凡弱者宜扶、扶之者、即用神也。扶之太過、抑其扶者爲用神、扶之不及、扶其抑者爲用神。凡强者宜抑、抑之者、即用神也、抑之太過、抑其抑者爲用神、抑之不及、扶其抑者爲用神。」

と言い、「看命者、看用神而已矣。」とさえ言っているのです。要するに、看命は、用神を定めるに尽きるとも言えるくらいで、用神は、扶抑以外にはない、と言って、『滴天髄』の本節文の「要在扶之抑之得其宜。」が用神である、と全く同意見になっているのです。

この用神ですが、徐樂吾氏が『原本子平眞詮評註』を出刊して以来、

(1) 扶抑用神
(2) 病薬用神
(3) 調候用神
(4) 専旺用神
(5) 通関用神

があるとして、人により、多少相違がありますが、大体このように用神を分類して説明しています。専旺用神は、従格、化格、一行得気格の用神として、また通関用神は、相尅する両神成象格の用神として、つまり、(4)(5)は特別格局の用神として解りやすいのですが、普通格局と、一応は外格・特別格局中に入れられる建禄・陽刃・月劫格の用神には、扶抑と病薬、調候の三つの用神があると多くの方は誤解するに至っているようです。そして、書に、用神は一つであって、別神をも用神とすることはない、と言われますと、もう用神という点で、手も足も出なくなって、用神を取るのはなかなか難しい、解らない、と嘆息する方が多いことになるのです。

しかしながら、病薬用神、調候用神という表現自体が誤解を招く用語であって、正しくは、病薬の視点、調候の視点として考えていただきたいのです。特に、調候の視点という言葉の中には、十干の特性と時令の関係

から生ずる喜忌と純然たる調候が含まれている、ということです。そして、用神と言えば、扶抑用神あるのみで、専旺も通関も、実は、この扶抑用神以外のものではなく、「要在扶之抑之得其宜。」である、と言えるのです。ですから、「薬」にも当たるし、調候にも当たる、扶抑用神である場合でも、「薬」に当たって、扶抑に当たらず、病薬用神のみということはないのです。

○用神とは、扶抑である。

と言っている、陳素庵氏の原点に戻るべきなのです。格には全く関係ないのです。視点として、病薬と調候は重要なものであります。このようにして見ていきますと、用神で途方に暮れることはなくなるはずです。

以上、色々述べましたので、ちょっと混乱される面もあったと思われますので、これを整理して述べますと、四柱八字の組織構造が「体」でありますので、

1、格局を正しく取り、

2、干の特性をも含めて、日干の強弱の、また他の四行の強弱の度合いを、その四柱構造の上下・左右、遠近、「始終」よりして、正確に分別し、

3、調候の有無、

4、病薬の有無、

5、冲尅合局方、化不化、去を正しく見分け、

6、扶抑の命中にある緊要な一神を用神として定める。

ということをこの一文で言っているのです。ですから、冲尅合局方の理もわからず、調候も、干の特性さえも無視、上下・左右、遠近、「始終」の生尅制化も無視、さらに、格局さえも誤り、日干の強弱、他の四行の強弱の度合い、順序さえ正しく分別できず、単純に強と言ったり、旺と言ったり、弱と言ったり、衰と言ったりする、強弱の二分類しかできないようであれば、用神の選定など正しくはできないのです。

そもそも命理が始まって以来、中国において〝生命〟という用語はありましたが、〝生命エネルギー〟という用語はなく、そのために「体」という、本源的なものを指す用語しか用いようがなかったので、色々な解釈がなされてきたのです。しかし、現在我々は、〝エネルギー〟という共通概念の用語がありますので、十干もエネルギーであれば、十二支もエネルギーであり、ある時間経過の過程でこの世に誕生した人を四柱八字として、認識したなら、その八字こそが、その人の目に見えない〝生命エネルギー〟であるとしなければならないのです。

「体」という用語はどちらかと言いますと、形あるものと理解され勝ちですが、その点で命家中誰一人として、形ある「体」と解釈した人はいないのです。無形のものであるために「体」が色々に解釈されてきたのですが、そのある人の固定化された本源として認識されるものが「体」であるなら、〝生命エネルギー〟であると定義付けるべきなのです。

そして、そのある固定化された分子構造とも言えるものの中に、中心核とも言うべき、〝生命エネルギー〟を維持し、移行させて、変換させていく可能性を持つ〝中心核〟が日干なのですから、その日干を扶抑し、その「得宜」とする重要な〃一エネルギー〃が用神である、と理解すればよろしいのです。

しかもその〃生命エネルギー〃が旺相死囚休という力量差をもたらす、循環律があることから、質量の格差が生まれ、大運である、旺相死囚休の〃生命エネルギー〃内での自変作用を起こしつつ、客観的時間の移行の間に種々なる事象を顕在化していくのです。

ですから、大運も〃生命エネルギー〃であると認識しなければならないのです。だからこそ、大運によって格局が変化することもあれば、普通格局であってさえも、その喜忌が変化する、という理論と実証があるのです。これが命理学上で言われる「中和之正理」なのです。

用神は、その宜しきを得るところの、扶抑に尽きると言われる、

「扶」とは、印と比劫であり、

「抑」とは、洩の食傷、制の財、剋の官殺、

と日干を主として分別することができるのです。しかし、特別格局においての用神というものは、

○従格は、従神の陽干をもってする。

○一行得気格も、得気している陽干である、という点では、従格と同じである。

○化格は、必ずしも化神をもって用神とするとは限らない。

ということになるのです。しかし、「兩神成象格」などという格局はない、とするのは、旺相死囚休である月令によって、生まれた分別法ではなく、用神選定法に基準となるべき視点がないことによるのです。ですから、

用神を選定する前に、格局を誤っては、もはや用神も喜忌もない、ことになるのです。

また、「病」「薬」については、次のように定義付けられるのです。

「病」とは、四柱八字を悪化させる強なるもの。

であると言えます。命を悪化させているものとしてしまいますと、これは多々あるもので、調候のないことも悪化させますし、天干に欲しい干がない、地支に欲しい支がない、またあったとしても、そのある位置が悪い、等々があるのですが、具体的に言いますと、方または局を成して命を悪化させているものが「病」であると言えるのです。ですから、

「薬」とは、その「病」を制するところの干、もしくはその「病」を洩らして命を良化させるところの干支とするものです。しかしその「薬」が太過しますと、それがまた、「病」とさえなるのです。

ここで多くの人が解らなくなるのは、「病」に対して「薬」が適切である場合、その「病」は喜となるものか、忌となるものか、その喜忌の度合い、程度はどのように考えればよいのか、という点です。その点は、命を悪化させる強なるものである以上、喜となることはありません。しかし、忌となる程度は、旺相死囚休や団結不団結の有り様等にもよって異なることになります。

重大なる忌となるのは、例えば、申子辰水局全くしての「病」に対し、「薬」となる戊土によって、水利灌漑し、万物を滋生させる弁証法的生成発展をもたらすものの、さらにこれに強い水が加わると、水多土流、水多木漂、水多火滅、水多金沈とさせてしまう危険性を内包しているものが忌である、と一応考えて然るべきなの

です。

〔316〕

丙寅	**大運**			
甲午	乙未	丙申	丁酉	
丙午	戊戌	己亥	庚子	
癸巳				

丙日午月火旺に生まれ、寅午火局半会し、日支もまた午で、月干に陰の甲木近貼して「虎馬犬郷。甲來焚滅。」の気勢であり、調候として水源有情なる壬水必要となるもなく、時干に一点の癸水正官あるので、「仮の従旺格」となるものです。用神は旺神である丙、喜神一応木火土となりますが、土は火炎土焦、不能生金、忌神水、閑神金となるものです。

第一運乙未、乙は化官生身、支は巳午午未の南方全以上となる喜神運ですが、調候のない命運であり、喜象はほとんど期待できません。

第二運丙申、申中壬水相令にて、大運干丙、原局丙から制庚はされるものの、去となりませんので、「建禄格」か「陽刃格」に変じ、喜神土金水、忌神木火となる大運、やや忌の傾向性。

第三運丁酉、丁癸剋去し、酉金は原局の旺強の火により熔金となる「真の従旺格」となるものの、調候なく、良好性期し得られません。

第四運戊戌、寅午午戌火局全以上となる喜神運ですが、前運同様に調候なく、火炎土焦、不能生金にて、あまり良好期し得られず。

第五運己亥、水旺運、「建禄格」か「陽刃格」となりますが、あまり喜とならず、第六運庚子、水旺運、前運と同様ですが、「衰神冲旺」の大忌の大忌の傾向性となります。

真と仮の従格の理論が全くわかっておりません。ここは用神を言うべきところ、用神も喜忌の神をも言っていないのです。

〔317〕

戊	**寅**	**大運**	甲子	丙日申月金旺に生まれ、庚丙尅、寅申冲去し、二申は接近し、月
庚	**申**	辛酉	乙丑	干透庚はするものの、「従財格」の「仮」とも取れないのは、時干丙
丙	**申**	壬戌	丙寅	火が制財するからで、分野によって「傷官格」か「食神格」か「偏
丙	**申**	癸亥		財格」の普通格局となり、用神丙、喜神木火、忌神土金水となりま
				す。

第一運辛酉か第二運壬戌に必死の夭凶命です。

「従財格」の条件、何であったでしょうか。申酉戌とか巳酉丑とかの「病」に対する「薬」は何であるべきですか。二丙団結していない、とでも言うのでしょうか。それとも年干の戊土が湿土にして、日時の丙火が生土有情とでも言うのでしょうか。丙火は庚金を尅せないと、とんでもないことを言っているのです。「丙火猛烈」ではないとさえしているのです。

何が〈木火を「用」となすとして、吉凶は全く反対となって、命理の信憑性なし、との非難を受ける〉でしようか。

〔318〕

戊	**辰**	**大運**	
甲	**寅**	8才乙卯	38才戊午
丁	**卯**	18才丙辰	48才己未
己	**酉**	28才丁巳	58才庚申
			68才辛酉

丁日寅月木旺に生まれ、戊甲尅去し、寅卯辰は東方全くする情はあるが、卯酉の冲あって、東方全くせず、全支個有の支となり、透甲する「印綬格」です。雨水前の生まれですので、生地によっては丙火調候必要ですがなく、日干相令とはいえ無根、やや印太過の憂いがありますが、用神寅中丙、喜神火、忌神土金水木となります。相令の丁火の特性忘れるべきではありません。

徐氏の解命は大誤です。戊甲の尅去を見落とし、調候を言わず、日干弱であるのに、〈財をもって、用神とし〉などできないのです。つまり、上下・左右よりしまして、丁火は己土に洩らし減力している上に、酉財をも制さなければならないのです。日干は弱となっているのに、命を良化する緊要の一神である財を庚であろうが辛であろうが、「抑」であろうが用神と取れないのです。日干弱で、洩にも耐えられませんし、財にも任ずることできず、「扶」の用神丙しか取れないのです。これは事象面からして、こじつけた用神としか言えません。

日干弱ではあるものの、相令にして、東方を成さない寅中丙火を頼みとする、干の特性さえ無視しているのです。丁火の特性、「衰而不窮」を忘れてはなりません。寅中に根があっても、日干強とはならないのです。時干己土に洩、己土生金する酉財と、また丁火が制財もしなければならないのに、どうして日干強と考えられるのでしょうか。また立運8才ということは、丙分野の生まれであることも見落としてはならないのですが、丙分野生であっても、日干強とはなりません。

〔93〕

		大運	
丁	**卯**	2才壬子	32才己酉
癸	**丑**	12才辛亥	42才戊申
丙	**申**	22才庚戌	52才丁未
戊	**子**		62才丙午

丙日丑月水旺に生まれ、透癸する「正官格」です。年月干丁癸尅去、丙火移動して年支卯に接近し、死令の丙火、また丑月寒気厳冬となるので、調候二丙欲しいところですが、丙火の根もなく、申子水局半会する「病」を戊土が水利灌漑しますが、日干は洩身に耐えられず、日干弱、用神は甲、喜神木火、忌神土金水となります。

徐氏解命は誤りで、もし丁癸尅去しなければ、年支の卯は日干丙に全く無情で、生丙火はしないのです。卯木の〈寒木力薄く、丁火がこれを助けています。〉の理など全くありません。さらに、〈戊土は癸に合〉する理もありません。〈丁戊は皆喜神であり〉得るはずはなく、忌の戊土が、忌の水局半会の「病」の「薬」となって、申子水局半会が攻身するのを妨げているのですが、戊土を「喜」とするものではないのです。また〈必ず印卯を「用」〉となるものではなく、用神甲とすべきです。陰陽の干の特性を知っているのでしょうか。

次に述べられている「損益」は、以上の扶抑と別のことではなく、扶抑と異なるものではありません。「道」と言ったことの対照として、「人」という視点から、扶抑と同じ「損益」という用語に結び付けていったに過ぎないのですが、体用の対照句として、「精神」と言ったことから、種々な註となっているのです。しかし、用神はあっても、「損神」とか「益神」とかいったものはないのです。

人有精神。不可以一偏求也。要在損之益之得其中。〔輯要・闡微・徵義・補註〕

《人には精神あるも、一に偏って求むるは不可なり。要は、これを損じ、これを益して、その中を得るにあり。》

原　注

精氣も神氣も皆氣の元であります。五行は大体において、金水をもって精氣とし、木火をもって神氣とするものであって、土はこれを結実される所以のものであります。神は十分足りているが、精を見ないものがあって、精は自らが補足せんとし、精は十分足りているが、神を見ないものがあって、神は自らが補足せんとしている。精が欠け神が索めているもので、日主虚旺であるものがあります。精が欠け神が索めている、日主孤弱なるものがあります。神不足して精あり余っているものがあり、精が不足して神があり余っているものがあります。「精神」共に欠けて、氣が旺じているもの、精神共に旺じて氣が衰えているものがあります。精欠け、神を得て助けているもの、神欠けて精を得てこれを生じているものがあります。精が精を助けて、精が反って氣を洩らさないもの、神が神を助けて、反って斃《たお》れ氣なきものがあります。精と神は共に氣によって左右されるものです。すべてこのように一方に偏ってはいけないのです。共に、要は損益その進退にあって、過ぎるのも及ばないのもいけません。

任氏増注

精は我を生じる神であり、神は我を尅するものであり、氣は本氣貫足することであります。二者は精をもって主となすもので、精足りればすなわち氣旺じ、氣旺じるはすなわち神旺じるもので、ただ、専ら金水をもって精氣とし、木火をもって神氣とするものではありません。本文末句に言われているように、要はこれを損じ、これを益してその中を得るにあるもので、明らかに、金水を精、木火を神とするものではないのです。必ず、流通生化損益が適切で中和を得ることが必要なことでして、かくて、精・氣・神、三者が備わってこそ、そうなり得るのです。これをなお細かく追究しますと、ただ、日主用神体象に「精神」があるというだけではなく、五行に皆、「精神」あるものなのです。有り余ればこれを損ぜしめ、足らないならこれを益せしめる、このことは、一定中の理ではありますが、しかし、一定中に不定なるものがあるのです。ただ、「得其中」を審らかに察するのみであります。損は尅制することであり、益は生扶であります。損が太過して有り余るは、有り余るを洩らすのが宜しいのです。益の過ぐるに不足するは、不足するものを去らすのが宜しいのです。これこそ、損益の妙用なのであります。けだし、有余に過ぎるは、損じて反ってその怒りに触れるので、順じて有余するを洩らすのが宜しく、不足に過ぎるのは、益するに補けを受けませんから、従してその不足するを去らしめるが宜しく、これ一に偏って求めてはならない、ということです。

結論的に言いますと、精が太足するは、その氣を益するが宜しく、氣太旺なれば、その神を助けるが宜しく、神太洩するなら、その精を滋すのが宜しいのです。かくて、生化流通し、神清く、氣壮んとなるのです。また、精が大いに足りるは、反ってその氣を損じ、氣太旺すれば、反ってその神を傷付けます。神が太洩するは、反ってその精を抑え、偏枯雑乱し、精索神枯となるのです。水泛木浮となる木は「精神」なきことで、木多火熾は、火が「精神」なきことであり、火焔土焦は、土「精神」なきことであり、土重金埋は、金「精神」なきことであり、金多水弱は、水「精神」なきことなのです。

原注、金水を精氣となし、木火を神氣となすと言っているのは、五臓によってそのように論じていると言えます。つまり、肺は金に属し、腎は水に属し、金水相生、裏に蔵するので、精氣となすのです。肝は木に属し、心は火に属し、木火相生、表に発するので、神氣となしたのです。脾は土に属し、身を周って貫かれていますので、土はこれを実とさせるのです。

もし、命中の表理「精神」を論ずるなら、金水木火をもって「精神」とせず、例えば、「旺者宜洩」は洩神が得氣すれば、精足るとなす、これ裏に従って表に発して、そして神自ら足るのです。「旺者宜尅」は、尅神が有力なれば、神足りるもので、これは表によって裏に達して、精自ずから足ることとなるのです。例えば、土が四季月に生まれ、四柱土多無木、あるいは干に庚辛透るとか、あるいは申酉に支蔵されているのは、これ、裏は表に発すと言い、精足り神定まるのです。また土多無金、あるいは甲乙天干に透るとか、あるいは寅卯に支蔵されるとかするは、これ、表が裏に達すと言い、神足り精安ずるのです。土で論じましたが、五行は皆同じですから、宜しく細究してください。

〔319〕

		大運	
癸	**酉**	庚申	
甲	**子**	癸亥	己未
丙	**寅**	壬戌	戊午
戊	**戌**	辛酉	

これは、甲木を精とし、衰木が水を得て滋い、寅祿に逢って、精足るとなすのです。戊土を神とし、戌に通根し、寅戌火局を成して、神旺となします。官は生印し、印は生身し、身は寅の長生に坐し、氣は貫いて流通、生化五行倶足、左右・上下・情協して悖らず、官が來たってもよくさえぎることができ、劫が來れば官があり、食が來れば印があり、東西南北の運、行きて皆可、一生富貴福寿で、美という所以であります。

〔320〕

		大運	
癸	**未**	辛亥	
乙	**卯**	甲寅	庚戌
丙	**辰**	癸丑	己酉
庚	**寅**	壬子	

この造、ざっと見ますと、官印相生し、偏財時に遇い、五行欠けることなく、四柱純粋、儼然〔厳然〕たる貴格と考えられますが、実は違うのです。そのように見るのは、財官は休囚して遥隔して、互いに顧みることができず、寅卯辰全く、春土は尅尽され、生金不能。金は絶地に臨み、生水不能、水の氣は木に洩尽し、木の勢いよいよ旺じて、かくて火熾、火熾すなわち、氣斃れ、氣斃れれば、すなわち神枯れるを知らないことによるのです。行運北方、

また丙火の氣を傷付け、反って木の精を助け、金運に逢うは、「所謂、過干有餘、損之反觸其怒」。もって終身碌々、名利無成、となったのです。

〔321〕

戊	**戊**	**大運**	
乙	**丑**	甲子	辛酉
丙	**辰**	癸亥	庚申
己	**丑**	壬戌	己未

これは四柱皆土、命主元神は洩尽、月干乙木凋枯にして、所謂、精氣枯索。運、壬戌に逢うは、本主受傷。年辛未に逢い、乙木を緊尅し、九月戊戌月、弱症を患って死亡しました。

徐氏補註

「精神」の二字は、無形のものです。およそ、八字優れるものは、皆その「精神」があるものです。「精神」は配合より出ずるものです。本『滴天髓』干支篇に「天地順遂精粹者昌。」と言われていますが、この「順遂精粹」の四字、これが、「精神」なのです。用神の有情無情、有力無力、および干支の地位の後先、寒暖燥湿の適宜、皆「精神」の寄るところなのです。ですから、精とは、氣とは、神とは、といちいちこれを分けて定める必要はありません。

後述の源流・清濁・真仮等の節は皆「精神」の有無を明らかにするためのものです。清濁の節に「一清到底有精神」とあり、一たび清くして底に到るほどであれば、「精神」は自づと顕れる、と言っているのです。四柱干支順遂精粋、これが一清到底のことなのです。澄濁求清、寒谷回春、皆「精神」の寄るところであります。八字同じく「精神」を具えていても、高低の違いがあるもので、その中に分別があるのです。要は、配合損益の中にあり、これは言語をもって形容することはできません。

〔322〕

庚　寅　　**大運**
戊　寅　　17才庚辰　　47才癸未
甲　子　　27才辛巳
丙　寅　　37才壬午

これは、広東の陳濟棠の命造です。寅中の甲丙戊並透し、天覆地載であって、上下有情ですし、子寅の間に丑が挟まれていて、三奇得貴。初春木嫩で気は寒、丙火の照暖を得て、さらに雨露の滋培があるのが宜しく、用神は丙火としますが、甲子と坐印、水火既済、寒暖燥湿は、適にして中。すなわち、「精神」のあるところです。

〔323〕

庚　寅　　**大運**
戊　寅　　14才庚辰　　44才癸未
甲　戌　　24才辛巳
丙　寅　　34才壬午

これは、楊化昭の命造です。陳造とわずかに一字違うのみで、子と戌の違いのみ。しかし、「精神」は異なっています。陳造は甲子坐印、木の根株は滋潤を得ているのに、本造は戌に坐していますので、木燥となって枯。同じく、丙火食神を用神とはしますが、「精神」は陳造に遠く及ばないのです。

〔254〕

丁	亥	大運
庚	戌	28才丁未　58才甲辰
己	巳	38才丙午
庚	午	48才乙巳

これは、蒋介石先生の命造です。土金傷官格です。秋季金神乗令し、土旺用事、午戌火局を成して、丁火透り、金神は強にして、火を得て制金しています。自ずから威武不屈の「精神」あり、所謂、「金神入火郷」で、武貴に決まっています。また、土は本氣をなし、金は余氣、火の墓神、體用共に戌宮月令の中にあり、また天干に同じく透出しています。陳濟棠の命、甲丙戌、寅に聚まり、同じく、聚まって真を得るとなすものです。本造、また天覆地載、一種の真精神をなすものであります。南方運に入って、成功に向かうところ、全国の領袖となったのです。

〔255〕

壬	午	大運
庚	戌	21才癸丑　51才丙辰
己	酉	31才甲寅
庚	午	41才乙卯

これは、馮玉祥の命造です。同じく、土金傷官をなします。土金並旺、午戌会局、體用は皆同じです。ただし、蒋造は丁火透り、本造は壬水透り、制傷の力やや不足の嫌いがあります。蒋造、己土巳に坐し、身祿旺の地に臨んでいますが、これは己土酉に臨み、坐下に洩氣しています。皆一種の「精神」を備えてはいるものの、氣勢やや劣るのは、二者を比較して見ますと、自ずから理解できると思います。兼ねて運行東方、金神と相尅戦し、運程遜色多しとなるのです。

考玄解註

「精神」に関しましては、三者三様の意見、それぞれ異なっています。原注の金水を精気とし、木火を神気とし、土を「所以實之者」とする、という考え方は任氏は否定して、精は我を生ずるもの、神は我を剋するものとし、本気貫足するものをもって、気とするとし、原注は、内臓の表裏として考えられるが、命中の表裏「精神」として論ずるなら、金水木火は「精神」ではない、として説明しています。徐氏は、「精神」は無形のもので八字の配合による、順遂精粋、用神の有情無情、有力無力、干支地位の前後、寒暖燥湿の適宜であるとしているのです。

ところで、本節は、体用と対句となっている点を見落としてはならないのです。すなわち、

「道有體用。不可以一端論也。要在扶之抑之得其宜。」

「人有精神。不可以一偏求也。要在損之益之得其中。」

「道」については、前に説明しませんでしたが、通行するみち、覆み行うべき理義、施行の方法、由るところ、経るところ、という意味から、刑政、礼楽、技術、才芸、学問、教法、原理、妙用、方里から、黄老を祖とする教え、唐代の行政区画、篇章、周代の一諸侯、さらに、言う、おさむる、従う、みちびく、等の意が含まれている会意文字で、『說文』に、

「所行道也。从辵首。一達謂之道。」

とあり、「首」は人を意味し、また始めであるともいわれ、以上の意味となったのです。「道」は、路、途、行、

術、徑、でもあります。これを命理的に訳して、命理の理義は、命理の妙用は、命理を知る方法は、と訳するのが妥当であります。その対句になっているのが、「人」であります。「人」は、ひと、人間、人類、おとな、人民、心だて、とか、性質の意もありますが、命理学的に「道」に対するものとして、命理の心だて、命理の性質と私は訳しています。単純に、人は「精神」がある、と訳すのはどうか、と思います。

つまり、体用は外観的表面的、体と用を言っており、「精神」は、不見的内面的な「精」と「神」を言っていると、解することができます。ですから、徐氏の言うように、無形のものとする意に賛成するのですが、体用は一、「精神」もまた一、とするなら問題はありませんが、体と用は一にして二なる意である以上、「精」と「神」は、一にして、また二なるものと解すべきです。これを、一にして二なるものとして解釈しようとしたのが原注であり、任氏増注でありますが、無形にして一なるものと解したのが、徐氏補註であります。では「精」とは何か、「神」とは何か、さらに気とは何か、と区別して解する必要がないと、言っている徐氏に反対する訳ではありませんが、これを文字的な面からどう解釈されているかを、次に見てみる必要があります。

「精」とは、こまかい、専らである、緻密である、熟練する、美しい、鮮明である、正しい、光輝、霊魂、誠意、こころ、根源の力、万物生育の気、えらぶ、くわしい、日日星、の意から、もののけ、鬼神、の意もあり、また、純潔ならしめる、の意もあるのです。精気と熟語となりますと、体気を言い、ものの勢力あることになります。『易經』に「精氣爲物」とあります。

「神」とは、天を主宰するかみ、のことから、霊妙不思議なもの、たましい、霊魂、精気、こころ、の意となって、「精」と共通的要素もありますが、根本的には、あまつ神、でありまして、神気となりますと、不思議なる霊気とか、万物を組成する要素とか、心内のいきおい、とかの意で、精気より、より内面的となって、例えば、神罰とは言いますが、精罰とは言いませんし、精緻とは言いますが、神緻とは言いません。「精神」と熟語となりますと、こころ、意気、気力などの意となるのです。

「氣」となりますと、大変多くの意があって、本義は、气と米の合字で、人に芻米をおくる義で、後転じて、空気となり、万物生成の根源、勢力、ちから、いきおい、時期、季節、天地間の現象、の意もあるのです。

ですから、「精」と「神」とは、微妙な相違があることが分かります。勿論、同義的な面が多く、体用のように外面的、対照的でないだけに、これを命理学的に分別して解釈するとしましても、

「命理の内面的性質のはたらきには、緻密で鮮明なものと、霊妙、不思議なものがあって、一方に偏って求めることはよくないことです。要は、その「精」と「神」を損じたり益したりして、その中庸を得ることにあるのです。」

といった程度にしか訳せないのです。「精」は、緻密、鮮明で勢いがある、「神」は、霊妙、不思議な作用をもたらす係わり合いの勢いがある、という意です。いくら内面的と言いましても、命理学である以上、原局の四柱八字自体、全体の中に、「精」と「神」があり、原局と運歳の中にも、「精」と「神」があると考えなければならないのです。

人相で、「精」がある、こもっている、と言われ、神がうすい、欠けている、とか「精」がない、欠けている、

弱い、と言われ、「神」が強い、光っている、こもっている、とか言われることによく似た要素があります。ですから、大変に見難いものですが、命理学にある程度熟達してきますと理解できないことはないのです。

つまり、四柱構造を「体」とするなら、体内に「精」と「神」がある。

四柱構造を「体」として、用神が定まったならば、その用神に「精」と「神」がある。

四柱構造を「体」とし、行運を「用」とするなら、「用」とする行運に、「精」と「神」がある。

そして、「精」が有り余っているなら、これを損ずるのがよいか、益するのがよいか、また、「神」が有り余っているなら、これを損ずるがよいか益するがよいのか、その、「中」、適切にして至正に中るを得ることが、命の内面的性質のはたらきが、存在するのである、ということなのです。どのような命造でもこうした観点から見ることができます。それも干の特性、日干のみではなく、年・月・時の干と支の特性、天干と地支との相互関係、十二ケ月の時令の特性、干と支の前後・左右、遠近の関係、陰陽五行の力量の段階差のあり方、等々から、「精」のあり方の如何、「神」のあり方の如何を、内面的はたらきとして、どのようであるかを細かく、推しはかって知ることである、と言えますし、陰陽の干を外にあらわれたものとしてでなく、陽なら陰に、陰なら陽に換えるとどうなるか、五行の流通がどうなっているか。支と支の間にどういう係わり合いがあるか、また、用神が定まったなら、その用神がどの程度の力があるか、調候との係わり合いはどうであるか、病薬との係わり合いはどうなっているのか、その位置する所、その左右・前後・上下はどうなっているか、勢いと働きを「精」と「神」として見ることであります。運行も干と支を分断せず、一つとしての、「精」と「神」として、原局との係わり合いを見ることであります。干が前の五年、支が後の五年と見ることは、運歳のところでも詳述しますが、「精」も「神」も全く判らなくなるということです。

つまり、格局が正しく定められて、用神が正しく選定できないのでは、「精」も「神」もあったものではないのです。ですから、『滴天髓』のこの原文は、扶抑の視点から用神が正しく取れたなら、その四柱組織構造に「精神」が十分あるか、不足するか、ないか、ということを知る、また大運干支の原局との係わり合いの喜忌の度合いにより、「精神」の有り様を知る、というように解すべきなのです。「精」がどうの、「神」がどうの、「氣」がどうのと、言葉の遊びにも似たようなことをする前に、用神を正しく選定することが先決である、と言っているのが真義なのです。

〔319〕

癸	**酉**	**大運**	庚申
甲	**子**	癸亥	己未
丙	**寅**	壬戌	戊午
戊	**戌**	辛酉	

丙日子月水旺・火死令の生まれで、年干癸水透出する「偏官格」か「正官格」です。丙日子月は調候不要です。月干に透甲し、日支寅に坐し、時柱戊戌、巳午の根となる支なく、日干弱となり、用神甲、喜神木火、忌神土金、閑神水となるものです。これを「精神」という点から見ますと、「始終」は忌の酉金がやや忌の閑神水を生じ、水は用喜の甲木を生木し、寅中で甲生丙し、喜の丙を生丙し、月干も有情に生丙するものの、洩身の忌となる有力なる土を生じる。日干丙火には巳午の根はない。

○運歳にて辰子水局半会したり、申子の水局半会も成さない。
○寅午戌の火局も成さない。
○丑酉の金局半会も成さない。
○申酉戌の西方を全くしても不団結で、年支の酉は日干に全く無情である。
○月干の甲は、何が来ても去となることはない。
○甲の喜は忌の戊土と尅去となるが、原局の戊土の忌が去って、忌が減じる。

以上により忌となる組み合わせの干支は少ないことがわかります。つまり、戊己土来ても、月干甲木が制土して、洩の忌とさせない。土性支が来ても、透甲しているので忌とはならない。という点からしますと、「精神」充足しているとまでは言えないものの、欠けるところは巳午の根がない、という点で、「精神」はあるほうである、と結論付けられるのです。

任氏の「精神」の見方を見てください。〈寅戌火局を成して、神旺〉と言っております。さらに、〈東西南北の運、行きて皆可、一生富貴福寿で、美という所以〉と言っておりますが、果たしてそうでしょうか。

癸　酉
甲　子　　第一運癸亥、癸戊合去し、亥寅合去して、上記のような状態となり、この十年、忌の傾
丙　→　　向性のほうが大となるのは、月干甲も日干丙も無根となって、原局がかなり悪化するから
→　戌　　です。

第二運壬戌、化殺生身はするものの、壬も戌も喜とはならず、大なる忌とはならない、

といった程度の傾向性ある忌運。

第三運辛酉、金旺運の忌、財小の忌。

第四運庚申、申酉戌の西方全くして、不団結であるが、去とはならないものの、申金旺じ、寅木を制し、西方全くする庚金、甲木を剋甲するに有力で、結果として、忌の傾向性多大。

第五運己未、また喜となる運ではなく、
第六運戊午、火旺運の喜の傾向性とはなりはするものの、前運まで一運とて喜となる運なく、むしろ、忌の傾向性が強かったのに、突然よくなるはずはありません。

これで、〈一生富貴福寿で、美〉と言えますか。「精神」と言うのであれば、五運を巡る間に、「精神」脱落欠損していく、と言うべきなのです。

〔320〕

癸 未	大運	丙日卯月木旺に生まれ、寅卯辰東方全くし透乙する「印綬格」か「偏印格」
乙 卯	甲寅	です。寅卯辰東方の「病」に庚金が「薬」とはなるものの、月柱の乙卯の
丙 辰	癸丑	「病」に対する「薬」とはなりません。印太過の忌にして日干無根、夭凶命で
庚 寅	壬子	す。つまり、用神取るものなく、喜神火のみで、他はすべて忌となるものとい

うことは、「精神」全く欠けている、ということで、喜神火の一行のみと言うことは、さらに、精神虚脱、いつ死亡しても不思議ではないのです。

〈寅卯辰全く、春土は尅尽され、生金不能〉とは一体どうなっているのでしょうか。東方全くしてもなお辰中戊土ありとしているのでしょうか。

このような命運にして、〈終身祿祿、名利無成。〉どころか、第一運の甲寅運中必死とさえ言えるものです。つまり、木旺運の甲寅は、寅寅卯辰の東方全以上となり、木多金缺となって「薬」とはならず、木多火熄となって寿があるわけがないのです。

〔321〕

		大運
戊	戌	甲子
乙	丑	癸亥
丙	辰	壬戌
己	丑	

丙日丑月生で、水旺であろうが、土旺であろうが、調候一丙は必要とするのに無丙、巳・午の根もなく、晦火晦光し、乙の印あるも、干の特性として全く無力です。用神が用をなさずに等しく、喜神木火、木火の運も巡らないのは、夭凶命です。「精神」まで論ずることができないほど下格なのです。このように「精神」では干の特性、調候も重要な要素となるのです。

〔322〕

		大運
庚	寅	7才己卯
戊	寅	17才庚辰
甲	子	27才辛巳
丙	寅	37才壬午
		47才癸未

甲日寅月木旺に生まれる「建禄格」です。雨水前の生まれですので、調候丙火必要となりますが、年支寅、時柱丙寅で調候適切以上、日支子にて、月時の寅と日干甲を滋木し、日干甲木は殺印相生の戊土をよく制財し、戊土が制子水するの

を護印しています。

年干庚は日干を直接劈甲できませんので、日干は強となります。用神を財の戊と取るのは、食傷生財とし、財また生殺するからです。丙と取りますと、丙が運歳に巡れば丙庚尅去となって、二喜を失うことにより、命は少しも良化しないことになりますし、庚を用とするとも、庚は有力な丙に制されて、劈甲の作用を減じてしまうことになりますから、通関する財の戊土を用神と取るべきなのです。喜神は一応火土金、忌神は水木となるものです。

この「精神」を見ますに、調候よろしく、子水の滋養あって、所謂、「地潤天和。植立千古。」する参天の勢いある日干甲、かつ戊土財に任じ、戊土は生殺していますし、時干の丙火透出する、才能発揮の食神にて、「精神」充実せる生々の気あると言うべきです。

徐氏はまたしても、〈三奇得貴〉と言っておりますが、そんな格はありません。

さらに、大運について観ますと、

第一運己卯、丙火生己土、己土生庚金となって、木旺の忌は庚の制するところであり、また生丙するので、さらに「精神」充実して、才能能力発揮して利財し、社会的環境も良化する喜の傾向性ある運。

第二運庚辰、辰子水局半会し、丙の制するところの庚は劈甲に向かわず、さらに生水。戊土制水の「薬」とはならず、忌の傾向性もあり、「精神」損ずる運。

第三運辛巳、辛丙合去するも、大運支巳火旺じて、洩秀生財生殺の喜の傾向性大となるので、さらに「精神」充実の運。

第四運壬午、火旺運、洩秀、大運干はそれほど丙火を制しませんので、さらに向上発展、「精神」さらに益することとなるのです。

〔323〕

庚　寅	大運	
戊　寅	4才己卯	34才壬午
甲　戌	14才庚辰	44才癸未
丙　寅	24才辛巳	

前造と一字違って日支戌となる「建禄格」で、寅月生ですので生地によっては丙火調候が必要となります。用神は前造と同じく戊土ですが、この戊土は戌に根あり、殺印相生、四支に根ある戊土で、戊土は燥となり、「戊土固重」にて月干や燥となり、月令を得た日干甲は疏土開墾はするものの、「地潤天和、植立千古。」となる水潤の一行が欠け、前造とは大きな違いがあります。

前造よりは日干が弱まることになり、相対的に戊土財は強となるのですが、それは前造と較べてのことで、日干強となることは変わりはありませんので、喜神火土金、忌神水木とはなります。

しかし、この八字、運歳に午が来ますと、寅寅寅午戌の火局全以上となり、透丙するのは、「虎馬犬郷。甲來焚滅。」の大忌となる傾向があります。4才甲午年、16才丙午年、28才戊午年、40才庚午年となり、また大運では34才より第四運壬午とさえなります。

原局における「精神」は前造と比較しても、少しどころではなく、相当欠損する上に、運歳において、特に第四運壬午は食傷太過して喜神水木、忌神火土金とさえなる忌の傾向性ある運で、多大なる「精神」欠損となるのです。

〔254〕

		大運	
丁	亥	8才己酉	48才乙巳
庚	戌	18才戊申	58才甲辰
己	巳	28才丁未	68才癸卯
庚	午	38才丙午	78才壬寅

上造は蒋介石氏の命造とされています。己日戌月土旺に生まれ、日支巳火、時支午火、年干に透丁し、調候丙火適切で、亥中壬水は戌を湿土にして、月干庚を戌土生金する。日干月令を得て、印重々とあり、「仮の従旺格」と見誤りやすいものですが、年支亥中に正官の甲がありますので、二庚透出して洩身する「月劫格」の命です。用神庚、喜神金水木、忌神火土となるものです。

徐氏は〈午戌火局〉としておりますが、巳を挟んでおりますので、火局半会さえしておりません。亥戌並び、旺の燥土が湿となって生庚しているので、仮に火局半会したとしても、蔵干二丁となって、土はないことになり、火多金熔の憂いさえあります。戊土は湿土ではありますが蔵丁し、この丁は年干の印の丁に連なって、丁火煅庚となる丁であって、〈制金〉という干の相関関係などではないのです。また、〈金神〉とも言っておりますが、これも古歌に言われている、日干庚にして月令を得、丙火調候適切あって、用神丁とし、火旺の用神運を巡ることを言っているのに、我田引水して、いかにも尤《もっと》もらしい理由付けとしているのに過ぎないのです。

しかも、格局を言わずして、用神さえも言わず、「精神」のみを取り上げて〈一種の真精神をなす〉としております。

もしこの八字をもってするなら、火土は忌神となるはずです。

第四運丙午、第五運乙巳は大忌の大忌の傾向性となってしまい、蒋介石氏の経歴と合致しません。

丁　亥		丁　亥
庚　戌	→	庚　戌
己　巳		己　巳
甲　子		戊　子

つまり、生時甲子刻にて、己甲干合は土旺ゆえに化土し、年支亥中に官殺の甲あるゆえ、格局は「仮の従旺格」となって、用神戊、喜神火土金水、忌神木となる命です。

東方の官殺運が巡って「月劫格」に変化し、日干やや強ですと、喜神は金水木、忌神は火土となり、己甲化土が戊・己・庚にて解け、やはり「月劫格」に変化して、日干弱となりますと、喜神火土、忌神は金水木となります。

第一運己酉、二己一甲の妬合にて、原局己甲干合を解き、「月劫格」に変化。酉巳金局半会して調候を失う。日干弱となり、尅洩交加する忌の傾向性ある大運。

第二運戊申、前運に続き「月劫格」。日干不強不弱にて、やや喜の傾向性ある運。

第三運丁未、「仮の従旺格」に戻り、前四年火旺、後六年土旺。喜の傾向性ある大運。

第四運丙午、「仮の従旺格」の喜の傾向性ある大運。しかし、食傷不及となることから、能力発揮の方向性を見失い、行動に歯止めがきかなくなる、といったマイナス面も生じてくる。

第五運乙巳、格局は「仮の従旺格」にて、やや喜の傾向性ある大運。

第六運甲辰、木旺四年、土旺六年。格局は「月劫格」。日干強にして、喜神金水木、忌神火土。木旺運はそれほどでもないが、土旺運は忌の傾向性ある大運。

第七運癸卯、格局は「月劫格」にて、やや喜の傾向性ある運。

第八運壬寅、壬丁干合、木旺運にて化木し、大運干壬は甲に年干丁は乙になり、地支は寅亥合去する「月劫格」。原局土旺の戊土は燥土となり、月干庚金の力は弱まり、時支子が通関となって、滋木培木。日干弱となるのに官殺太過、攻身する大忌の大運。日干寄る辺なく死に至りました。

（蒋介石氏の命運は、拙著『四柱推命学詳義』（事象論（3））において詳細に述べておりますので、参考にしてください）

〔255〕

壬　午
庚　戌
己　酉
庚　午

大運

1才辛亥　41才乙卯
11才壬子　51才丙辰
21才癸丑
31才甲寅

己日戌月土旺に生まれる「月劫格」です。午戌火局半会する「病」に、年干壬水「薬」となり、月干庚は、日支酉に根あって生壬し、また酉金は時干庚の根ともなっていますが、冲とはならないものの、午酉並んでいるので、酉金は月時二庚の根としてはほぼ無力となっている。しかし、日干己土は両側の二庚と日支の酉金に洩身するのに耐えられないし、無根とさえなっていますので、日干弱にて、用神丙、喜神火土、忌神金水木となるものです。その原局、無根となり、「病」に「薬」あるものの、「精神」大いに欠けるものと言うべき組織構造となるのです。

徐氏は、〈同じく、土金傷官〉と言っているのは、前造も本造も「傷官格」としていると受け取られても仕方のない表現であり、〈午戌会局、体用は皆同じ〉と、前造と同じと言っております。また格局も用神も言っておりません。

前造は「仮の従旺格」、本造は日干弱となる「月劫格」であり、格局の違いは用喜忌の違いとなるのです。また「精神」とは気勢をも含めての全構造の結論ですから、〈「精神」を備えてはいるものの、気勢やや劣る〉などという表現は矛盾です。

第三運癸丑まで、忌が忌を制し、己土の干の特性により、「精神」多少益されるのは、「不畏水狂」であり、かつ「金多金光」でもあるからで、「宜助宜幇」の丙火用神であるからです。

以上で、用神まで論じましたので、一応「基礎理論」はほとんど理解し得たことになりますが、「人有精神」とあるところは、実は「構造論」に入れるべき論なのですが、「道」の対照として、「人」となっているので、一応「用神論」に続けざるを得ない原文となっているのです。この「精神」ということは、後論の清濁につながる、「位相」でもあります。

　続いて、「構造論」について述べてまいりますが、その前に『滴天髄』では、生尅制化の理である「基礎理論」が、君臣・母子・夫妻の比喩をもって論じられております。これらは一面「構造論」にも繋がる内容と考えておりますので、「構造論」の中に包含させることにしました。つまり、生尅の相関関係を「格局論」の前にもってきますと、その表現が複雑で極めて文学的となっているので、初学の人に混乱をも招きかねない点があるので、先送りせざるを得なかったのです。そうした点から、「基礎理論」的内容も含まれることは止むを得ないことなのです。

構造論

君賴臣生理最微。兒能救母洩天機。母慈滅子關頭異。夫健何爲又怕妻。〔輯要・闡微〕

《君が臣を頼りとして生ずるの理は最も微なり。兒が母を救うことでき得るは天機の洩らすところなり。母慈しみて子を滅ぼすは關頭異なる。夫が健なれば、何ぞまた妻を怕るるや。》

君賴臣生理最微。兒能生母洩天機。母慈滅子關頭異。夫健何爲又怕妻。〔徵義・補註〕

「君賴臣生理最微。」〔輯要・闡微〕

原　注

木が君主であるとしますと、土はその君主の臣下になるわけです。水泛木浮となるを、土が止水するなら、木浮とはならず、水生木となるのです。木旺火熾、金が伐木しますと、木生火となるものです。火旺土焦であるに、水が尅火しますと、火生土となるのです。土重金埋となるに、木が尅土しますと、土生金となるのです。金旺水濁となるを、火が尅金しますと、金生水となるのです。これらは皆、君主が臣下を頼りにして生となるものて、その理は最も微妙な神妙なものであると言えます。

任氏増注

「君頼臣生」とは、印綬太旺の意であります。これを日主について説明しますと、日主が木とするなら、木は君主、局中の土は臣下となり、四柱重々の壬癸亥子に逢いますと、水勢泛濫して、木氣は反って虚となり、ただ単に水が生木しないだけにとどまらず、木またその水を受け入れることはできず、必ず木は浮泛となるのです。ですから、必ず土で止水しなければならないのです。土がよく止水するなら、木は根を託すことができますし、水は生木することができ、木もまたその水を受け入れるのです。その印を破って、その財に就く、ということは、上を犯すの意となりますので、反局と言うのであります。日主について説明しましたが、四柱はまた皆同様に言えるのです。例えば、水が官星だとしますと、木は印綬、水勢太旺ですと、また浮木となりますので、また土をもって受水できるなら、反生の妙を成すもので、その理論は最も微妙なものであります。火土金水、以上の説明と同様の理をもってすることができます。

〔324〕

		大運	
壬	**辰**		丙辰
壬	**子**	癸丑	丁巳
甲	**寅**	甲寅	戊午
戊	**辰**	乙卯	

甲木仲冬の生にて、建祿に坐すといえども、浮泛に至らないのは、水勢太旺であるし、辰土蓄水の土でもあるが、戊土透露するを喜ぶからであります。辰は木の余氣であって、止水託根するに足るのです。所謂、「君頼臣生」であります。ですから、早登科甲、翰苑にその名高

く、さらに妙とするのは、南方一路火土の運であることで、祿位いかほど出世するかは量り知れないのでありま す。

〔325〕

壬　戌　**大運**　丙辰
壬　子　癸丑　丁巳
甲　子　甲寅　戊午
戊　辰　乙卯

甲木仲冬の生で、前造は寅に坐して実ですが、これは子に坐して虚であります。喜とするは年支帯火の戊土で、辰に較べて力量太過して、戊土の根は固く、日主の虚を補うに十分です。行運も前造と同じで、功名また同じ、仕は尚書に至りました。

〔326〕

己　巳　**大運**　甲子
戊　辰　丁卯　癸亥
辛　酉　丙寅　壬戌
己　亥　乙丑

陳提督の造です。辛日辰月に生まれ、土重々といえども、春土は氣開いてみだれ、木の余氣あり、亥中甲木は生に逢い、辰酉転々相生、反って助木の根源となり、巳亥は遥冲となって、戊己の土を生ぜしめません。

また、「君賴臣生」となるもので、学問の道に進まなかったのは、木の元神不透のゆえです。しかし、生化悖らざるを喜び、また運東北水木の地を行き、ゆえに、武職によって群を抜いて出世したものです。

〔327〕

戊午　大運　辛酉
丁巳　戊午　壬戌
己卯　己未　癸亥
庚午　庚申

己土孟夏の生、局中印星当令して、火旺土焦、またよく焚木。庚子年、帯金の水は火烈を制して、土燥を潤たらしめて、科甲に及第する。しかしその才よく顕れず、出世に順でないのは、局中無水のゆえであります。

徐氏補註

反局の法は、まず、須らく、五行の反生反尅の理を明らかにすべきです。ただ単に日主にのみ反生反尅があるものではなく、用神には常にこの意が伴うものです。反用と言い、逆用と言うことであります。徐大升氏の『元理賦』に、反生反尅の理は甚だ詳しく論じられており、『原本子平眞詮評註』に詳しく説明してあるので、参照してください。

「君頼臣生」とは、用財破印のことであります。木は水の生を頼りとしますが、水旺となり木浮となるなら、土をもって制水して、木は土を頼りとして栄えるのです。火は木によって生じはしますが、木多となると火は塞がれますので、金が尅木して、火は金を頼って存するのです。土は火に従って生ずるのですが、火多は土燥となりますので、水をもって火を制して、土は水に頼って潤となるのです。金は土に従って出るものですが、土が多いと金は埋もれてしまいますので、木をもって尅土しますと、金は木に頼って顕れるのです。水は金より生じられますが、金が多いと水は冷となりますので、火をもって金を制するなら、水は火に頼って温となるのです。これが反生の理であります。君は日主であります。譬えて言うなれば、母が溺愛し過ぎますと、その子にとって反って害となるものです。ところが忠臣・義僕を得ますと、その母の愛を節度よくせしめますので、その幼主を扶持する所以となるのです。任氏増注に、印旺といえども財星有氣なれば、財の作用によって破印することができる、と言っていますが、所謂、財星有氣とは、財に食傷の生あることで、日主の需要に合致するものです。任氏増注の引例、壬辰の命は、甲木が寅に坐し、寅中の丙火は生戊土し、子月に生まれていますので、寒木向陽、戊土を得て、止水培根し、木は繁栄するのです。甲木は火土を需要して、火土が適当に來たって扶助している例であります。任氏増注の挙例・壬戌年生の命は、戌は火の墓庫で、その理は前造と同じです。例の己巳年生の命は、疑義あるところです。戊午年生の命は、士生孟夏、水の滋潤宜しくすべきですが、原局無水です。しかし、科甲に及第し得たは、幸いにも金水の歳運の助けを得たからです。日元が需要するものを見る必要があるのですが、原局になければ、また必ず來たって配合されるを待つもので、來たって配合されれば、まさに成就するものです。特に歳運の時ですが、時変わりますと偏枯の局となるものです。ですから、書に、「根在苗先、無根之苗、容易枯萎也。」と言われているのです。任氏増注の『滴天髓徴義』を参照してください。

任氏増注に言われている、「印雖旺而財星有氣。可以用財破印。」と言うことは、説理大変精しいものです。しかし、所謂、財星の有氣無氣と、「可用不可用」の弁別は、明確なる限界はまだはっきりとは言われていないのです。竊かに言う、用財破印の能否は、まさに原局に官殺が透出するか否かによって決定すべきである、と。

例えば、身強印旺、原局に官殺なく、食傷があれば、財をもって破印の用となすべきです。「君賴臣生」とはこのことであります。もし、身単印旺、原局に官殺が透出するなら、財星が通根し有氣といえども、また用とすることはできません。つまり、用印化官殺すべきであって、財を見るは、貪財壊印となすもので、これ「母慈滅子」の局であります〔後述、「母慈滅子」の節を参照〕。財旺無印、官殺を見る、これ「夫健怕妻」の局であります〔後述〕。

〔318〕

戊	辰	大運
甲	寅	47才己未　77才壬戌
丁	卯	57才庚申
己	酉	67才辛酉

これは、国府主席の林森の命造です。丁火正月に生まれて、支は寅卯辰の東方を全くし、甲木透干し、木旺火塞、用酉金にて損印し、もって火を存ぜしめるところです。四柱官殺なく、「君賴臣生」であります。さらに己土透出し、財星有氣を喜とします。およそ、時は晩年帰宿の地となすもので、喜用が時にあるを喜ぶものです。晩年は必ず佳となり、庚申、辛酉運、財星得地して、貴は元首となったものです。

考玄解註

ここは生尅制化の単純なことではなく、複雑多端な有り様を、君臣・母子・夫妻の譬えをもって文学的表現となっているところですので、そうした譬えの関連あるものを一括して初めに挙げておいたのです。これら一括したものは、相互に関連している総合的なものですので、部分部分を短絡的に理解することは誤りを招きかねません。つまりこの譬えは、五行の何を座標とするか、ということで、君が臣となったり、臣が君となったり、子が母となったり、母が子ともなるもので、何を主とするか、何を中心的視点、座標とするかを、まず決めなければならないのです。つまり、具体的には一人の人間の吉凶禍福を審察するものですから、その〝生命エネルギー〟の中心核をなす日干を主として細察していくものですが、一般原則論として比喩をもって、これだけにまとめ上げたという点に、『滴天髓』の並々ならぬ卓越さがあると言えます。

もともとは、徐大升氏がまとめ上げたとされている、『五行生尅制化歌訣』にあったものを、そのすべてを含むものとして、君臣・母子・夫妻の譬えを借りて、簡潔化したのです。『淵海子平』の中にある『五行生尅制化歌訣』を次に挙げておきます。（書によって、表現に多少の違いがあります。）


「金旺得火、方成器皿。火旺得水、方成相濟。水旺得土、方成池沼。土旺得木。方能踈通。

木旺得金。方成棟梁。

金頼土生、土多埋金。土頼火生、火多土焦。火頼木生。木多火熄。木頼水生、水多木漂。

水頼金生、金多水濁。

金能生水、水多金沈。水能生木。木盛水縮。木能生火。火多木焚。火能生土、土多火晦。

土能生金、金多土變。

金能尅木、木堅金缺。木能尅土。土重木折。土能尅水、水多土流。水能尅火、火炎水灼。

火能尅金。金多火銷。

金衰遇火、必見銷鎔。火弱逢水、必爲熄滅。水弱逢土、必爲淤塞。土衰遇木、必遭傾陥。

木弱逢金、必爲砍斫。

强金得水、方挫其鋒。强水得木、方緩其勢。强木得火、方化其英。强火得土、方斂其焔。

强土得金、方制其頑。」


これだけのものを、「構造論」の初めに譬えをもって言っているのです。しかもこれらのことは、エネルギー不滅の原則によるところの、エネルギーにおける、

○相生、相尅、相制
○反生、反尅
○自変、不変、転換

といった作用があるのです。

例えば、木は火を生ずる原則ではあるが、火がないことには木は生火しないし、火を生ずることによって木は生ぜられるが、乙はいくら多く強くなっても乙でしかなく、甲にはならないが、藤蘿繋甲と言われるように、条件が揃うと、乙は乙であることに変わりがないが、その作用は甲的作用を発するものです。しかし、この藤

蘿繋甲も原局や方を全くすることによって、「病」となるなら、「薬」として庚がなければ偏強の「忌」となるが、庚があっても庚が太過すると、太過する庚がまたしても「病」となるというように、あらゆることが、『五行生尅制化歌訣』に、また『滴天髓』の君臣・母子・夫妻の譬えの中にすべて内包されているのです。これらが四柱八字の組織構造の中で、どのような生尅制化があって、運歳でどのような生尅制化になるかを審察しなければならない、としているのが『滴天髓』の真義なのです。

〔324〕

壬	**辰**	**大運**	丙辰	
壬	**子**	癸丑	丁巳	
甲	**寅**	甲寅	戊午	
戊	**辰**	乙卯		

甲日子月水旺生の「偏印格」か「印綬格」です。調候急を要するに、日支寅中蔵丙、適切な調候となるものの、辰子水局半会して二壬透出するのは、冲天奔地の水勢で、日干甲も、寅中甲も、水多木漂の憂いあるのです。時柱の戊辰は、「病」に対する「薬」にならない構造です。

任氏、調候も言わず、〈戊土透露するを喜ぶ〉と言っておりますが、制水の「薬」とならないどころか、日干甲は財の戊辰土を制財しなければならない組織構造となっているのです。これを「君頼臣生」である、としているのです。とんでもないことで、さらに、戊寅殺印相生ということも加わりますので、日干さらに弱となり、用神甲、喜神木のみとなる凶格でさえあります。第一運の癸丑運中死亡しても不思議ではないのです。

この命にして、〈早登科甲〉もないし、〈翰苑にその名高く〉ということあり得ない夭凶命です。この構造は、水多木漂となる、「母慈滅子」でさえあります。

〔325〕

壬戌　壬子　甲子　戊辰

大運　癸丑　甲寅　乙卯　丙辰　丁巳　戊午

甲日子月水旺に生まれる「偏印格」か「印綬格」です。調候丙火急を要するのに一点もなく、池塘氷結、子辰水局半会し、年月二壬、甲戊並んで、戊土制水の能なく、水多木漂、水多土流となって、生まれてこなかったか、生まれても先天的身体障害、前造よりも夭凶となるものです。また、「母慈滅子」。生年の年内に死亡するか、翌癸亥年に死亡しても不思議ではありません。これも「君頼臣生」のように言っていますが、とんでもないことです。

〔326〕

己巳　戊辰　辛酉　己亥

大運　8才丁卯　18才丙寅　28才乙丑　38才甲子　48才癸亥　58才壬戌

一六八九年戊辰月に辛酉日なく、一七四九年四月二十九日がこの三柱となり、土旺にして立運約8才、三土が透る「印綬格」です。辰酉合は、天干戊辛ですので化金し、辰は庚庚、酉は辛辛に変化し、日干強。辛金の特性、〃壬癸の淘洗を喜ぶ〃ものですから、用神亥中の壬、喜神水木火、忌神土金となるものです。

この命は、支合の化の理論が解らない以上、任氏のような解命にせざるを得ないことになるのです。この命も、「君頼臣生」と言っております。

〔327〕

戊　午　**大運**

丁　巳　戊午　辛酉

己　卯　己未　壬戌

庚　午　庚申　癸亥

己日巳月火旺に生まれる「傷官格」か「印綬格」です。調候壬水、水源有情なるのを必要とするのに無壬。卯木生火して、一巳二午、火炎土焦、燥土不能生金の下格です。用神取るものなく、喜神金水、忌神火土、閑神木となるが、調候ない限り、喜の作用はありません。

〔318〕

戊　辰　**大運**

甲　寅　7才乙卯　37才戊午

丁　卯　17才丙辰　47才己未

己　酉　27才丁巳　57才庚申

67才辛酉

前出の命。丁火の特性を、全く無視し、〈用酉金〉ではありません。酉金は、卯酉冲にて東方不成としている構造であり、用神は寅中丙火とすべきです。戊甲尅去を見落としてはなりませんし、調候についても触れるべきなのです。

「兒能救母洩天機。」〔輯要・闡微〕

原　注

木を母としますと、木から生ずる火は子の関係と言えます。木が金から尅傷されるのを、火はその金を尅しまして生木せしめます。それと同じように、火が水の尅に遭うのを、土が水を尅して生火せしめ、土が木の傷に遭うのを、金が尅木して生土せしめ、金が火の煉に逢うのを、水が尅火して金を生ぜしめ、水が土の塞に因るを、木が尅土して水を生ぜしめます。これらは皆、児が母を生ずるの意です。この意はよく天機を奪うことができる、ということであります。

任氏増注

「兒能生母」の理は、須らく時候に分けて論ずべきものです。例えば、木が冬令に生まれるのは、寒であり凋であります。金水に逢うのは必ず凍ることとなり、ただ金が尅木するだけでなく、実は水も尅木するのです。ですから、必ず火をもって金を尅し、水の凍るを火で温め解かすべきであって、火があってこそ、木は陽和を得て発生できるのです。火が水尅に遭うのは、春初冬の終わりに生まれるのは、木は嫩で、火は虚ですから、ただ火が水を忌むだけではなく、木もまた水を忌むものなのです。ですから、土が來たって止水し、木の精神を培い、火の生を得て、木もまた発栄するのです。土が木の傷に遭うも、春末とか冬初に生まれるのは、木は堅で、土は虚ですので、たとえ火があっても、湿土は生ずることできません。ですから、必ず金の作用によって伐木するなら火は焔があることとなって、土は生を得るのです。金が火の煉に逢うも、春末とか夏初に生まれるなら、木旺火盛、必ず水が來たって火を尅し湿木潤土となることができて、金は生を得ることとなるのです。水が土の塞に因るというも、秋冬に生まれるは、金多水弱、土は坤の方に入って塞水できますので、必ず木が疏土して、水勢が通達して阻隔なき必要があるのです。母子相依の情を成すのは、例えば、木が夏秋に生まれ、火が秋冬に生まれ、金が冬春に生まれ、水が春夏に生まれる、これらは、休囚の位で、自ら余氣なく、どうして我を生ずる神を用とできましょうか、我を制剋する神をもって用とすべきです。日主について論じましたが、四柱の神は、これを皆同様に論ずべきであります。

〔328〕

甲　申	**大運**	
丙　寅	丁卯	庚午
甲　申	戊辰	辛未
庚　午	己巳	壬申

春初木嫩、二申が寅祿を冲し、また時に庚金透り、木嫩金堅、金は丙火が生旺に逢うを頼みとするのです。最も妙なるは五行無水、「兒能救母」と言われるところです。火は、庚申の金をして甲木を傷付けず、巳運に至って丙火祿地。中郷に榜し、庚午運、発甲し、辛未運、県宰、庚金が蓋頭〔天干〕にある点がよろしくなく、升官できず、壬申運、ただ仕途意に反するのみならず、寿元至るのではないかと恐れます。

〔329〕

甲　申	**大運**	庚辰
丙　子	丁丑	辛巳
乙　酉	戊寅	壬午
丙　戌	己卯	

乙木仲冬に生まれ、相令といえども冬ですから凋し、茂らず、支は西方を成し、財殺肆逞、丙火並透を喜びます。すなわち金は不寒、水は不凍、寒木向陽、「兒能救母」。人となり慷慨、経営するも規模ありきたりではなく、創業十余万。学問に不利であるのは、戊土生殺し壊

印するゆえであります。

〔330〕

丙　辰　　大運　己亥
乙　未　　丙申　庚子
壬　辰　　丁酉　辛丑
甲　辰　　戊戌　壬寅

壬水季夏に生まれ、休囚の地、三辰支に逢うを喜ぶのは、通根身庫のゆえです。辰土はよく蓄水養木し、甲乙並透、通根して制土し、「兒能生母」であります。ただ、少し丙火洩木生土するを嫌います。功名は大したことではなく、不過一衿。妙とするは、中晩運、東北水木の地、捐納して出任、位は按察司に至り、富有百余万。

〔331〕

癸　卯　　大運　辛亥
乙　卯　　甲寅　庚戌
己　卯　　癸丑　己酉
辛　未　　壬子

己土仲春に生まれて、四殺当令し、日元虚脱の極です。まだなお湿土を喜び、生木に耐え得るものです。木盛んなるを愁えず、であります。もし戊土でしたなら、決して支えられません。さらに妙とするは未土、通根有余、辛金の制殺に用とするに足るもので、「兒能生母」です。癸酉年、辛金得祿して中郷に榜し、庚戌運、出仕県令。嫌うところは年干癸水が生木洩金するところです。仕路不顕、宦囊洗うが如くなれど、清廉潔白にして人品端方です。

徐氏補註

日主を母としますと、食傷は兒であります。兒がどうして母を生じ得るかと言うなれば、食傷が日主の需要に合致するからです。財が日主の需要するところに合致するのは、前述の、「臣能扶君」、すなわち「君頼臣生」です。

食傷が日主の需要に合致すれば、すなわち「兒能生母」です。例えば、木が冬令あるいは初春に生まれるに、金の七殺を見るは、理は七殺を印化するのが宜しいのではありますが、しかし印を用とするということは、水凍木凋、陰濃湿重、木の根が腐ります。ですから、寒木向陽となる用火が必要で、火をもって制金するのは、実は生木することとなるのです。四柱無金としましても、火を用とするにあらざれば不可であります。金が夏令に生まれ、火旺乗令、用土洩火生金は、火土燥烈で、金は反って脆弱となりますので、必ず水を用とすべきで、水をもって制火潤土するなら、金は土を頼みにできるのです。ゆえに、「兒能生母」です。食傷制殺に別があり、身強であれば、食傷制殺は不可です。そうでないと、尅洩交加となります。これすなわち、反生の理のあるところで、兼ねて制殺の用をなし、日元の強弱を論じません。

〔332〕

		大運	
壬	申		49才戊午
癸	丑	19才乙卯	59才己未
乙	丑	29才丙辰	
辛	巳	39才丁巳	

乙木丑月に生まれ、氣候厳寒、生機暢《の》びず、時巳宮に逢い、丙火を暗蔵しておりまして、寒谷回春の象があり、「兒能生母」となすものです。辛金七殺透るといえども、調候急をなし、殺印均しく退いて、緩図を作しますので、概ね置いて論じません。乙卯、丙辰運、木生火旺、少年にして科甲、丁巳、

戊午運二十年、雲程直上、宦海無波。己未運の後、洩火生金して、退いて林下に帰す。

考玄解註

原注は、原則論として、各五行について、母と子を示し、母が尅されるものを、子が尅すことによって、母を救い、母を生じる、の相関性を説いているのです。ただ、「此意能奪天機。」とあり、原文の「洩天機」と少しニュアンスが異なっています。

この「天機」という字句は、解釈の難しいところですが、命理上前後の関係から解しますと、造化の深い機微、生尅制化の関係の複雑微妙な作用、と考えてよろしいのです。これを、この反局の論は、原作者が「天機」だと誇る、と解しているようですが、原作者は反局だけが「天機」だと自慢しているのではありません。ここのみが「天機」だとするなら、後の『滴天髓』の所論は「天機」ではないという論理となってしまいます。これは明らかに誤読となります。

母が子を生じる、生むのは当たり前のことであるが、陰陽五行を母子の関係にかりて譬えて見ると、その造化の生尅制化の深い微妙な係わり合いは、児が母を生じるという結果をもたらすと言っているのです。反局のみが「天機」だなどと原作者が自慢しているのではないのです。

原注はあくまで原則論で、徐大升氏の『五行生尅制化歌訣』の延長線上にあるもので、任氏増注は、さらに一歩進めて、時候に分けて論ずべきである、と言っています。「兒能生母」を単に五行をもって論じ、一応日主を母とするなら、次のように分別すべきです。

1、木日主、冬季水旺、金尅木
2、火日主、春季木旺、水尅火
3、金日主、四季土旺㈠辰月㈡未月㈢戌月㈣丑月)、火尅金
4、土日主、夏季火旺、木尅土
5、水日主、秋季金旺、土尅水

さらに細密に分けますと、春、夏、秋、冬も、孟・仲・晩、あるいは各三ヶ月ずつに分別しなければならないことになります。

この点は『三命通會』および『窮通寶鑑』『造化元鑰』の、五行の喜忌について論じられている中での、「兒能生母」に当たるところを見ればよいのですが、調候的要素が入ってきますので、「兒能生母」となるためには、さらに他のものがないことには、すべてがそのようになるとは限らないのです。

また、さらに重要なことは、十干の特質によっても、種々相違するところがある、ということも十二分に知らなくてはなりません。

任氏増注では、とてもそこまでは論述されていません。

徐氏補註も、任氏増注と同様、時令にかかわっての「兒能生母」を説明していますが、要は、食傷制殺することが日主の需要に合致する、として、しかも、食傷を用神とするには、身強でなければならないが、反生の

理としての、「兒能生母」、制殺の働きという点では、身の強弱は論ずるものではない、と結んでいるのです。
つまり、用神としての食傷と、四柱の組織構造、また運歳においての食傷制殺の作用とは分別して考えるべきである、と言っているのです。

ですから、原注、任氏増注、徐氏補註を総合し、さらに理を加えますと、次のようになります。

一、(A)「兒能生母」ということは、五行の生尅制化の構造の中で、食傷が制殺して日干を生ずる、反生の作用の原則である。強弱をもって言うなれば、相対的に日干を強化する、ということになる。

(B)しかし、時令を無視して、この原則論をすべての命造に当てはめることはできない。

(C)さらに、十干の特質と時令は密接不可分であることを十二分に知悉しなければならない。

(D)「兒能生母」という作用・造化の機徴と、用神とは別であるが、用神となる場合もある。

さらに、座標を変えて、印の母が日干を生ずるという視点となると、

二、(A)「兒能救母」ということは、四柱組織構造の中で、財が強くして制印しようとするところを日干が有力となって、制財して護印する、といった生尅制化の関係となっている。

これもまた、一の(B)(C)(D)と同様である、と言うことができるのです。

しかし、前述しましたように、この「兒能救母」という点だけをもって看ることはできないということ、つまり、月令・四柱構造の上下・左右のあらゆる生尅制化の有り様、干の特性、調候よりして、最終的に格局を定め、用神を選定しなければならないのです。

〔328〕

甲	**申**	**大運**	
丙	**寅**	丁卯	辛未
甲	**申**	戊辰	壬申
庚	**午**	己巳	

庚午

甲日寅月に生まれる「建禄格」です。調候ともなる洩身の丙火月干に透り、年干甲は日干の甲の幇身に無情であるが、月干丙火を生火するには有情、支は二申一寅の冲で不去。時柱庚午は、申に根ある庚にて劈甲し、日干甲は月干丙と時支午を生火し、この丙火は申中の二庚を制金し、去とならない。甲申は殺印相生となっていることにより、日干強となるので、用神通関となる申中余気の己土となり、喜神火土金、忌神水木となるのです。

このように単純に、丙火が二申の庚を制しているから、「兒能救母」とのみとしては、日干の強弱は分別できないのです。そこには、日干月令を得ている、木旺・火相・土死・金囚・水休である、二申一寅の冲は冲去とはならない、年干の甲は日干に無情な甲である、月干の丙火は年日干と月支寅中甲から生火されている。しかし、時支の午とは無情である、月干丙火有力であるので、二申中の庚を制金するが去となるのではなく、いくら強くても、月干丙は時干庚を制することはできない、干と干の特性として、庚金劈甲して成器とし、棟梁の材とする。さらに、甲申は殺印相生である、という生尅制化よりして、火土金となる己土を用神とする、ということになるのです。

このような生尅制化となる組織構造であることを、任氏の解命では全く言われず、しかも〈五行無水〉と断定して、『滴天髄』が言っている、甲申殺印相生の上下をも無視しているのです。

だから短絡的に、「君賴臣生」「兒能救母」のみで云々すべきではなく、総合的に全組織構造の生尅制化の有り様を観るべきである、と注意したのです。

〔329〕

甲	**申**	**大運**	庚辰
丙	**子**	丁丑	辛巳
乙	**酉**	戊寅	壬午
丙	**戌**	己卯	

乙日子月水旺に生まれる「印綬格」か「偏印格」です。調候急を要するのに、月時干に二丙も透出し、時干の丙火は不要なる丙、つまり、日干に全く無情である年干甲木が月干を生丙しているだけで、調候として適切。支は申酉戌の西方を全くする「病」に二丙が「薬」となっても、壬水にて制丙されたなら、「薬」の効はなくなります。しかし、水旺の子が化殺生身するので、二丙は不要。むしろ、寅卯の根が必要なのです。日干無根、年干甲無情、用神癸水ですが、これ以上の水はちょっと漂木の憂いさえあり、喜神は一応水木、忌神は火土金となります。つまり本造は、調候の丙、水旺子月であるための化殺の「薬」であり、「児能救母」の必要など全くないのです。

これも「精神」という視点から見ると、無根という点において、「精神」欠けるところ大の構造なのです。つまり、二丙の洩身が忌である、月干の丙で十分である、反生の功をなし、調候適切であり、「病」に対する「薬」を子水とともに果たしているのです。仮に一丙のみであるなら、壬が来て、壬丙去となって調候は失うものの、陽干の幇身甲が有情・有力となることもあり得るのです。この二丙透出する忌は、第三運己卯に至って、卯酉冲の「衰神冲旺」。甲木が制己土しようとしても、二丙が生己土し、制子水さえしかねない己土となり、さらに己土生西方を強化する大忌とさえなる二丙なのです。こうした生尅制化をよく細察すべきなのです。

〈学問に不利であるのは、戊土生殺し壊印するゆえ〉と言っているのは、西方を全くしても、戌は蔵干変化することなく、酉金を生じ、酉金が子水を生水することなく、戌中戊土が子中壬癸水を制水する、としている、全く西方全がどういうことかも、上下・左右の秩序も無視したことを言い出しているのです。つまり、時干の丙火が「児能救母」ではない、とさえ言っているのです。

〔330〕

丙	**辰**	**大運**	
乙	**未**	丙申	己亥
壬	**辰**	丁酉	庚子
甲	**辰**	戊戌	辛丑
			壬寅

一七三六年八月六日辰刻、立秋七日午刻ですので、この四柱はあり得ます。立運約4ヶ月です。一七九六年七月二十二日辰刻もこの四柱で、土旺生となり、立運約5才となります。いずれの命であるのか、確認しようがありません。土旺・水死令で、丙乙透出する「偏財格」です。

三辰水庫の湿土、亥子の根もなく、印も一点もなく、月時干乙甲に洩身し、極弱にて、水庫の三癸水あるため従することもできず、用神取るものなしの下格で、喜神金のみです。甲乙木が制土するので、「児能救母」どころではなく、甲乙の児が、母の壬水を滅母する組織構造とさえなっているのです。〈ただ、少し丙火洩木生土するを嫌います。〉と言っておりますが、この丙火を日干が制財することなく、乙生丙となり、丙火が生土する未土が日干を攻身する土ともならず、日干に直接的影響することのない、上下・左右であるのに、どうして〈少し丙火洩木生土するを嫌う〉のでしょうか。むしろ、月時の乙甲の児に洩らすほうが大忌であることを知るべきです。「精神」を言うなれば、全く「精神」ないこと甚だしいものです。格局も言わず、用神も喜忌も言わず、どうしてこの構造が「兒能救母洩天機」と言えるのでしょうか。さらに、日支が辰の水庫ではなく、火庫である戌となるなら「仮の従勢格」となるくらいのことをも、命理を真剣に学ばんとして、『滴天髓』を研究している人に教えるべきです。

つまり、『滴天髓』で言われ、自分で註さえしている、

「一出門來只見兒。吾兒成氣構門閭。從兒不管身强弱。只要兒又得兒。」

とあったことを忘れているのでしょうか。

さらに、〈妙とするは、中晩運、東北水木の地、捐納して出仕、位は按察使に至り、富有百余万。〉と、あり得ないことを言っているのです。

第五運庚子、水旺運、子辰辰の水局半会以上となり、この運は確かに大喜の傾向性とはなります。しかし、この運の前まで四運も忌運が続いて、喜運となったからと言って、この十年間の初めから、突然良くなる訳などなく、第一、忌の木火土の疾病ある虚弱多病の健康面がどうか、「血乱氣者、生平多病。」であり、しかも、「忌神入五藏而病凶」と『滴天髓』で言われていることを忘れてはならないのです。この運中に少しは財の利に就くことはあったとしましても、

第六運辛丑、水源となる辛金は、丙火から制金されて印の用をなさず、水源深い丑の癸水はただただ忌の甲乙木を生木するのみで、干の特性としても、陰干の癸水は日干壬の帮身として無力でさえあります。前運の少

し良好であったことが、さらに持続できるでしょうか。財利向上し、〈捐納〉する財利はあるでしょうか？　さらに、

第七運壬寅、壬丙尅去して、木旺の大忌の傾向性、どこで〈按察使〉になり〈富有百余万〉となるようなことがあったのでしょうか？

〔331〕

癸	**卯**	**大運**	辛亥	
乙	**卯**	甲寅	庚戌	
己	**卯**	癸丑	己酉	
辛	**未**	壬子		

己日卯月木旺・土死令の生まれで、日時支は卯未木局半会となり、年干癸水は年支と月柱の一乙二卯を滋木し、時干辛金は干の特性として、木局半会して蔵干一甲三乙の旺木を制することはできず、日干無根無印、未が化木する「仮の従殺格」となり、用神甲、喜神水木、忌神火土、閑神金となるものです。

任氏解命、とても論評する気にはなれません。

〔332〕

壬	**申**	**大運**	39才丁巳
癸	**丑**	9才甲寅	49才戊午
乙	**丑**	19才乙卯	59才己未
辛	**巳**	29才丙辰	

乙日丑月水旺に生まれ透壬癸する「偏印格」です。調候二丙くらい必要とする厳寒の候であるのに、時支巳中丙火一点では調候不及。これ以上の水は漂木の忌となり、用神取るものなく、喜神は木のみ、忌は火土金水とさえなるものです。

これは「天道有寒暖」であって、「兒能救母」などと言うべきではないのです。しかし、乙丙並ぶは反生の功ではありますが、支蔵丙では反生の功とは言うべきではなく、「調候」はあくまで調候であって、用喜忌とは全く違う視点です。

ただ、〃陰干弱きを恐れず〃を頼みとする消極性でしかないのです。しかも水旺であり、壬水の特性、「通根透癸。沖天奔地。」を忘れてはならないのです。

ここで『滴天髓』が「兒能救母」と言っていることは、水旺、甲乙日生、火旺の庚辛日生のみの調候を言っているのではなく、「天道有寒暖」で、あらゆる干に共通する調候を論じているのです。重複して金木日の調候のみを言っているのではないのです。

「母慈滅子關頭異。」〔輯要・闡微〕

原　注

木を母としますと、火が子となるわけです。慈母は太旺するを言っているのです。木が太旺すると火は反って熾となって焚滅してしまいます。ですから、滅子と謂うのです。火土金水、また同様です。

任氏増注

「母慈滅子」の理は、「君頼臣生」の意と相似している点があります。細密にこれを考究して見ますと、共に印旺であり、「關頭異」とは、「君頼臣生」を言っているのでして、局中印が旺じていても、柱中財星有氣であるなら、用財破印が可能である、ということに繋がるのです。「母慈滅子」となるに、たとえ財があっても無氣であるなら、財星が破印できないのです。

ですから、ただ母の性に従って、その子を助けるを得るものです。歳運比劫の地に行くなら、母慈にして、子安んじられるものです。しかし、一たび財星食傷の類を見ますと、母の性に逆らって、生育の意なくなり、災いや咎めを免れないのです。

〔333〕

癸卯	**大運**	庚戌
甲寅	癸丑	己酉
丁卯	壬子	戊申
甲辰	辛亥	丁未

これは、俗に言う殺印相生で、身強殺浅く、金水運名利双収とされるものですが、違います。そのように考えるのは、癸水の氣はことごとく甲木に吸い取られ、地支寅卯辰全くして、木多火熄、「母慈滅子」となることを知らないのです。ですから、初運癸丑、壬子、生木尅火して、刑傷破耗、辛亥・庚戌・己酉・戊申、土生金旺、木の旺神を触犯して、顛沛《てんぱい》〔ひっくり返る、つまずきうろたえる〕異常、存身の地なく、六旬以前、一つとして成ることなく、丁未運、日元を助起して、母に順ずることができ、チャンスを得て、妾を得て、続けて二子を生み、丙午におよぶ二十年、発財数万、寿・九旬以上に至ったのです。

〔334〕

戊 戌
丙 辰
辛 丑
戊 戌

大運 庚申 丁巳 辛酉 戊午 壬戌 己未

辛金季春に生まれて、四柱皆土、丙火官星、土に洩尽し、土重金埋、「母多滅子」となります。初運火土、刑喪破敗、蕩尽して無一物となる。庚申運に入るや、日元を助起して、順母の性。大きなチャンスに恵まれ、辛酉運、辰丑と拱合、捐納出仕、壬戌運、土また得地し、過ちを犯して落職しました。

〔335〕

丙 戌
戊 戌
辛 丑
戊 戌

大運 壬寅 己亥 癸卯 庚子 甲辰 辛丑

本造と前造ただ一戌字換わっただけです。初運己亥・庚子・辛丑、金水、丑土養金、富貴の家の出身です。辛運捐納、壬運に交わるや水木斉来、犯母の性。かくして土重逢木は必佳、強いて出仕をなすも、犯事落職。

〔336〕

壬 子
壬 寅
甲 子
壬 申

大運 丙午 癸卯 丁未 甲辰 戊申 乙巳

これは、俗っぽい誤った見方をしますと、木が孟春に生まれ、時殺独清、その名高く、祿重しとするものです。そのように考えるのは、春初は嫩木で、氣また寒、納水不能です。しかも時支の申金は壬水の生地で、また申子辰水局。すなわち、「母多滅子」となる理を知らぬことから起きる誤りです。惜しむらくは、運に木の助なく、火に逢い、運と水は戦となり、名利無成を恐れるものです。初行癸卯、甲辰、東方木地、順母助子、蔭庇大変に好しいのですが、運南方に転ずるや、父母共に死亡し、財散人離、丙午運には、水火交戦となり、家業破尽して、死亡しました。

徐氏補註

「母慈滅子」とは、印綬が成方成局し、形象已《すで》に成ることです。前には、順局として食傷形象を成すを言い、ここでは印綬形象を成すを言っているのです。既に形象を成すなれば、ただ、よくその氣に順なるがよく、その勢に逆らうことはよろしくありません。ゆえに印が旺といえども、日元は財が來たって破印することを需要としないものです。任氏増注の癸卯の命造例、火が孟春に生まれて、木旺成象、全局の氣勢をもって主とするなら、ただ火に洩らすが宜しく、金が尅することはよくないのです。

戊戌命造は、金が暮春に生まれ、支聚四庫、ただ金をもって洩土するがよく、木が尅土はできないのです。丙戌と壬子の両命造は均しく同じで、財がその氣勢に違逆するを忌とするのみならず、食傷と印綬が相戦することも宜しくないのです。ゆえに「形象篇」に、「合而成象。象不可破。聚而成形。形不可害。」と言われているのです（『滴天髄徴義』参照）。

また、印を母とすれば、比劫は子ですが、日元を母としますと、食傷が子となり、比劫が局に多く、食傷孤単もまた、「母慈滅子」であります。この日元を母とする場合のことは、「慈母恤孤」の節に後で詳しく論ずることとなります。

また、任氏増注の「君賴臣生」の局中、印綬旺といへども、柱中財星有氣なれば、用財破印、可とすべきである、と言っていますが、「母慈滅子」は、たとえ財星あるとも無氣であるなら、財破印すべからず、とあります。特に有氣無氣は、弁別しにくいものでして、用財破印できない所以は、局中印旺じ兼ねて官殺透出するによるものです。例えば、財を見ても、破印することにはならず、反って、殺に加担するのです。それは、任氏増注引例の諸造、皆官殺透っており、「君賴臣生」の任氏増注の引例には、官殺透っている命は一例もありません。これによって、財の用とできるか否かは、よく解ることと思います。

〔337〕

戊	戊	大運
辛	酉	1壬戌
壬	寅	11癸亥
辛	丑	21甲子
		31乙丑

これは、孫景揚の命造です。俗に言うところの、殺印相生です。重々印綬、寅中丙火、戌と会して成局し、無氣をなさないものの、財破印を取れません。すなわち、戊土七殺透出しているからです。一たび財を見ますと、党殺破印して尅身します。日元もともと弱ですから、印に頼って存するもので、どうして印が破れ、七殺の尅に耐えられましょうか。

亥、子運、少年公子、要職を歴任し、丑運には金の印が入墓、戊殺旺地、丙子年、子丑合して、化殺、財星破印、殺にくみして、列車転覆して死亡。運ここで止まっているのです。

局中殺を見なければ、身印兩旺なるもの、必ず用財破印すべきであります。原局もし無財なれば、財運によって顕れます。「君賴臣生」をなすものです。印旺じ日元孤単なれば、局中透殺、財を見るは不可です。一たび財を見ますと、必ず禍あるものです。「母慈滅子」です。普通、貪財壊印の局、官殺太旺をなすは、印をかりて殺を化し、財を見て破印するは宜しくありません。容易に弁別できることです。官殺に強弱ありといえども、既に用印化殺とするは、用神は印にあるのですから、破壊してはいけないことで、その理は全く同じです。

考玄解註

原注は、「君賴臣生」以後、一貫して、五行によって論じ、説明しております。そして、君象、臣象、母象、子象に至って、日主を主として、君・臣・母・子として、生尅制化を論じており、陳素庵氏の『滴天髓輯要』も同様です。ただ、「鬬頭異」については触れられておりません。つまり、反局として、普通ならば、木よく生火するのであるが、もし木太旺に過ぎると火は焚滅し熄む、つまり反対現象となるという、五行の原理の変化を述べ、太過はすべて偏枯となる理を説いているのです。

任氏増注となりますと、「母慈滅子」と「君賴臣生」とは共に印旺ずる場合、財を用として破印してはいけない場合が、「母慈滅子」であり、財を用として破印してよい場合が、「君賴臣生」であるとしているのです。「鬬頭異」が「君賴臣生」の生の意で、柱中財星有気であれば、用財破印は可、財あっても無気であれば、財星破印は不可としているのです。しかし、徐氏はその註で、理は確かにそうではあるが、財の有気無気では弁別し難いので、官殺が透出するか否かが目の付け所で、その証拠には、任氏増注の引例、「母慈滅子」には、官殺透出し、用財不可、「君頼臣生」には、官殺透らず、用財可となっている、と明確にしております。

「關頭異」とは、読み下せば、関頭異なる、としか、あるいは、関する頭にて異なる、くらいしか読めませんし、関頭異なり、と読んでも大した違いがないのです。が、その意味するところとなりますと、なかなか厄介なので、いくつかの解釈ができるのです。

まず「關」ですが、関するところ、関係するところのもの、さらには関所となるもの、また、関は、門をかさぐ、貫通する、かかわる、和を得る、の意、また、干の義もあり、これを「關頭」という熟語として解しますと、漢文では常識的には季節を指すのであります。つまり、「頭」を、天干の意と解さず、「關頭」と熟語とすると、季節なのです。干頭の意にもなり、関は管なり、つまり官殺である、と言っている人もおります。徐氏補註はこの系列に入る解釈をしていると言えないことはありません。

また、吉凶の鍵となる限界点を言っている人もあります。

また、天干すべて関わることによって、異なると解している人もいます。

しかし、季節によって異なる、と言っている人はいないようですが、干の特性と季節によって異なる、と解釈するほうが全局的な組織構造となるので、真義であると言えるのです。

ですから、印が食傷を尅することを言っているなどは、もはや論外で、そんな当たり前のことを言うために、原作者は貴重な文字を使って、反局を論じているのではないのです。もしこの論を正しいとするなら、「母慈」

という言葉は使用しませんし、母は子を必ず尅傷する、母は子にとって害をなすものである、となります。こんな馬鹿げたことは、通用しません。このような大きな誤謬が生じたのは、どこに原因があるかと言いますと、日主を我とし、我を生じるものは母であり、印である、また、我が生じるもの、生むものは子であり食傷であると言う、我を中心とした六親関係の見方がすべてであるからです。

男命の場合、我が児を官殺と見たり、父を偏財と見たり、あるいは、用神を子と見、用神を生ずるものを子の母と見たりする、等の場合があることも知らず、初めに言った、我を生むを印・母、我より生じるものを、我が児・食傷とする固定観念にとらわれ、印より生じるものは、母の子である、また子を生じるものはその子の母である、という当然な自然の理を忘れたところに原因があるのです。日主は母の子です。母の子が、食傷であるなどとは、命理に絶対通用しません。ですから、大誤大謬と申し上げているのです。

ところで、任氏増注は、印綬太旺と言い、徐氏補註は、印綬が方局を成す、と言って、順局の場合の註と成方・成局とで合致させようとしていますが、順局のところで述べましたように、方局を成すことは必須の条件ではありません。原注・任氏増注のように、印太旺にして、日主孤弱とお考えいただいて結構ですし、徐氏補註の引例も決して、成方局はしておりません。

そしてまた、任氏増注のところでは、当然のこととして言われておりませんが、「兒能生母」の末文、「君頼臣生」の註の末文にも言われているように、「火土金水、皆同此論」「雖就日主而論四柱之神、皆同此論。」であることを、どうか忘れないでいただきたいのです。

しかし、任氏増注の〈ただ母の性に従って〉と言っていることは大誤であること、従格のところで述べましたように、「従印格」の理は全く成立しないのです。この不合理が、「従強格」という格局を捏造する因ともなっているのです。

つまり、「關頭異」とは、「君賴臣生」のことではなく、季節、干の特性、四柱八字の組織構造である、と解すべきことになるのです。

〔333〕

		大運
癸	卯	
甲	寅	癸丑
丁	卯	壬子
甲	辰	辛亥

丁日寅月木旺に生まれ、全支寅卯卯辰の東方全以上、二甲月時干に透出する「母慈滅子」。生まれてこないか、生まれても先天的身体障害重大なる、夭折の凶命の「印綬格」で、翌甲辰年、必死です。そこまでもたずして、翌日戊辰日、あるいは、翌月乙卯月、死亡しても不思議ではありません。

〔334〕

		大運
戊	戌	
丙	辰	9才丁巳
辛	丑	19才戊午
戊	戌	29才己未

一七七八年四月に辛丑日なく、一七一八年四月にも辛丑日はありません。

一六五八年四月六日戌刻がこの四柱です。これですと、木旺生にて、立運約9才。丙辛干合丙火倍力、戌辰冲去して丑戌接近。丙火が生土する「印綬格」となります。土死令とは言え、土多金埋、用神取るものなく、「母慈滅子」の凶命。「母慈滅子」と言うより、相令の丙火干合して倍力となって、攻身の忌と土多と重なる大忌、とても寿保つことできません。

〔335〕

丙　戌　**大運**
戊　戌　己亥
辛　丑　庚子
戊　戌　辛丑

辛日戌月、金旺であろうが、土旺であろうが、生まれてこなかったか、生まれても、先天的身体障害あって、夭折の命です。土多金埋にて、用神取るものなく、喜神さえない凶命なのです。とても第三運辛丑まで寿保つこと不可能です。

〔336〕

壬　子　**大運**
壬　寅　癸卯
甲　子　甲辰
壬　申　乙巳

甲日寅月木旺に生まれる「建禄格」ではあるものの、年支子、子申水局半会に通根する冲天奔地の三壬が透出し、水多木漂の凶命です。これも生まれてこなかったか、生まれても、先天的身体障害ある、夭凶の命です。

〔337〕

戊　戌　**大運**
辛　酉　1才壬戌　31才乙丑
壬　寅　11才癸亥
辛　丑　21才甲子

壬日酉月金旺に生まれる「印綬格」です。調候丙火日支寅中にあるのでほぼ適切。日干壬水は丑に有気でしかないものの、金旺・水相令で、日干不強不弱のやや強となるので、用神丙、喜神木火、忌神金、閑神水と土となります。必ずしも、

「母慈滅子」とまでは言えない命です。

〈寅中丙火、戌と合して成局〉と見るのは大誤です。また〈財破印を取れません〉としているのは、火局としているためであり、〈どうして印が破れ、七殺の尅に耐えられましょうか。〉と言っていることも、月干の辛金が去とならない以上、年干戊土は攻身の作用はないものである、という理が徐氏には解っていないようです。

さらに、〈丑運には金の印が入墓、戊殺旺地、丙子年、子丑合して、化殺、財殺破印、殺にくみして、列車転覆して死亡〉とありますが、第四運乙丑は丑酉金局半会、丙子年38才、子丑丑の妬合にて、子支は個有の支、丙火の財は、ただ単純に破印するだけではなく、壬水に制丙されているので、制金破印に向かうことできず、年柱戊戌、二丑に丙火は晦火晦光もされ、むしろ、木火土となって、湿土が、忌の金を強化し、喜とさえなる乙木の傷官を尅傷する、忌年となるのですが、列車による事故死までは判りません。交通事故は全くと言ってよいほど見難いものがあります。

「夫健何爲又怕妻。」〔輯要・闡微〕

原　注

木を夫としますと、土は妻であります。木旺といえども、土がよく生金するならば、金は尅木することとなります。これを、夫健にして妻を怕る、と言うのです。火土金水も同様です。水が烈火に逢って生土する、火が寒金に逢って生水する、水生金は、地の燥を潤たらしめ、火生木は、天の凍を解く、火が焚木すれば、水は竭き、土が滲水すれば、木は枯れる。これらは皆反局で、学ぶ人はよくよくこの辺のあり方を、その元の妙に至るまで、細かく丁寧に詳らかにすべきであります。

任氏増注

木を夫としますと、土はこれ妻となります。木旺土多でも、無金なれば怕れません。しかし、一たび、庚申辛酉の金字を見ますと、土は生金し、金は尅木するので、「夫健怕妻」と言うのです。歳運で金に逢うのも、理は同じです。例えば、甲寅、乙卯が日元としますと、「夫健」と言います。しかし、四柱多土で、局内にまた金がある、あるいは、甲日寅月、乙日卯月で、年時土多で、庚辛の金が透干するのも、所謂、「夫健怕妻」です。また、木無氣で土重、金を見ずとも、夫衰妻旺ですので、これも「怕妻」であります。五行皆このように考えるべきであります。水が生土するとは、火の烈を制することであり、火が生水するとは、金の寒を除くことであり、水が生金するとは、土の燥を潤とすることであり、火が生木するとは、水の凍を解くことであります。火旺で燥土に逢えば、水は竭き、火がよく尅水できるのです。土燥にして金重きに逢うは、水滲となり、土がよく尅木するのです。金重くして水泛を見て木枯となるは、火熄となり、金はよく尅木ができるのです。水旺にして木盛んなるを得て火熄となれば、水がよく尅土できるものです。木衆にして、火烈に逢い、土焦げ、木がよく尅金できるものです。これは皆五行顛倒の深機でして、これがゆえに反局と言うのです。学ぶ者は宜しく元妙の理を細詳し、命学の微妙な奥に達せられるは、それすべてここに洩尽されているのです。

〔338〕

己	亥
戊	辰
甲	寅
辛	未

大運

丁卯　丙寅　乙丑　甲子　癸亥　壬戌

甲寅日元、季春に生まれ、四柱は土多、時干に辛金透って、土生金し、金は尅木、「夫健怕妻」と言います。初運木火、その土金を去り、早く学問の道に進み、連登科甲。甲子、癸亥運、印旺逢生、日元その財官に任ずることができ、仕路超騰しました。

〔339〕

己	巳
戊	辰
甲	子
辛	未

大運

丁卯　丙寅　乙丑　甲子　癸亥　壬戌

甲木季春に生まれ、木余氣あり、印綬日支にあって、中和の象、財星重疊当令、時干に官星が透り、これも土旺生金、「夫健怕妻」です。初運木火、その土金を去り、早年入泮、科甲連登、仕路顕秩できなかったのは、ただ土の病によるものです。前造は亥あって、日支建祿ですので、さらに健。本造は、子未相害、壊印しており、かくして寅よく制土し、護印しているのです。

〔340〕

乙	亥
辛	巳
丁	巳
庚	戌

大運

庚辰　己卯　戊寅　丁丑　丙子　乙亥

戴尚書の命造です。丁巳日元、猛夏に生まれ、月時に庚辛透り、地支また生助に逢っています。巳亥逢冲、去火存金、「夫健怕妻」。東方木地を行くを喜び、印扶身し、天下にその名が知れ渡り、宦海無波でしたが、一たび子運に交わるや、兩巳受制して、死亡しました。

〔341〕

癸亥　**大運**　庚申
甲子　癸亥　己未
戊戌　壬戌　戊午
癸丑　辛酉

戊戌日元、子月亥年に生まれ、月干に甲木透り、生に逢い、水生木、木尅土、「夫健怕妻」。最も戊支に坐し燥土であることを喜とし、戌中蔵丁火印綬あるを喜びます。財旺といえども、破印することはできません。所謂、玄機暗裏に存す、と言われるものです。支北方を成すを嫌い、財勢太旺、物極まれば必ず反す。位方伯に至ると言えど、宦資豊かではありません。

〔342〕

癸亥　**大運**　己未
癸亥　壬戌　戊午
戊午　辛酉　丁巳
甲寅　庚申

倉提督の命造です。戊午日元、亥月亥年に生まれ、時甲寅に逢い、殺旺にして、財殺肆逞、「夫健怕妻」です。惜しむらくは、印星顕露しますと財星破印するに足る点です。ゆえに学問に就き難いものです。幸い寅が午火の印を拱き、尅処逢生、殺が印に化するをもって、武職に群を抜いた所以です。

私が、「夫健怕妻」の命を観るに、すこぶる貴顕なる人が多いのです。少しその理を追究しますに、重要なのは、「健」の一字にある微妙な点にあるのです。もし、日主が不健でしたなら、財多身弱となって、一生困苦するものです。「夫健怕妻」は、怕れて怕れず、倡随《しょうずい》〔夫婦の道のこと〕の理の然らしむるところです。運が生旺・扶身に遇えば、自ずと自然に人を抜きん出るものです。夫不健にして怕妻は、妻は必ずや、姿や性質、理を越え、男を引っぱって男の剛を失わしめ、女ふしだらとなって、女性の柔順の性を忘れるのですから、どうして富貴と言えましょう。

徐氏補註

「夫健怕妻」とは、財が方局形象を成すものであります。財が旺と言いましても、日主が通根して強ければ、従することはできません。四柱にまた官殺を見るは、全局の配合、ただ用財することができ、用財生官することはできません。「夫健怕妻」、ゆえに看法兩神成象中の我が尅する局とは別であります。それは、官殺なく、用食傷生財できますが、「夫健怕妻」には官殺があり、ただ、用印化殺、劫をもって護印できるのみであります。任氏増注の引例は、亥子丑北方を成し、甲木無氣、戊癸相合、日元の情は、財に向かって官に向かわず、財の情はまた日元に向いて、生官はせず、ゆえにただ財をもって用をなすものです。用財といえども、その喜ぶところのものは、印劫であります。もし財旺運に行くは、黨殺尅身、ゆえに「怕妻」と言うのです。

この造は、戌中丁印を暗蔵する火庫で、劫あって護印、財が破印できないのです。土暖水温、吉神暗蔵、兼ねて調候の用をなし、運行南方火土の地、制財化殺、よく方伯の位に至ったのですが、その官嚢豊かならざるは、氣勢太寒のゆえです。

この他の四造、理は皆同じです。ただ、この造ほど純粋で貴ではないのです。

〔343〕

乙　亥　　大運
己　卯　　24才丙子　54才癸酉
戊　辰　　34才乙亥
癸　亥　　44才甲戌

某富商の造です。乙木官星、卯に得祿し、当令旺神です。ただし戊癸相合、日元財に向かい、財日元に向かい、官星を去も生もしません。ただ財をもって用をなすものです。戊辰は魁罡、比劫相扶、身健となし、運に財を見るを忌み、官は財の生あって、必ず身を來尅します。ゆえに、「怕妻」。任氏増注の癸亥の一造〔341〕は、貴を取るのは、日干印を蔵する火庫に坐し、化殺爲權、冬令に生まれ、調候の用も得ているからです。この造は、財は不生官、官星は制劫護財、ゆえに富を取るのです。運行戊字、運歳火土、盛極一時、癸運中わずかに、己巳、庚午、辛未の、三年を佳とするのみです。

考玄解註

原注、任氏増注、徐氏補註、すべて、木を夫とするなら、土を妻とし、説明しております。これは五行の相関関係として当然なことですが、ただ現代の社会感覚からしますと、夫婦を一方が尅制し、一方が尅害される、のみ、というように考えますと、大変ずれた封建思想と思われるでしょうが、命理そのものが封建的社会の土壌の上に成り立ち発展してきたのですから、五行を人事になぞらえて、譬えとして説明を分かりやすくするために、夫から見れば、妻は享有するところの財である、とし、妻から見れば、夫は、財によって自分を生活させてくれ、自己を管理制御する官殺と考えたことは当然のことでしょう。しかし、現代的に考えましても、妻である財は、夫の養命のもとであり、互いに調和が取れてこそ、万事に恵まれるのですから、ただ単に制尅する、とのみ考える必要はありませんし、妻から見れば、自己を尅害するものが夫であると考える必要はなく、やはり調和が取れる要である、と考えればよろしいのです。ですから、ここに、調和中庸が破れれば、人事に託して、「夫健怕妻」と言っているのです。譬えですから、あまりにも人事そのものとしてこだわって考える必要はありません。

木を夫とするなら、土は妻であります。ということは、土の妻から、木の夫を見ますと、官となる理です。男命日主から見た場合、財は妻であり、官殺は妻から生ぜられるものですから、子であり、また日主の自己を制し管し、法律によって従わせるものであるから、官であるとも考えられるのです。決して、官は日主から見て夫となるものではありません。もし官が夫であるとするなら、官すなわち日主、という誠に馬鹿気た論理となり、命理の成立する根拠は支離滅裂となって混乱の極に達します。

また、女命から見た場合、官は夫であり、自分のお腹から生まれるもの、自分から生じるもの、食傷が子となるのですが、財を妻としますと、財すなわち日主、ということになります。

つまり、男命から見た場合、財は妻であり、女命から見た場合、官は夫となるもので、男女の性別ない命として見たら財は妻で、官は夫となるかも知れませんが、人間である以上、男女の性別のない命はありません。

そして、

「官殺がとても強い場合は、財をとても恐れるようになる。」

と、訳解しています。そのこと自体が間違いである、と言っているのではなく、
「夫が官殺である。妻は財のことである。」
と、一命造中の、官殺、財を、それぞれ夫、妻としている点が大誤大謬、愚劣にして命理を語る資格なし、とまで言いたいのです。

つまり、木を夫とし、土を妻とする、ということは、男命陽に当たりますので、甲の木は、女命陰に属するので己土、甲日は己土と干合相配偶するし、女命乙木は、庚金官と干合相配偶するのです。己土日干をもってするなら、甲木官と干合し相配偶するのです。ここにまた、夫妻の理が成立するのです。例えば日干甲木、己土財は妻ですが、庚辛は官殺で、己土は庚辛を生じこそしますが、そこには干合の理はなく、夫は妻から生まれる、という奇想天外、天変地異が発生するのです。

これは、巻一の序にも述べましたように、飽くまで、命理学における学術的論評であり、決して含むところあっての個人攻撃ではありません。ただ、後学の方を誤らせたくない、という一念から、敢えて申し上げているのです。

さて、原注は、木はよく剋土する、五行の原則ではあるものの、他の五行が介入することによって、この原則は、他の原則との絡み合いの中で、変化が生じることを言わんとしているのです。ですから、木が旺（実は何度も言いましたように、旺は古書では漠然と使われている場合が多いのですが、『滴天髄』は見事にも、旺衰強弱を言わず、「健」と言っているのです。）であったとしても、木から剋される土であっても、土はよく金を

生じることができるから、金は尅木するという原則であって、木は金から尅されることになる。つまり、夫妻の譬えをもって言うなら、「夫健而怕妻」ということになるのです。火土金水を夫として、妻の関係にあるものも、すべて他のものが介入する、この場合は妻となる五行から生ぜられるものによって尅される関係となるのです。と言っているのです。

ここで、忘れてはならないことは、この例で言いますと、土は金を生じはしますが、原局または運歳に金がありませんと、土はいくら多く強く重々とあっても、土は土であって、金は生じません。この点、多くの方は勘違いされるようで、無金でも生金すると思い込んでいらっしゃるようです。土はいくら強くとも、土以外ではないもので、このことを、不生の作用として、理会していただきたいのです。

また、『造化元鑰』に、

「人但知木能生火、不知初春甲木、実籍丙火以生。」

とありますが（拙書『造化元鑰和訳』を参照）、実はこれは初春にのみ限ったことではなく、初春寒、丙火調候の暖によって、丙火が木を生ずる、反生の理と、丙火あって木は生火する、相生の理を兼ねて言っているので、任氏増注、徐氏補註にも「四柱多土、局内又有金。」とも、「此有官殺」とも「四柱有官殺」とも言われているのです。

これを原注では、分別しますと、次のように言っていることになるのです。

1、水、烈火に逢って、火が生土する。

2、火、寒金に逢って、金が生水する。
3、水、金を生ずるのは、地の燥を潤とするからである。
4、火、木を生ずるのは、天の凍を解くからである。
5、火、焚火すると、水は竭れる。
6、土、滲水すると、木は枯れる。

これらは皆、反局で、この転々とした、生尅制化の神妙な働き、作用を十二分に詳しく細かく究めなければならない、と言っているのです。「滲」とは、しみ入る、浸入する、の意です。

任氏増注となりますと、木が夫、土が妻、木旺土多、無金不怕として、原局に庚申辛酉の金字があると、土生金となり、金は尅木、ゆえに、「夫健怕妻」、歳運で金に逢うのも、同論として、干支をもって説明しております。任氏も、原文の意の、強とか旺とかを、あまり干支の説明中に入れていませんが、前のところでは、木旺土多と旺の字を使ってはおります。また、夫衰妻旺、また怕妻とは、財多身弱を言っているのです。

そして、五行顛倒の深機、反局を理解しやすくするため、箇条類別しますと、次のようになるのです。次の内、括弧のあるのは、『徴義』のほうで、括弧のないのは、『闡微』のほうです。このことは、後に解明します。

(1) 水、生土するのは、火の烈を制するからである。
(2) 火、生水するのは、金の寒に敵するからである。
(3) 水、生金するのは、土の燥を潤たらしめるからである。

(4) 火、生木するのは、水の凍を解くからである。
(5) 火旺、燥土に逢って、水竭れ、火が尅水す。
(6) 土燥、金重に遇うのは、水滲し、土は尅木す。(土燥遇金重而木折、土能剋木矣。)
(7) 金重、水泛を見るのは、木枯れ、金は尅木す。(金重見水泛而火熄、金能剋火矣。)
(8) 水狂、木盛を得るのは、火熄み、水は尅土す。(水旺得木盛而土滲、水能剋土矣。)
(9) 木衆、火烈に逢うのは、土焦げ、木は尅金す。(木衆逢火烈而金熔。木能剋金矣。)

原注の1から4までと、任氏増注の(1)から(4)までは全く同じことを言っているのですが、原注の5、6は、やや表現が不的確ですので、顚倒、反局の理としては、任氏増注のほうが適切であると言えます。『闡微』と『徴義』では、(5)はよろしいのですが、(6)(7)(8)(9)に異なっている点があり、特に、『闡微』の金は尅木するというのは、順であり、反ではありません。また、(6)の水滲もおかしいことで、(7)の木竭れるは、本来は、水尅火となるべきものが、反対に、火が尅水するとなる、反局の意をよく理解しますと、実は、『闡微』は誤りで、単なる誤植とか、校正ミスでは済まされません。大変申し訳ないのですが、校刊した、袁樹珊氏の責任と考えざるを得ません。

この点を追究し、明確にした人は、一人もおりません。『徴義』が正しいのです。

そして、右の顚倒、反局の理は、他のものが介在することによって、転々として、反局となるものですが、その力量という点、時令ということ、干の特質という点が加わってきますと、反局の原則通りにいかない場合も生じる、という点、ここに特筆して注意を喚起しておきたいのです。

徐氏補註は、順局からして、可能な限り、方局を成す形象をもって論じようとして、「夫健怕妻」も方局形象が財をなす、という条件を入れていますが、方局自体が必須条件ではありません。そして、用財という言葉を使っていますが、ここの「用」は格局の用で、財格の意であります。そして、「不能用財生官」と言っている「用」は、用神の意で、用神として財をもって生官する、そうした用神にできない、と言っているのです。ですから、任氏増注の引例について、「故只能以才爲用。雖用才。」と言っているところは、格局として用いられる、の意なのです。この「用」を、用神とのみ解しますと、何が何だか解らなくなります。

「兩神成象格」中の、我が尅するところのもの、すなわち、日主と財の「兩神成象格」と異なると言っているのは、当然のことで、そこまで、夫婦、否、むしろ、日主最強となるなら、財と均停するくらい強であるなら、普通格局でも、財官が用・喜となるのです。原文の「夫健」の意をよく理解すべきでしょう。力量の点で、弱、とはならないと解すべきです。「夫弱」なれば、任氏増注のように、財多身弱「怕妻」となるのです。

原文は、前に読み下しましたように、

《夫が健なれば、何ぞまた妻を怕るるや。》

で、夫が健でさえあれば、どうして妻を怕れることがあろうか、の意の行間の意として、「夫健」と言っても、「健」にも差があるし、相対関係として妻は一応は尅されるものではあるが、その妻にも力量の段階差があり、他のものが四柱中に介入してくるものであるから、「夫健」とはいえ、妻を怕れることがある、と言っているのです。ですから、反局中の一つとして、任氏増注は、「夫健怕妻」の引例を挙げているのであります。

〔338〕

己亥	**大運**		
戊辰	丁卯	癸亥	
甲寅	丙寅	壬戌	
辛未	乙丑		

一七七九年にも、一七一九年四月にも甲寅日はありません。一六五九年四月十四日未刻がこの四柱で、これですと木旺生で、立運約3才となります。甲日辰月木旺の生まれの「陽刃格」です。土は死令にして、日干は強となり、用神戊、喜神火土金、忌神水木となります。

任氏解命で〈季春〉と言っているのは春の土旺のことですが、もう一度調べましたところ、一八三九年五月一日未刻もこの四柱で、これですと土旺となり、立運約8才7ケ月となります。「偏財格」で、用神甲、喜神水木、忌神火土金となる、財忌怕る、とは言えますが、日干の干の特性、上下・左右、組織構造からして、財多身弱とはならない弱なのです。干の特性、辛金はいくら強くとも、甲木を〈尅木〉できないくらいは知っておくべきです。

またこの命、特に注意を要することは、第一運丁卯、木旺運、丁辛尅去し、寅卯辰と亥卯未の方局斉来となり、この大運は、喜神火土金、忌神水木と喜忌が変化することです。つまり、大運の〃生命エネルギー〃の自変作用によって、喜忌変化する「中和之正理」によるものなのです。

また、第二運丙寅、木旺運は丙辛合去し、日干甲ですので、寅亥は合去はせず、喜忌は変わらず、喜神運ともなるのです。

〔339〕

己	**巳**	**大運**	甲子
戊	**辰**	丁卯	癸亥
甲	**子**	丙寅	壬戌
辛	**未**	乙丑	

甲日辰月生、〈季春〉と言っていることを信用しましょう。「偏財格」です。辰子水局半会、辛金生水、日干無根に等しく、生戊土されている旺財を制さねばならず、この組織構造よりすると、旺財に制水されて、日干弱、やむなくの用神癸としか取れないのです。これは日干弱となる財多身弱の命で、用神甲とすべき命なのです。喜神一応水木、忌神火土金となります。

第一運丁卯、丁辛尅去、卯未木局半会して、任財できる喜の傾向性ある運。

第二運丙寅、木旺運、丙辛合去するも、戊寅殺印相生と言われる生土と有力な寅根あって喜の傾向性ある運。

第三運乙丑、忌とならない程度。

第四運甲子、水旺運、子子辰水局半会以上となって、甲木制戊するため、戊土水利灌漑の弁証法的発展の機を失い、水多木漂の大忌の傾向性とさえなるのです。

〔340〕

乙	**亥**	**大運**	丁丑
辛	**巳**	庚辰	丙子
丁	**巳**	己卯	乙亥
庚	**戌**	戊寅	

丁日巳月火旺に生まれる「月劫格」です。調候壬水の水源有情なるを必要とするのに、亥巳冲去し、巳戌接近、月時干辛庚の水源はあっても無壬となって、調候なく、戊土はさらに燥となり、不能生金。日干はまた巳に坐し、戊中蔵丁しますので、日干強となります。

用神は燥土の食傷も、火尅金となる財の庚辛金も取れず、取るものなし、喜神は一応、土金水となりますが、調候がないために喜はほとんど望めません。一応、忌神木火としますが、丁火の特性、「旺而不烈」とはいえ、調候がない以上は、上格とは言えません。つまり、燥土不能生金となって、庚辛の財の喜はほとんど得られないのです。

任氏の言う〈去火存金〉の理もなく、また調候を言わず、〈東方木地を行くを喜ぶ〉のは、第三運戊寅であり、第二運己卯、火を強化する忌となりますが、

第三運戊寅、寅亥合にて、亥巳解冲し、調候よろしくなって、大運干戊土は殺印相生にて湿土となって、生庚辛金となり、丁火の特性と丁火文性にて、洩秀、水智が財に繋がる喜となり、〈東方木地を喜ぶ〉のは、「始終」良好となるからです。己卯運、もし単純に卯を喜ぶとするなら、丁丑運は忌となるはずです。日干は相対的に強となっているのです。

第四運丁丑、二丁がよく洩秀し、湿土生金、金また生水、五行流通して喜の傾向性。

第五運丙子、水旺運にして、調候よろしく、戌土は湿となって生庚辛金。丙は乙木の藤蘿繋甲と同義となり、日干丁火を強化。食傷生財、財生官殺となる喜の傾向性ある大運。

調候や、冲尅合、燥湿、干の特性、全構造を無視して、単純に「夫健」「夫不健」「怕妻」「不怕妻」などと言うべきではありません。

〈一たび子運に交わるや、兩巳受制して、死亡〉などと考える限り、命理の真は解らないのです。

〔341〕

癸亥	**大運**	庚申
甲子	癸亥	己未
戊戌	壬戌	戊午
癸丑	辛酉	

戊日子月水旺に生まれる「偏財格」か「正財格」です。調候丙火の照暖急を要するに一点もありません。戊土は戌に坐すとは言っても、支は亥子丑北方を全くして、水旺の三壬三癸蔵、年時干の癸水を相令の甲木が納水し切れない憂いある上に、戌中余気の辛金が生水の水源となって、月支の壬癸水、時干の癸水、時支の二癸を生水しているのです。日柱戊戌は制水の効、全く無力。水多土流、調候ともなれば、助身ともなる丙火の「母慈」もなく、攻身破土の甲木透出しているため、用神戊とも取れず、丙来ても、水多火滅、金寒水冷、池塘氷結、財最多、救いようのない極弱の凶命です。翌年甲子年は、亥子子丑の北方全以上、さらにその翌年乙丑年は、亥子丑丑の北方全以上、寿保ち得る一点の救いさえありません。

〔342〕

癸亥	**大運**	己未
癸亥	壬戌	戊午
戊午	辛酉	丁巳
甲寅	庚申	

戊日亥月水旺に生まれる「偏官格」か「偏財格」です。調候丙火必要ですが、日時支午寅火局半会あっても、水に制されてやや不及、時干の甲は、尅戊土するとともに、生火に向かうこと大であり、さらに、月支亥中甲も午火を生火。日干無根にして、月柱の旺水癸亥を制財しなければならず、日干弱、用神戊と取りたくもなく、冲天奔地に近い、財多身弱の命です。印は太過というよりは、水尅火となって、生土に難あり、また甲木の制土によって、制財

の用もなしません。つまり、喜神が喜の用をなさないのです。一応喜神火土、忌神金水木となるものです。しかしながら、午寅火局半会している限り、死亡することの憂い少ないのですが、大運一路忌運を巡りますので、運歳にて大忌重なりますと、寿も保証はできません。特に第三運庚申、金旺運、申寅冲にて火局半会を解き、金旺の庚金、尅甲して攻身を妨げる反面、庚申生水する大忌の傾向性ある運。金水の忌の流年にて死亡もありますが、立運不明ですので、運歳の係わりまでは観ることはできません。任氏の実際に審察したという保証はないので、正確な年月日を逆算し、立運がわかったとしても無駄の感がします。

〈武職に群を抜いた所以〉と言っている理と事象よりして、この命が真ではない証明となるのです。任氏がこの後に言っている、〈日主が不健でしたなら、財多身弱となって、一生困苦する〉と言っているのに、この命を日主健としているので〈武職に群を抜いた〉と言っているのです。

徐氏補註は善意に解しますと、それほど間違ったことを言ってはいないのですが、任氏挙例の〔341〕の命、亥子丑北方を成す命について評している点ですが、

（1）〈甲木無氣、戊癸相合、日元の情は、財に向かって官に向かわず〉と言っておりますが、どうして甲木を無気と決め付けているのでしょう。水旺・木相で、かつ、癸水生滋甲木し、亥子の化水した水でやや漂木の憂いはありますが、〈無氣〉とは断定できない「参天」の甲木です。甲戊癸天干に並んでいるのに、どうして日干は甲に向かわず癸に向かう、としているのでしょうか。これは受尅もすれば、制水もする両作用があると見るのが常理で、甲の尅はないとする理は成立しないのです。もし癸水と合の情が専一となるなら、癸水

は倍力となるはずです。しかし、尅合の情は不専ですので、受尅もすれば制財もする日干となるのです。

（2）〈財の情はまた日元に向いて、生官はせず〉は、時干の癸水は当然であるが、年干の癸水は生甲はしていること否定できず、

（3）〈ゆえにただ財をもって用をなす〉と言うことは、用神の意としか受け取れません。しかし、用神の財とするのは、「従財格」となることですが、日干戊土日支戌に坐し、弱とはいえ、戊中印の丁あり、比劫の根あるので、「従財格」の条件に反しているのです。つまり、格局を間違えたことから、〈用財〉としているのです。ところが、

（4）〈用財といえども、その喜ぶところのものは、印劫であります。〉と言っております。前の〈用財〉の意は財格であることになり、本造は財格の喜神火土としていることになりますが、緊要なる一神である用神が何であるかは言われておりません。

（5）〈戌中丁印を暗蔵する火庫で、劫あって護印、財が破印できないのです。〉と言っていることは、月干甲の相令の木がないなら、戌中戊土を制土することがないので、確かに護印とはなりますが、滋生された相令の甲木、囚令の戊土、戌中戊土を制土するに十分であるのみならず、水旺の月支蔵干壬癸水と、丑蔵二癸にて、土流の憂いもあり、その水は戌中辛金が生水もしている左右で、どうして制水して護印できましょうか。

（6）〈土暖水温、吉神暗蔵、兼ねて調候の用をなし〉と言っておりますが、干の特性からして丙火でなければ、調候とはならないのが常理です。つまり、調候丙火がないのですから、金寒水冷、池塘氷結、凍土凍木の下

格となるのです。

〈喜ぶところのものは、印劫〉と言っている、戊土が来れば、制水の功あると言うのでしょうか。丙が来くれば化殺生身の功あるのでしょうか。辰支、未支、戌支が来たら、水旺の北方全の「薬」となり、日干の根となると言うのでしょうか。月干の甲は制土することなどないのでしょうか。

また、丑支来るなら、北方全以上とならない命理があるのでしょうか。さらに巳が来て、制火されることなく助身の用を果たせるのでしょうか。午支来たなら、火旺の運でさえ、『滴天髓』に言う「衰神沖旺旺神發」は嘘となるのでしょうか。しかも、庚申運まで四運大忌の運が続いて、〈運行南方火土の地、制財化殺、よく方伯の位に至った〉ということがあり得ますか？という、任氏の解命と事象を真実とするため、大変な矛盾だらけの苦しいこじつけをしているのです。

〔343〕

乙 亥	**大運**		
己 卯	4才戊寅	34才乙亥	
戊 辰	14才丁丑	44才甲戌	
癸 亥	24才丙子	54才癸酉	

戊日卯月木旺生の「正官格」か「偏官格」です。乙己尅去、戊癸干合不化にて癸水倍力、亥卯木局半会し、接近した癸水は生滋木局。死令の戊土、化殺生身の丙火を用神と取りたいところ、丙火一点もなく丁火さえもなく、やむなく用神戊としか取れず、喜神火土、忌神金水木となるものです。

第一運戊寅、木旺にて、寅卯辰東方全くして日干無根、「薬」の庚も、丙火もなく、大忌の大忌。

第二運丁丑、癸水傷丁して、丁火の用をなさず、水源深き癸水また滋木の大忌。

第三運丙子、水旺運、子辰水局半会して、日干根を失うのみでなく、透癸水倍力、火滅とさえなるところを、亥卯の木局半会が生丙、喜忌参半の傾向性。

第四運乙亥、乙己解尅して、亥亥卯の木局半会以上となる、忌の傾向性。

第五運甲戌、甲木破土して、戌の帮身をほとんど無力とさせている、忌の傾向性。

〈財をもって用をなす〉と言っているのは、財格という意であれば誤りであり、用神も喜神も言わずして、〈身健となし〉も誤りです。〈この造は、財は不生官〉も誤りです。〈官星は制劫護財〉と言うことは、辰中戊土を卯木が制して、戊土が制財とはならないようにしている、という意味不明な説明によって、〈運行戌字、運歳火土、盛極一時〉で〈某富商の造〉としております。甲戌運ではなく、戌運としているのです。つまり、甲は全く関係ないものとしての、49才甲子年、50才乙丑年、51才丙寅年、52才丁卯年、53才戊辰年、の52才、53才で財利を一時的に得た、と言っているのです。これは全くあり得ない、とは言えないことなのです。

つまり、甲戌運の10年の中の後六年は土旺であり、戊辰年は、原局、大運、流年の「始終」を見ますと、喜の土が有力となることで、制財の利は生じる訳です。また54才己巳年も「始終」よりして、喜有力となるので、財利に就くことはできるのです。

しかし、〈癸運中わずかに、己巳・庚午・辛未、三年を佳とするのみ〉と言っていることは正しくはなく、庚午年も辛未年も、第六運癸酉で金旺・水相令の庚午年、辛未年ですので、〈佳〉とはなりません。原局、大運、流年の「始終」は、忌が強化されるのみです。

君不可抗也。貴乎損上以益下。〔輯要・闡微・徴義〕

《君は抗らうべからざるなり。上を損じ、下を益するをもって貴とすべし。》

君不可亢也。貴乎損上以益下。〔補註〕

原　注

日主を君としますと、財は臣ということになります。例えば、甲乙が日主とし、満局皆木で、内に一、二の土氣があるのは、これは、君盛んにして臣衰となすもので、その勢は多く助臣することを要するものです。火の生がありますと、土は実となり、金は木を尅して、土を衛る。かくて下全くして上は安んじられるものであります。

任氏増注

「君不可抗」とは、上を犯すの理はないことです。「損上」とは、上より洩らすことで、尅制することではありません。上が洩らせば、すなわち下は益を受けることになるのです。

例えば、甲乙日主を君としますと、満局皆木、内に一、二の土氣あるは、君旺盛にして、臣は極衰となるものです。その趨勢どういうことが宜しいか、と言いますと、ただ、君の性に順ずるべく、火に巡るは、火は木を洩らし、火は生土して、土は生扶することになりますので、上を損じてもって下を益する、ということになり、上、すなわち、火は君日主に抗うものではないのです。

下の土は臣を安んじることになるのです。金が衛る、ということは、すなわち、君に抗うことです。木盛でしかも木月令を得ていますと、金は欠けることになり、君に抗することができず、その怒りに反って触れますし、臣はさらに洩氣することになって、無益どころか、反って有害となって、どうして上が安んじ得られ、かつ、下が全くし得られましょう。

〔344〕

甲戌	**大運**	庚午	甲木寅月に生まれ、また亥の生を得、年日兩支の戌土虚弱、言うところの、「君盛臣衰」でして、最も喜とするのは月干に丙火透出して、君に順ずるの性で、戌土生を得て、半会の情があることです。すなわち、「上安而下全」。己巳運、火土並旺して、科甲連登、庚午、辛未運、火得地し、金無根。
丙寅	丁卯	辛未	
甲戌	戊辰	壬申	
乙亥	己巳		

また丙火回光、庚辛は君に抗うことできず、午未は臣を益するに足り、仕は按察司に至りましたが、壬申運、冲寅尅丙、君の性に逆らって、死亡しました。

〔345〕

甲子　大運
甲戌　乙亥　己卯
甲寅　丙子　庚辰
乙亥　丁丑　戊寅

甲寅日元、季秋の土旺に生まれ、春の虚土と比すべくもありません。この戌は、前造の二戌に足るもので、亥時に生まれ、天干皆木、「君盛臣衰」です。嫌うところは局中無火、群比争財、臣を益することできません。「上不安而下難全」となる点です。

初運北方水旺、助君の勢い、刑喪破耗、祖業を保てず、丁丑運、火土斉來して、やや家業を成すも、戊寅、己卯運、土無根、木は臨旺、回祿三度、起倒異状にして、刑妻尅子、卯運に至って、死亡しました。

徐氏補註

〔君象と臣象を一括して次のように註しています。ですから、「臣象論」のほうは、徐氏補註はここで申し上げるので、省略します。〕

君臣父子の四句、すべて前に言っていることで、君とは、日主のことです。八字中日元をもって主となすものですから、日主が君となるものです。官殺、財、印、食傷等、所用の神は皆臣であります。抗する、とは、その限度を旺じて超えることを言います。日主が方局を成すは、すなわち、君が旺じて限度を超えることですし、財官等が方局を成すは、臣が限度を旺じて超える、太過となるものです。

日主旺じて財が軽ければ、食傷を用いて日主の氣を洩らし、もって生財する。あるいは、官殺をもって、制劫して財を譲る等は、上を損じて、下を益する所以であります。独象は化地を行くを喜び、全象は財地を行くを喜ぶ、皆このことであります。財官が旺じて、日主が軽いなら、印を用として官殺を化する、あるいは、劫を用として幇身・制財する、等は皆、下を損じて、上を益するものであります。「君頼臣生」「夫健怕妻」もこれと同じことである、と言えます。

考玄解註

ここの原文は、次の原文と一緒にして解するほうが解りやすく、要は、「損上以益下」するのが良いか、「損下以益上」するのが良いか、という点にあります。

「損」とは「抑」であり、食傷、財、官殺のいずれかを用神とすることであり、「益」とは「扶」であって、印、比劫いずれかを用神とするということを、君臣の力量差の関係で中和をもたらすのが望ましい、と言っていると解すればよいのです。この「臣」を財とのみ解してしまいますと、夫妻の前の文と同一のことを重複して言っていることになるので、この両文について、徐氏の解しているように、広く解したほうが良いと思いますが、いずれにしましても、「衰旺之眞機」と「中和之正理」が「道有體用」にある、とすれば正理となるのです。

しかし、ここの一連の句は、『滴天髓』の作者が文学的表現の遊びに傾いている感があることは、否めないようです。

〔344〕
甲戌　大運　庚午
丙寅　丁卯　辛未
甲戌　戊辰　壬申
乙亥　己巳

甲日寅月木旺に生まれる「建禄格」です。生日生地によっては調候の丙火が必要です。月干に透丙、年干甲は日干の幇身に無情ですが、死令の戊土財を制し、時干陰の乙は幇に有力ではありませんが、有情、かつ亥中壬水より生助され、中気甲木に有気となっていますので、日干は強、用神戊、喜神火土金、忌神水木となります。


第一運丁卯、丙火助丁する木生火の喜の傾向性。

第二運戊辰、用神運にて大喜の傾向性。

第三運己巳、火旺運、巳亥冲去するも、ややの喜の傾向性。

第四運庚午、寅午戌戌の火局全以上、用神化火し、丙火尅庚となって日干無根となり、「薬」不及で大忌となり、「虎馬犬郷。甲來焚滅。」。わずかの救いは亥にあり、この運中九死に一生となるか。

第五運辛未、やや喜の傾向性。

第六運壬申、壬丙尅去、申寅冲去、庚午運中の疾患再発して、寿危うい運です。

〔345〕
甲子　大運　戊寅
甲戌　乙亥　己卯
甲寅　丙子　庚辰
乙亥　丁丑

甲日戌月金旺生、土旺生であっても、調候丙火と、戊土を湿にさせる水が必要となります。格局は「正官格」か「傷官格」か「偏財格」です。然るに、寅亥合によって、天干甲乙、化木して寅蔵二甲、亥蔵二乙となって調候を失い、年支子は戌を湿土にする一方、年月干二甲を生木し、日干最強、制木して護財する庚金を用神と取りたくもなく、辛金では干の特性として用神と取れず、やむなく戊、喜神は一応火土金、忌神水木。調候を失い、池塘氷結、金寒水冷、寒凛の木となる下格の命です。

第一運乙亥、水旺運、二亥一寅合で解合し、調候丙火あるが、比劫争財の忌の傾向性。

第二運丙子、調候あるものの、子水生木の大忌。

第三運丁丑、亥子丑北方全の大忌の大忌。

第四運戊寅、第五運己卯、大忌となります。

臣不可過也。貴乎損下以益上。〔闡微・徴義・補註〕
《臣は過ぎるべからざるなり、下を損じ、上を益すをもって貴とすべし。》

臣不可過也。貴乎損下而益上。〔輯要〕

原　注
日主を臣とすれば、官が君となります。甲乙日主とするなら、金が官で、満盤皆木で、金氣一、二あるは、臣盛んで君衰えるもので、その勢い多くは助金するを要す。帯土の火を用いて木氣を洩らし、帯火の土を用いて、もって生金すれば、君安んじ臣全くなります。木火また盛んでは、どうしようもありません。すなわち、君の子を水氣を用として、一路火地を行くなれば、まさに発福します。

任氏増注

「臣不可過」とは、須らくこれを化するに徳をもってすることです。臣順なれば君は安んじられるものです。例えば、甲乙日主で満局木、内に一、二の金氣あるは、臣盛んで君衰極となりますし、金運制臣するは、これ衰勢をもって威令せんとするのですから、必ず抗上の意があります。ですから帯火の土運が必要なのです。木は火を見て相生して、臣の心は順、金は土に逢って益を得、君の心は安んじられるのです。もし水木並旺し、火土を見れば、当に君の子が存すべく、一路水木の運に行くなら、また君は安んじられます。木火並旺するは、臣の心に順ずるが宜しく、一路火運に行けば、また、君を安んじられるのです。所謂、臣盛にして性情、君衰にして仁慈、また、上安んじ下全くなる、というものです。もし、土金を純粋に用とするのは、これを激しくさせて、上を安んじ、下を全くするの意ではなくなります。

〔346〕

戊寅	**大運**		戊午
甲寅	乙卯		己未
甲寅	丙辰		庚申
庚午	丁巳		

甲寅日元で、年月寅、満盤皆木で、時上庚金無根、臣盛にして君衰極、午時が木性を流通せしめ、戊土は弱で有根、臣の心順であるを喜びます。また丙辰運に、そして丁巳、戊午、己未運、帯土の火に逢い、生火不悖、臣順で君安んじ、早登科甲、仕は省次官に至り、庚申運、

臣を用とできず、死亡しました。

〔347〕

癸卯	**大運**	辛亥	
乙卯	甲寅	庚戌	
甲寅	癸丑	己酉	
辛未	壬子		

甲寅日元、年月支は皆卯、また癸と乙が透出し、未は南方燥土、木の庫根、生金の土ではありません。ゆえに辛金の君はなすことできません。当に君の子を存し、癸水をもって用となすもので、甲寅・癸丑運、遺緒〔遺業〕は豊盈、壬子、辛亥運、名利両優、一たび庚戌に交わりますと、土金並旺、臣を容れることできず、犯事落職、破耗尅子、そして死亡しました。

〔348〕

戊午	**大運**	壬戌	
戊午	己未	癸亥	
戊午	庚申	甲子	
甲寅	辛酉		

この造は、戊午が年月日の三柱をなし、時干の甲は祿支に坐するといえども、局中無水、火土燥烈、臣盛君衰、かつ寅午火局、木は火勢に従って、日主を転生します。君恩重しといへども、日主の意向は反って甲木を念頭におきません。

ゆえに西方金地を走って、功名顕赫、甚だ私情を重んじて、君恩を念となさず、運水旺に逢って、君の子を存せしめず、過ちを犯すこととなり、落職しました。

〔349〕

甲　寅　　**大運**　　庚辰
丙　子　　丁丑　　辛巳
己　酉　　戊寅　　壬午
己　巳　　己卯

己酉日元、仲冬に生まれ、正官の甲寅は建祿に坐し、子水財星当令し、財旺生官し、時印綬に逢います。これは所謂、君臣兩盛で、さらに妙とするは、月干に丙火一透し、寒土向陽、転じて日主を生じ、君恩重いのです。早登科甲、翰苑に名高く、酉金に坐するによって、支は時支巳を得て、これを拱《こまね》くこととなり、火がこれを生じ、金がこれを衛り、水これを養うのです。日主の力量、尅財するに足り、そのゆえをもって、官は財を重んじ、君恩を忘れるのです。

考玄解註

〔346〕

戊　寅　　**大運**　　戊午
甲　寅　　乙卯　　己未
甲　寅　　丙辰　　庚申
庚　午　　丁巳

甲日寅月木旺生の「建禄格」です。生日生地によっては調候丙火が必要なるものの、寅午火局半会し、年支寅中蔵丙、調候太過となる憂いがあります。戊甲尅去、用神丙と取り難いのは、丙は寅午火局半会して、年月支寅に蔵丙され、洩身には耐えられないし、午支巡ると、原局と午午寅寅寅の火局半会以上となるからで、用神取り難い命です。喜忌は大運によるとしか言えない命です。

第一運乙卯、生火洩身に耐えられほぼ良好。

第二運丙辰、湿土の辰が納火し滋木もすれば、生庚もして、ほぼ良好となる傾向性。

第三運丁巳、火旺運、忌の傾向性。

第四運戊午、全支火局、洩身太過して必死となります。まさに、「虎馬犬郷。甲來焚滅。」です。

〔347〕

癸卯	**大運**		
乙卯	甲寅	癸丑	壬子
甲寅	辛亥	庚戌	己酉
辛未			

甲日卯月木旺に生まれ、年干癸水、時干に辛金ありますが、日干に近貼して印がなく、官殺辛金透出するので、「建禄格」か「陽刃格」となるものです。日干旺強、木多金欽、木多火熄の夭凶の命となります。用神丙、喜神火土、忌神水木、閑神金となって、大運一路忌神運を巡り、寿危うしとなります。

〔348〕

戊午	**大運**		
戊午	己未	庚申	辛酉
戊午	壬戌	癸亥	甲子
甲寅			

戊日午月火旺に生まれる、「偏印格」か「印綬格」です。午寅火局半会し、年月支午火、時干甲木は攻身と、午寅火局半会を生火、調候壬水の水源有情であるのを必要としますが、無壬無金、攻身と印太過の無根の日干、火炎土焦の凶命です。

用神取るものなく、喜神も定め難く、

第二運庚申、金旺運、申寅冲にて火局半会を解く調候運となりますが、尅洩交加の大忌の大忌、必死となる運です。

〔349〕

甲寅	**大運**	庚辰
丙子	丁丑	辛巳
己酉	戊寅	壬午
己巳	己卯	

己日子月水旺に生まれる、「偏財格」か「正財格」です。調候丙火急を要しますが、月干に透丙し、年干甲から生丙もされ、かつ年支寅に有気であり、調候適切となります。時柱己巳にて、酉巳金局半会して、日干無根であり、調候でもある有力な丙の助身があっても、日干弱となります。用神は己干用印と言われる丙と取り、喜神火土、忌神金水、閑神木となります。


第一運丁丑、やや喜の傾向性。

第二運戊寅、戊甲尅去、やや喜の傾向性。

第三運己卯、己甲合去、卯酉冲あって、酉巳金局半会は解会し、日干やや強となり、卯木生丙するやや忌の傾向性。

第四運庚辰、喜忌参半の傾向性。

第五運辛巳、辛丙合去する火旺運、年干甲接近して、喜忌参半の傾向性。

第六運壬午、壬丙尅去する火旺運、年干甲接近して、喜忌参半の傾向性。

知慈母恤孤之道。始有瓜瓞無疆之慶。〔闡微・徴義〕

《慈母が孤を恤《あわ》れむの道を知れば、始めて瓜瓞《かてつ》の疆《さかい》なきの慶びあるものなり。》

知慈母恤孤之道。方有瓜瓞無疆之慶。〔輯要〕

知慈母恤孤之道。乃有瓜瓞無疆之慶。〔補註〕

原　注

日主を母としますと、日干から生ずる食傷が子であります。例えば、甲乙日主とし、満柱皆木で、中に一、二点の火氣があるのは、「母旺子孤」となり、その勢いは子孫を生ずるを要し、瓜がその蔓にたくさんの実を結ぶように、子孫連綿として絶えないなら、永く千代の世にその血脈が続くものであります。

任氏増注

「母衆子孤」、特に子は母の勢いを頼みとしなくとも、母の情は偏《ひとえ》に子にかかっているものです。ですから、子母二人であるなら、抑えて損じるは宜しくありません。ただ、その子の勢を助けることができれば、すなわち、「慈母」にして、子ますます昌んとなるものです。例えば、日主甲乙を母としますと、柱中にただ一、二の火氣あって、その外が皆木ですと、「母多子病」、決して水を見てはいけないのです。水を見ますと、子は必ず傷付き、次いで金を見るも不可です。というのは、金を見るは母の性に触れることとなって、「母子不和」となり、子の勢いますます孤となるからです。ただ、火土を帯びる運に行けば、母の性は必ず慈となって、子に向かい、子もよく母に意に順じて孫を生み、ちょうど、瓜の蔓にたくさんの実が成って、綿々と慶びが絶えず、千年の後までも続くことになるのです。しかし、帯水の土運に巡るようであれば、母の情に変が生じて、反って子を容れないことになります。

〔350〕

戊午
甲寅
乙卯
己卯

大運

乙卯	丙辰	丁巳
戊午	己未	庚申

乙卯日元で、寅月卯時に生まれ、満盤皆木、ただ年支に午火あって、「母旺子孤」、その子が寅と寅午半会し、母の性慈にして子に向かい、子もよく母の意に順じて、戊土の孫を生み、さらに火土の運も喜びます。少年にして、早登虎榜、身は中書省に入り、次官となりましたが、一たび庚申運に交わるや、母の性に触れ（觸母之性）、死亡しました。

〔351〕

癸卯
丙辰
甲寅
乙亥

大運

乙卯	甲寅	癸丑
壬子	辛亥	庚戌

甲寅日元、季春に生まれて、支東方を成し、また亥時に生まれています。一点の丙火虚露、「母衆子孤」、辰は湿土ですので晦火養木。兼ねて癸水透干し、時亥に旺じ、母に慈愛、恤孤《じゃっこ》の心なく、反って滅子の意があります。初運乙卯・甲寅は、なお子を愛し生扶するの情があ

りまして、大変恵まれ意の如くでしたが、一たび癸丑運に交わるや、帯水の土、母心必ず変じ、子は安んずることできず、破敗異常。壬子運に至って、その子を尅絶し、家破れ、人離れて、自縊《じい》〔首をくくり自殺すること〕しました。

徐氏補註

母は印であり、日元は子となります。また、日元を母としますと、食傷は子となります。印綬が方局を成して、日元が孤であれば、比劫の地に行くのが宜しいのです。日元が方局を成すなら、食傷孤、食傷の地に行くのが宜しく、母の恩慮は子孫に及ぶものです。これを「慈母恤孤之道」と言うのです。「母慈滅子」の局等もこれに当たります。

〔352〕

	大運	
庚　辰		59才辛卯
乙　酉	29才戊子	
癸　卯	39才己丑	
庚　申	49才庚寅	

これは、孔祥煕の命造です。乙庚作合、卯申また合、皆化して金となり、全局皆印、『繼善篇』に云う、「獨水三犯庚辛、號曰體全之象是也。」に当たります。「母旺子孤」、すなわちこれ、「母慈滅子」で、財を用として破印することはできません。最も宜しいのは、壬癸比劫の旺地で、次は金木その氣勢に順じるなれば美運となります。ただ、火土、その旺盛に逆らうを忌むものです。

考玄解註

君臣と同じように、母子も対照というより相生の関係であり、

(1) 日干を母とするならば、日干より生ぜられるところの食傷が子。

(2) 印を母とするならば、印より生ぜられるところの日干が子。

(3) 四柱組織の中で、六親を配当する場合は、母は印であり、食傷が子となるのは、日干を我として、我を中心として、六親を配するからです。

この(1)(2)(3)の考え方は、明確にして置かなければならないのです。(3)のみで、母子を決め付けますと、前述しましたように、相当無理なこじつけとなります。こうした偏った考えをしていきますと、財は食傷の子であり、食傷は財にとっては母、また、官殺は財の子であり、財は官殺にとっては母。また印は官殺の子であり、官殺は印である子の母、と関係が曖昧になり、財を臣とするなれば、それを制する日干は君となり、官殺を君とするなら、官殺の制を受ける日干は臣となるという、こうした考え方が分からなくなってきて、財を臣とし、官殺を君として、日干は全然関係ない、といった馬鹿気たことになるのです。日干を中心として考えましたなら、男命にとって、財は妻であり、財産であって、臣ではありませんし、官殺は子女であり、官位・地位であって、君ではありません。

女命にとって、食傷は子であり、財は財産であって、臣ではなく、官殺は夫であって、君主ではないのです。

六親の看法、考え方には、その外いろいろありますが、純粋理論的六親配当と、変法的六親の配当とは、「六親

論」のところで詳述します。

例えば、命中に、財が一点もないからといって、妻はなし、とは断定できませんし、財多であるから、再婚するとか、妻妾が沢山いるとは断定できないのです。とにかく、日干を我として六親を看る場合と、単に相生する関係をもって、母子とする、あるいは相尅する関係をもって、君臣とする考え方とは、全く別に考えていきませんと、支離滅裂になってしまい、何とか、命理に辻褄を合わせるために、相当苦しいこじつけや、別の理を持ち込まなくてはならなくなります。

ところで、原注、任氏増注、また、『滴天髓輯要』の陳素庵氏註では、ここの文の前後、行間の意を汲んで、日主を母とし、食傷を子とする(1)が、本節の母子であるとし、次節の「知孝子奉親之方。始能克諧大順之風。」が(2)であるとして説明しているのです。

ただ、徐氏は、「母象」「子象」を一緒にまとめて解の補註としているので、(1)(2)共に挙げ、両方から、つまり、「印綬成方局而日元孤。」「日元成方局而印孤。」共に「慈母恤孤之道」としていますが、原文の「始有瓜瓞無疆之慶」の意をよく解しますと、この節で(2)も同じとは言えない要素が入ってくるのですから、その点、徐氏補註の(2)をここに入れるのは誤りと思います。この点、「子象」とよく比較対照し検討してください。

要するに、日干が強となって、調候もよろしく、食傷があって財が官殺に通関しているなら、大運、喜用の運にて、それまでの知能才能を食傷として発揮し、その才能によって財利を得、好運続いて社会的地位向上するのが良好である、と言っているのです。

〔350〕

戊午	**大運**	戊午
甲寅	乙卯	己未
乙卯	丙辰	庚申
己卯	丁巳	

乙日寅月生の「月劫格」です。調候丙火必要ですが、午寅火局半会して調候太過。日干乙木木旺の二卯に根あるので、洩身に耐えられる原局ですが、ちょっと用神丙とは取り難く、日干強、食傷強となっているので、用神己とし、喜神火土金、忌神水木となります。

第一運乙卯、木旺運。忌の傾向性ある運。

第二運丙辰、寅卯卯辰の東方全以上となり、日干旺強となる、忌の傾向性ある運。

第三運丁巳、火旺運。喜神土金、忌神水木火となる、やや忌の傾向性。

第四運戊午、戊甲解剋して、午午寅の火局半会以上となり、喜神土金、やや忌の傾向性ある運。

第五運己未、喜神土金の喜の傾向性ある運。

第六運庚申、申寅冲にて午寅火局半会を解き、それほどの忌とはならないのは、日干強の金旺運にて、始終よろしくなるからです。

〔351〕

癸卯	**大運**	36才壬子
丙辰	6才乙卯	46才辛亥
甲寅	16才甲寅	56才庚戌
乙亥	26才癸丑	

一七八三年四月二十四日亥刻がこの四柱で、土旺生の立運約6才となります。寅卯辰東方全くし、時柱乙亥、透癸する「印綬格」です。囚令の木最強となり、用神丙しか取れず、喜神火土金、忌神水木。一路忌神運、壬子運、必死となりま

す。東方を全くするので、〈辰は湿土〉ということはありません。

〔352〕

庚	**辰**	**大運**	
乙	**酉**	9才丙戌	39才己丑
癸	**卯**	19才丁亥	49才庚寅
庚	**申**	29才戊子	59才辛卯

孔祥煕の命は『古今名人命鑑』にも挙げられており、光緒六年八月初七日申刻生とされております。西暦日本の元号で一八八〇年（明治十三年）九月十一日申刻の立運約8歳10ヶ月となります。

癸日酉月金旺の庚金分野生まれの「印綬格」です。庚乙干合し酉月金旺のため化金し、地支は辰酉合を酉卯冲により解き、全支個有の支。月令を得た天干の二庚一辛金は申・酉支に通根し、旺強太過となり、日干癸は辰申に有気ではあるものの、印太過で無根、金多水濁、いわゆる「母慈滅子」。食傷の日支卯木は上下・左右の旺強の庚辛金から断削されて、食傷の良好な作用を期待することはできません。印太過を抑え、調候でもある丙火財は、命中に一点もなく、また官殺となる年支湿土の辰が生金する忌となり、木への洩身にも耐えられず、金が旺強となり、五行偏枯する命です。日干は弱、用神壬、喜神水のみ、忌神木火土金とせざるを得ない、源濁の下格となります。

第一運丙戌、忌神火土の忌の傾向性ある運。

第二運丁亥、北方用神運となって、やや喜の傾向性。

第三運戊子、子申水局半会が残って、日干の根となる喜の傾向性。

第四運己丑、湿土が金の旺強太過をさらに強める忌の傾向性ある運。

第五運庚寅、二庚一乙の妬合により、庚乙化金を解き、寅申冲にて忌が忌を制しても、大運干には忌の庚金が透出する忌の傾向性ある運。

第六運辛卯、同様に庚乙化金を解き、地支は全支個有の支となって、木旺の食傷への洩身に耐えられず、忌の傾向性ある運。

徐氏補註の誤りを指摘してください。

知孝子奉親之方。始克諧成大順之風。〔闡微・徴義〕

《孝子が親を奉るの方を知りて、始めて克諧《こくかい》して大いに順ずるの風を成す。》

知孝子奉親之方。始能克諧大順之風。〔輯要・補註〕

原　注

日主が子としますと、日を生ずる印が母であります。例えば甲乙日主、満局皆木で、中に一、二水氣あるを、「子衆母衰」となすもので、その勢いは、母を安んずるに要し、用金、もって生水、用土、もって生金。すなわち、母子の情を成すもので、これを大いに順ず、大順となすのであります。あるいは無金にして、水の神が木によるなれば、木火金盛の地もまた可であります。

任氏増注

「子衆母衰」は、母の性は子によるので、母の心を安んじ得られるようにすべきですし、また子の性に逆すのもいけないことです。

例えば、甲乙日主、満局皆木で、中に一、二の水氣がありますと、「子衆母孤」と言い、一に、土を見るべからずとするのは、土を見るは、子が女に恋して、母を顧みず、母は不安となるからです。二は、金を見るは不可です。それは金は母の勢いを強くして、子を容れず、子は必ず逆らうこととなるからです。ただ、帯水の金運は、金をして尅木せしめずして生水し、母の情必ず子により、子の情も母に順となるからです。大順の風を成すのです。帯土の金運に行くが如くは、女の性は必ず悍んとなって、母子皆安んずることができず、人事皆これと同じです。この四章、皆木をもって主とし論じましたが、火土金水も同じです。

〔353〕

癸亥	**大運**	
乙卯	甲寅	辛亥
甲寅	癸丑	己酉
乙亥	壬子	庚戌

甲寅日元、仲春に生まれ、卯亥寅亥拱合。満局皆木で、年干の癸水勢いなく、「子旺母孤」。その情は木により、木の性も水による、所謂、「母子情協」となるものです。初運甲寅、乙丑、親のお蔭を受けることあり余り、早く泮水に遊び、壬子運、中郷に榜し、辛亥運、金水相生、県官から省長官となり、庚戌運、土金旺じて、母子不安、過ちを犯して落職し、死亡しました。

〔354〕

乙　亥　　大運
己　卯　　戊寅　甲戌
甲　寅　　丁丑　癸酉
甲　子　　丙子　壬申

甲寅日元、仲春に生まれ、満局皆木。亥卯また半会、時支子水は衰極。その情さらに木により、日主恋己土の私情あって、母を顧みず、丁丑運、火土斉來、反って母を容れず、諺に、婦不賢なれば家不和、と言われていますが、刑傷破耗。丙子運、火不通根、平安で咎なく、甲戌運、また土旺に逢って破耗異常。乙亥、癸酉運、生化不悖、妻は続けて、子を生み、家名上がり、壬申運、晩景いよいよ佳なるは金水相生のゆえであります。

徐氏補註

日元が方局を成して、印が孤、官印の地に行くは宜しく、食傷が方局を成し日主孤、比劫の地が宜しいのです。養父母を迎え孝養するものです。「孝子奉親之方」は、方局を成すことではなく、兩氣成象と理は全く同じです。食傷成象して日主孤は順局で論じられていることです。

〔355〕

丁　酉　　大運　　58才丙午
壬　子　　28才己酉
癸　亥　　38才戊申
壬　子　　48才丁未

これは某有名人の命造です。全局皆水、年干の丁火は、壬水と合去し、年支酉金、孤単にて「子旺母孤」です。己酉、戊申運の二十年、官印の地、その氣勢に順じて美。運南方に入るは、群劫争財、名利上では名あるも、財源が日に渇くのは、氣勢不順のゆえです。

考玄解註

原注、任氏増注はほとんど同様のことを言っているのですが、少し違っています。甲乙日主、満局木、中に一、二の水気あるとして、（1）は原注、（2）は任氏増注です。

（1）○用金以生水。
　　○用土以生金。｝をよしとする。
　　○あるいは無金水が木によるなら、
　　　木火金盛地亦可。

（2）○帯水の金運をよしとする。
　　○土を見るは不可。
　　○金を見るは不可。
　　○帯土の金運は不可。

（1）の、「用金以生水」とは、原局に金があって、原局の水源となっている場合です。これでは、ちょっと正確には解らなくなります。ですから、純粋に甲乙日主にして木満局、「建禄格」「陽刃格」「月劫格」で、一、二点の水あるのは、実は「従旺格」、三、四点水あっても比劫より太過しなければ「従旺格」、方局を成しているなら、「曲直格」となります。李文忠の命のように、土があって、水と相害しない構造で無金、これも「曲直格」です。このように整理しますと、喜忌は明らかとなってきます。

徐氏補註にも、「食傷成象而日主孤、同上順局」とあるのですから、ここは、日元強くして、「建禄格」「陽刃格」「月劫格」となって、印が〈孤〉と解すべきことを、徐氏自ら認めていると見るべきでしょう。

原文の、「克諧」は、「克」は、かつ、抑える、しのぐ、まさる、の意で、「諧」は、ととのう、やわらぐ、調和す、合う、の意ですから、よくかなうことと、訳してもよろしいとは思いますが、克したり、克されたり、生じたり、生ぜられたりして、命の喜とするところにかなう、と解さなければなりません。

〔353〕

癸　亥	**大運**		辛亥
乙　卯	甲寅		庚戌
甲　寅	癸丑		己酉
乙　亥	壬子		
（丙　子）			

甲日卯月木旺に生まれ、亥卯木局半会し、寅亥合は天干甲乙にて化木して蔵干二甲二乙となり、日干月令を得て比劫重々、印の癸水あって、官殺一点もありませんが、印が日干に近貼していませんので、「従旺格」とならず、「建禄格」か「陽刃格」です。用神取るものなし、喜神火土、忌神水木、閑神金となる、夭凶の命です。一路第四運辛亥まで大忌の運が続き、事実と合致しなくなります。一刻後の丙子刻であれば、「従旺格」となり、用神甲、喜神水木火土、忌神金となります。丙子刻で運歳を看ていきますと、一路喜用運を巡り、第五運庚戌は、戌卯合にて木局半会解け、水あって戌土は湿土生庚し、官殺庚は、日干甲を剋身。破格となる忌運。また、第六運己酉は破格の金旺運にて大忌となります。

これも「衰神冲旺旺神發」となるものです。これを母子で説明することは正しくなく、格局として理解すべき組織構造です。

〔354〕

乙　亥　　**大運**　　乙亥
己　卯　　戊寅　　甲戌
甲　寅　　丁丑　　癸酉
甲　子　　丙子

甲日卯月木旺に生まれ、亥卯木局半会し、天干比劫重々、支も比劫重々となって、子の印あるので「従旺格」です。用神甲、喜神水木火土、忌神金となります。大運一路喜用の運を巡り、第六運癸酉、金旺運、破格となり、大忌の大忌の運となります。

これも格局を言わず、しかもそのため、〈癸酉運、生化不悖〉としているのです。

〔355〕

丁　酉　　**大運**
壬　子　　8才辛亥　　38才戊申
癸　亥　　18才庚戌　　48才丁未
壬　子　　28才己酉　　58才丙午

癸日子月水旺に生まれ、丁壬合去し、比劫重々、癸壬接近して印有情となり、官殺のない「仮の従旺格」ですが、調候丙ないため金寒水冷の下格です。用神壬、喜神金水木火、忌神土、大運は一路喜用の運を巡るも、調候ありませんので、それほどの喜なく、丙午運、南方調候運は喜となります。

徳勝才者。局全君子之風。才勝徳者。用顕多能之象。〔輯要・徴義・補註〕

《徳が才に勝る者は、局は君子の風を全くする。才が徳に勝る者は、用は多能の象を顕わす。》

徳勝才者。局合君子之風。才勝徳者。用顯多能之象。〔闡微〕

原　注

清にして和、平にして順なるは、主輔けて宜しきを得、合するところのもの皆正しい神であり、用とするところのもの皆正しい氣であって、四柱八字をもって十分とし、真仮で悩むことなく、財官喜神で皆生平で、貪合することなきは度量寛宏で、必ず正しきことを行う、君子たるべきものであります。財薄くしてこれを貪り、官軽くして恋々とこれを追い求め、混濁して害を被り、主弱くして補強、邪心と争合し、三、四の用神あるは、皆心根奸貪で、僥倖《ぎょうこう》を願う、多能の象であります。大体陽が内にあり、陰が外にあるのは、激しからず、亢ぶらず徳が才に優れるものです。例えば、丙寅、戊辰が月日にあり、己卯、癸卯が年時にあるものの如きです。陽が外にあり、陰が内にあるのは、勢い利に走るを畏れるもので、才が徳に勝る者、例えば、己卯、己巳が月日、丙寅、戊寅が年時の如きものです。

任氏増注

善悪正邪は、五行の理の外にはありません。君子も小人も、四柱の情を離れず、陽氣動じて闢き、光亨の義見るべきものがあります。陰氣は静にして閉じ、その奥に理が包含されているものです。和平、純粋にして、格正しく、局清く、争わず、妬せず、偏氣をのみ合去する、皆正神が化出する、官を喜ぶに財がよく生官する、財を喜ぶに官がよく制劫する、印を忌むに財がよく壊印する、印を喜ぶに官がよく生印する、陽盛んで陰衰え、陽氣当権するに、用とするところ皆陽氣、喜ぶところのもの皆陽氣、上にも下にもへつらうことも、驕ることもない、これらは皆君子の風であります。

偏氣雑乱する、弱を捨てて強を用とする多争多合のもの、皆正氣を合去するもの、皆邪神を化出するもの、官を喜ぶに劫に臨むもの、財を喜ぶに印位にいるもの、印を忌むに官が生印するとか、印を喜ぶに財が壊印するとか、陰盛んで陽衰えるに、陰氣当権して、所用のもの皆陰氣で、喜ぶところのもの皆陰とか、財の趨勢左右に動くとかするのは皆多能の象であります。しかし、氣勢和平を得て、用神分明であるなれば、行いも正しいものであります。

〔356〕

癸　酉	**大運**		
戊　午	丁巳	甲寅	
庚　寅	丙辰	癸丑	
丁　丑	乙卯	壬子	

庚金仲夏に生まれ、正官得祿、年時酉丑に通根、正にして中和の氣を得ています。

寅午財官拱合、財が壊印せず、官よく生印し、財官印、生化悖らず、癸は戊に合し、その陰濁の氣を去らしめます。ゆえに、品行端正、古道を守り、早く学問の道に志し、丁酉登科、後知県となるを断って、教育の道に入り、貧に安んじて道を楽しむ。人が小就なりと言うに答えて、功名は官吏として位階高くなることではなく、著述して名を成すことで、私はお金儲けの道に疎いのですから、教職に就いて、たとえ衣食に事欠くも愁えず、我が行いが我が志ですが、君父の恩に十分に負けないようにするのみです、と言っている人です。

〔357〕

丙 寅	**大運**	甲辰	
庚 子	辛丑	乙巳	
己 亥	壬寅	丙午	
甲 戌	癸卯		

己土仲冬に生まれ、寒湿の体、水冷木凋、庚金また尅木生水、混濁に似ていますが、妙とするは年干に丙透り、一陽解凍、庚金の濁を去らしめている点です。己土は特別和暖を喜ぶものではありませんが、甲木にとっては発栄となるのです。さらに妙は戊時燥土、泛濁の水を静め、凋木を培養し、日元の根を固めてもいる点で、甲己は中和の合。ですから、処世端方、古道を恆存し、謙恭和厚、古君子の風があります。ただ、水勢太旺を嫌い、功名は廩貢《りんこう》〔倉庫を管理する役職〕となったに過ぎません。

〔358〕

丙 戌	**大運**	乙巳	
辛 丑	壬寅	丙午	
己 卯	癸卯	丁未	
甲 子	甲辰		

水冷金寒、土凍木凋、年干丙透って、一陽解凍、佳美に似て、丙辛合化水、陽変じて陰、反って寒湿の氣を増し、陽正の象は、反って陰邪の類に変じます。

ですから、人となり貪婪《どんらん》〔非常に欲が深いこと〕なることあからさまで、好謀百出、財利を貪り、富貴にへつらい、利につくと驕り昂ぶり、所謂、多能の象であります。

徐氏補註

「才徳」とは、君子、小人の謂いではありません。「局全君子。用顯多能。」とは、用神、格局の象徴的表現なのです。人品の正邪を言っているのではないのです。人に氣局あるように、八字にも氣局があるもので、この二つは相応ずるものですので、このような喩を借りて言われているのです。

『論語』に、「夫子聖者乎。何其多能也。」とあります。多能の二字は、軽蔑の言葉ではありません。徳が勝る者とは、官清印正の如く、財生官旺等の格局で、氣勢平和、人の品性に見るなら、謹慎自守、行動正にして、君子の品格あるのに似ている、と言っている意であります。

才が勝る者とは、例えば、用印化殺、食神制殺、また陽刃、傷官等の格局の如く、秀氣発越し、これを人品に譬えるなら、明快果決、聡明衆に優れ、多能の象をなすのに似ているのであります。

およそ格局中和純粋で、不争不妬、無傷無害であるなら、そういった人は必ず忠厚で誠実、運程は平穏で起伏がないものです。また、格局に病薬があり、相互に衛護し、配合によって中和する人は、聡明で智巧であっても、運程は起伏が多いものです。

そうしたことは既に論じられてきました。通関、調候、「澄濁求清」「暗處尋眞」等々の格局中に、皆多能の象があるものです。

〔167〕

己卯	大運	
丙子	24才癸酉	54才庚午
丙子	34才壬申	
丁酉	44才辛未	

元老胡漢民先生の造です。地支財官印三奇、格局清正、財生官を用となす、君子の風です。最も妙なるは子を帝座とし、端門である午に正対しており、卯酉は日月の門をなして、東西対立し、官星を夾護していまして、格局、堂皇荘厳であるところです。ですから、領袖の尊となるべき局です。しかし惜しいのは傷が印上にあり、劫が財地に臨んでいる点です。もし丁卯年己酉時と変えましたなら、氣勢周流し、循環して滞ることなく、万民の信頼を受け、有慶。午運丙子年逝世しました。

〔179〕

甲午	大運	51才辛巳
乙亥	21才戊寅	
庚辰	31才己卯	
己卯	41才庚辰	

宋子文の命です。財官印全く、三奇となします。財官食も備わり、また三奇、『子平四言集腋』に、全象と言われています。本造、妙は亥宮壬水得祿、乙木財星、卯に得祿、丁火官星、午に得祿、三奇得祿し、乙庚相合、甲己相合、土金相生し、地支午亥兩宮、丁壬相合、甲己合を作し、貴氣互換、福沢厚く比するものありません。三者全きをなして、財地に行くが宜しく、用神は食傷生財するを取ります。

この兩造は皆三奇格で、一は徳が才に勝るもので、一は才が徳に勝る、多忙にして、向かうところ有功、原命福沢悠厚のゆえであります。

考玄解註

前のところで、生尅制化を、君臣、夫妻、母子の比喩的文学的表現で論じ、ここでもまた、全局的構造の有り様を、「才徳」といった比喩的文学的表現で抽象的に論じているのです。抽象的であるだけに、その解釈は色々に分かれてもくるところです。

原注も任氏増注も、ここのところを品格、性情に重きを置いて説明していますが、徐氏補註は、君子とか多能とか言っているのは譬えであって、品格、性情を論じているのではなく、格局、用神を主として論じているところである、と卓越した見解を示しています。また、「有能」を蔑詞としているのではない、とも言っています。しかし、徐氏も言っているように、命造と人品は相応じているのですから、原注も任氏増注も共に必ずしも間違ったことを言っている訳ではないのです。ただ重点が、ここは人品、性情を論じているところではなく、「性情論」は後文に、「五行不戻。性正情和。」以下百三十六字をもって説明されていますので、その「性情論」中のどこの箇所にも、ここの文を持ってくることはできない、と言うことです。

今一つ注意すべきは、「局全」と「用顯」が対句になっている、つまり、局と用とが言われているという点です。局が君子の風を全くする、用が多能の象を顕わす、のですから、確かに多能の義は悪い意味と取ることはできません。

「君子」という語は通常聞き慣れ、使い慣れているのですが、完全に意味を明らかに説明するとなりますと、やさしいようで大変難しい語なのです。徳が高い人、官位が高い人、と大まかに言われていますし、「君子三樂」とか「君子不器」とか「君子親仁」「君子避三端」「君子有三畏」「君子有九思」等々多くのことが言われていますので、なかなか一言では説明し尽くせない言葉であります。しかしそれでも、君子の第一条件は、徳にあることは確かで、さて、その「徳」となりますと、また難しくなります。善行、正義、道義、教化、節操、名望、功用、恵み、賢者、そして君子と戻ってきてもしまうのです。

ただ、この徳の中に、四時の旺気もその意の中にあるということ、君子は徳が高い、官位が高いことがあることよりして、官、旺ずる、と解しますと、徳と才、は、官と才とすることもできます。そして「才」は、サイ、ザイであって、はたらき、智恵、賢者、学問、芸術、齢の数、そして、財に通じます。正財、偏財の財としますと、

《官が財よりも勝っているものは、四柱八字の局はあたかも君子の風を全くするようなものです。財が官より勝っているものは、その作用はたらきは、あたかも多能のかたちを顕すようなものです。》

と意訳することもできるのです。そして、勝る、ということは命理的に力が強くして勝つということではなく、喜神として四柱八字中でより美である、ということであります。

《官を財より喜神としてより喜ぶような組織構造は》

であり、

《財を官よりも喜神としてより喜ぶような組織構造は》

と解すればよろしいのです。もちろん、官、財を喜として喜ぶことの条件としては、本書『滴天髓真義』が、

ここまで論じてきたすべてを考えた上でなければなりません。そのことを、「清和平順」「和平純粋、格正局清」「通関、調候、澄濁求清、暗處尋眞」「中和純粋、不争不妬、無傷無礙。」「有病有薬」等々と言い、「精神」「中和」「寒暖燥湿」「源流」「通関」「清濁」「真仮」「君臣」「母子」「閑神」「覊絆」「恩怨」等々の理解の上に立って、初めて本節の意が理解できるものと言えるのです。「形象格局」を論じた中での八格の説明にここの文を持ってきましても、その真意はとらえられないのです。原注、任氏増注、徐氏補註を決して誤りとして否定しているのではなく、それらの註の上に立って、拙註の別の角度からの照明として、理解していただきたいのです。

ところで、原注にある、陰陽の内外、の点ですが、左造のような命は実際にはあり得ません。(A)は戊癸日に、癸卯時はなく、癸なれば、癸丑か癸亥です。〔B〕は丙辛年は必ず辛卯月ですし、仮に戊寅年としますと乙卯月となります。

〔A〕
己卯
丙寅
戊辰
癸卯

〔B〕
丙寅
己卯
己巳
戊寅

陰陽の内外のみで、命を云々すると大誤を招きます。

また、前述、官と言っていることは、官殺の意で、正官のみを指して言っているのではありません。

ですから、この原文に対して、この命が「徳勝才者」であり、この命が「才勝徳者」である、といった例を示すことは無理が生じてくることになります。

〔356〕

癸　酉
戊　午
庚　寅
丁　丑

大運

丁巳	甲寅
丙辰	癸丑
乙卯	壬子

庚日午月火旺に生まれる「偏官格」か「正官格」です。年月干癸戊干合し、午火旺ずるので化火し、戊は丙となり、癸は丁となる。調候壬水の水源有情なること必要であるのに、水源となる酉金あっても壬水なく、旺火に囲まれた死令の酉金は、熔金されて用をなさず、一点の湿土丑が、寅中中気の丙を晦光するのみ。調候不及で、化火した丙火から攻身される庚金、わずかに丑の湿土に頼むのみです。用神は己、喜神一応土金、忌神木火、閑神水となります。これは徳も才もないものであると言うべきです。つまり、

1、調候甚だ不及。
2、火旺・金死令の庚金の根は無情・無力。
3、火太過の病。
4、癸戊干合化火し、丙火攻身、丁火煆金にも耐えられません。

どうして、〈正にして中和の氣を得ています。〉などと言えましょうか。〈財官印、生化悖らず〉でしょうか。甲寅運まで寿保ち得たかどうかさえ疑わしいものです。

〈丁酉登科〉は満齢24才、大運不明、また〈後知県となるを断って、教育の道に入〉った運歳も不明、〈私はお金儲けの道に疎い………〉と言っていた頃の運歳も全く不明、わからないことが多すぎますし、他の細かい事象も不明ですので、正確な年月日を逆算しても無駄なようです。

ただ用神の己土ある湿土丑は去ることもありませんので、第三運乙卯、第四運甲寅にもそれほど惨憺たることにはならず、第五運癸丑には安定した程度とは言えます。任氏増注中〈私はお金儲け……〉と言っていることも、身のほどを知っている負け惜しみ、とも言えますし、事実大運己酉運、戊申運とか、癸酉運、壬申運とか、辛酉運、庚申運のような、財に任じ得る運に巡っていない以上、どう財利を得ようとしても全く無駄に終わるものと言えるのです。癸戊干合化火を見落としてはならないのです。この化火は、第一運丁巳のみしか解けませんので、常時化火した丙火から攻身されて、庚金の気質は弱となっていき、保身、防御本能のみが強くなっていくことは、「事象論」のところで、性情の環境による役割性格として知り得ることです。これが一見〈品行端正〉と任氏に写ったにしか過ぎないのです。

〔357〕

丙寅	**大運**	甲辰
庚子	辛丑	乙巳
己亥	壬寅	丙午
甲戌	癸卯	

己日子月水旺に生まれる「偏財格」か「正財格」です。丙庚尅去し、己甲干合甲倍力、調候急を要するのに丙庚尅去して、一丙失うも、己甲接近して、調候とも助身ともなる丙火寅中にあり、甲の根も寅にあり、時支戌土の根も甲の疏土するところ、日干弱となり、用神は化官の丙、喜神火土、忌神金水木となります。己土の干の特性を忘れてはなりませんし、『四言獨歩』に言われている「己干用印。官徹名淸。」の一句も忘れてはならないのです。

大運一応、忌神運を巡るものの、戊土に根あって、かつ丙火調候は助身し、「不愁木盛。不畏水狂。」「金多金光。」で、第四運甲辰より徐々に向上し、第五運乙巳火旺の用神運より、職位向上。さらに第六運丙午、相当な地位となるものです。〈廩貢となった〉のはいかなる運歳か不明ですが、〈廩貢〉の下級官吏で終わる命では絶対にないのです。結局は『滴天髓』で言われている干の特性や、沖剋合の理を全く理解できず、「道有體用」の用神を知らず、原局の忌の甲が、第五運乙巳、第六運丙午にて、喜の作用となることも解っていないようです。

〔358〕

丙	**戌**	**大運**	
辛	**丑**	2才壬寅	32才乙巳
己	**卯**	12才癸卯	42才丙午
甲	**子**	22才甲辰	52才丁未

一七〇七年一月にも、一七六七年一月にも己卯日はなく、一八二七年一月二十九日子刻がこの四柱となります。土旺生で立運約2才6ケ月。「建禄格」となります。調候二丙必要であるのに、丙辛干合土旺ゆえ合去し、調候を失い、己甲干合化土し、甲は戊土に変化。己戊は年月に移動します。用神は甲、喜神金水木、忌神火土ですが、調候ない限り池塘氷結となり、喜も喜の作用も発することできません。

第一運壬寅、木旺運。壬丙剋にて丙辛解合、調候あって喜の傾向性ある運。

第二運癸卯、癸己剋にて己甲干合を解き、卯戌合去し、調候なく、あまり喜とならず、

第三運甲辰、また己甲解合するものの調候なく、喜とならず、

第四運乙巳、調候運にて、金水木の喜の傾向性。

第五運丙午、丙辛解合しての調候運ですが、火土太過の忌のほうが大となる傾向性。

土旺生であるのに〈丙辛合化水〉する理なく、この命を化水させて、前造を化火としないのは、一体どういう訳でしょう。さらに己甲干合については一言も触れていないのもどうしてでしょうか。それどころか、合去して化水もしないのを、化水として、その一点のみで芳しからざる性情を並べ、この化水を理由に、大運の喜忌も言わず、〈多能の象〉と決め付けております。生日を逆算できない人は、任氏の言っていることから水旺の生まれと誤解します。前記のように、任氏が実際に審察したとするなら、一八二七年一月二十九日の生以外ないのです。前造でも癸戊合を化火せずとして、〈陰濁の氣を去らしめ〉などと、訳の解らないことを言っているのです。

〔167〕

己	**卯**	**大運**	
丙	**子**	4才乙亥	34才壬申
丙	**子**	14才甲戌	44才辛未
丁	**酉**	24才癸酉	54才庚午

丙日子月水旺・火死令の「偏官格」か「正官格」です。調候は「丙火猛烈。欺霜侮雪。」で不要。陰干の丁火は無力ですが、月干丙火は有力であり、かつ年支の卯は月干丙には有情な生火となるものの、日干には無情。つまり、日干の印となる卯木が生火するのを月干丙火が邪魔している組織構造です。日干無根ですので、日干弱、用神は化官殺生身の甲、喜神木火、忌神土金水となります。

こういう構造では〈格局清正〉とは言えないのです。また〈財生官を用〉とすることはできないのです。つまり、日干無根であり、印も無情であり、月支も日支も水旺の子であって、かつ酉金は日支の子を生水し、また干の特性、陰干の陽干への幇は無力であるばかりでなく、日干死令の丙は、酉財を制財もしなければならないのに、用神財と取れる訳がないのです。〈最も妙……〉という〈子を帝座〉〈端門である午〉〈卯酉は日月の門〉などということは、全く日干の強弱に関わりないことなのです。さらに、一人の人間にとって、歴史にとって、〈もし〉はないものなのです。第一、丁年に丙子月はないし、丙日に己卯刻など絶対にないことです。

二子水の団結は、「病」であり、己丙並んでいる己土が少し燥となって、陽干の戊土ほどではないものの、多少の制水の「薬」とはなり、さらに、年支の卯が納水・滋木の「薬」ともなってはいるのですが、だからと言って、己土も卯木も酉金が生水する日支の水旺の子の「薬」とはならないのです。これが、上下・左右の理なのです。

もし一壬来れば、どういうことになるか、申が、酉が、子が来ればどうなり、丑が来て晦火晦光が喜となるかどうか、少し考えるだけでも、忌となることは解るはずです。壬申運、無事でいられましょうか？　この運無事であったとするなら、生時の誤りであることに気付くはずです。

〔179〕

		大運	
甲	**午**		31才己卯
乙	**亥**	1才丙子	41才庚辰
庚	**辰**	11才丁丑	51才辛巳
己	**卯**	21才戊寅	

庚日亥月水旺に生まれる「偏財格」です。乙庚干合して乙木倍力、調候丙火急を要するところ、年支に午あり。湿土の日支辰が生庚し、時干己土も生庚するものの、水旺の亥水に洩さねばならず、時支の卯と亥・辰にも有気で、滋木もされ

る、倍力の乙木を制財しなければならないのです。日干弱、用神はやむなく己とし か取れず、喜神土金、忌神水木、閑神火となるものです。〈用神は食傷生財〉などではありません。

局中顯奮發之機者。神舒意暢。象内多沈埋之氣者。心鬱志灰。〔闡微〕

《局中奮發の機顯れる者は、神は舒にして意も暢なり。象内沈埋の氣多き者は、心鬱して志は灰たり。》

局中顯奮發之機者。神舒意暢。局内多沈埋之氣者。心鬱志灰。〔輯要〕

局中顯奮發之機者。神舒意暢。象内多沉埋之氣者。心鬱志灰。〔徴義・補註〕

原　注

陽明を用事として、用神は力を得、天地交泰して、神が顕にして精通するは、必ず奮発多いものであります。純陽陰晦用事にして、情多く恋私し、主弱く臣強く、神が蔵されて精を洩らすは、困鬱多いものであります。純陽の勢いにして身旺、財官旺ずるものは必ず奮い立つものですし、純陰の局で、身弱で官殺多いものは必ず困難あるものです。

任氏増注

抑鬱することなく、舒やかで暢やかなものは、局中太過せず、欠陥せず、所用のもの皆得氣し、喜ぶところのもの皆力を得、忌むところのもの皆失時・失勢、閑神は忌むものに加担せず、反って益を喜用に与える。合を忌む場合には冲して解合し、冲を忌む場合には合して解冲し、体陰なるに用は陽として、一陽北に生じて、陰が生となって陽が成る。例えば、亥中の甲木がこれであります。歳運また格を輔け用を助けるのは必ず奮発多いものであります。舒暢少なく抑鬱多いものは、局中あるいは太過し、あるいは欠陥あり、所用のもの皆失令し、喜ぶところのもの皆無力、忌むところのものが皆得時・得勢し、閑神が刦占し、喜神が反って忌神に加担し、合を喜ぶものが冲に遇ったり、合を忌むに合したり、体陽で用陰、一陰南に生じ、陽が生じて陰が成る。例えば午中の己土の如きものがそうです。歳運また喜を輔けることもできず、忌を去らしめることもできないのは、必ず鬱困多いものです。

局が陰晦と言えても、運途の配合が陽明であれば、舒暢となることもできます。また、象が陽明であったとしても、運途の配合陰晦であるなら、困鬱を招くものでもあります。ですから、運途はよくよく審察しなければなりません。

例えば、亥中の甲木を用として、天干に壬癸あるのは、戊寅、己卯の運が宜しく、天干に庚辛あるなら、運途丙寅、丁卯が宜しいし、天干に丙丁あるなら、壬寅、癸卯の運が宜しいし、天干に戊己あるなら、甲寅、乙卯の運が宜しいのです。また、午中の己土を用とする場合は、天干に壬癸あれば、戊午、己未の運が宜しいし、天干に庚辛あれば、丙午、丁未運が宜しいし、天干甲乙あれば、庚午、辛未運が宜しいのです。これらは蔵神によって論じたのです。

支もまた同じように考えることができるのです。例えば、天干の木を用とするような場合、地支水旺でありましたなら、丙寅、丁卯運が宜しいし、天干水があるなら、戊寅、己卯運が宜しいし、地支金多なら、甲戌、乙亥運が宜しいし、天干金あれば、壬寅、癸卯運が宜しいし、地支土多なら、甲寅、乙卯運が宜しいし、天干土あれば、甲子、乙丑運が宜しいし、地支火多なら、甲辰、乙巳運が宜しいし、天干火あれば、壬子、癸丑運が宜しいものです。

このように、争い戦う患なく、制化の情がある配合は美ですが、これに反するは不美であります。この間の相互の関わり合いを深く研究して知ることができましたなら、深機を知ったということになります。

〔359〕

戊　辰　　**大運**

甲　子　　乙丑　　己巳

壬　子　　丙寅　　庚午

辛　亥　　丁卯

戊辰

壬水仲冬に生まれ、三祿旺に逢って、所謂、崑崙《こんろん》〔昔、中国の西方にあり、西王母という仙女が住むと考えられた山。仙人の憧れた聖地。〕の水、順ずべくして逆らうべからず、子辰拱水を喜び、戊土の根固からず。月干甲木を用神とします。泛濫の水を洩らし、この局は奮発の機顕れているものです。

丙寅、丁卯運に至り、寒木得火して発栄。陰干の金土を去らし、早年登科、翰苑に名高く、戊辰運、逆水の情、寿元に障りがあります。

〔360〕

甲申　大運　　庚辰

丙子　丁丑　辛巳

癸亥　戊寅　壬午

癸亥　己卯

癸水仲冬の生まれ、三旺支に逢い、その勢い汪洋、甲丙透るを喜び、支中絶處逢生、水木土相互に衛護。金流行を得、水温和を得、木発栄を得、火は生扶を得ています。用神甲でありまして、奮発の機です。一たび、戊寅に交わるや、霊程直上し、己卯運、早くも仕路の光を遂げましたが、庚辰、辛巳運、制化の情ありとはいえ、反って生扶の意なく、仕途蹭蹬《そうとう》し、いまだに顕秩できないのです。

〔361〕

甲申　大運　　甲戌

庚午　辛未　乙亥

丁亥　壬申　丙子

壬寅　癸酉

天干四字それぞれ地支祿旺に坐す。日主が当令の祿に坐し、財官に任じ得ることができます。清にして厚、精足り神旺じ、東西南北の運、皆咎なく、出身遺業あって、百余万。早登科甲、仕は方伯となり、六旬を過ぎて引退しました。一妻四妾、十三子、優游晩景、寿は九旬を越す。

〔362〕

癸丑　大運　　辛酉

乙丑　甲子　庚申

癸丑　癸亥　己未

癸丑　壬戌

天干三癸、地支一氣、食神清透し、殺印相生しますので、皆これを名利両全の格と言っています。しかし、私任鐵樵は、生発の機なく、名利皆虚と言いました。すなわち、癸水至陰、しかも季冬に生まれ、支は皆湿土、土湿水弱、水土凍冰、陰晦湿滞しているからです。およそ、富貴の造は、寒暖中和して、精神奮発、陰寒湿滞して偏枯であるものでないのです。壬申年、父母共に死亡、学問もできず、守るべき職もなく、助ける人なく、一つとして作すことなく、遂に乞食となり果てました。

徐氏補註

「奮發沉埋」とは無形の象で、前文の「才德」と同じくしています。格局の高低にはかかわりなく、命造それ自体にあるものです。局中喜用清透して、間雑の神なく、羈絆なく、損害の神なくして、その運程阻むことなければ、格局は次位にあるとしても、奮発の象あるものです。これに反して、喜用が厭伏され、ところどころ害あり、用財生官とするも印を嫌います、用印化殺とするも奪食を嫌います、財官衰弱する等々は発展できません。財官旺じて身弱は任に耐えられず、格局高しとしても、沈埋の氣あるものです。格局高くして奮発するもの、例えば、蒋介石委員長、閻錫山氏等の如く、皆一種の精神あるもので、こうした命は、自然、「神舒意暢」です。格局低くして、沈埋するものは、例えば、財多身弱、殺旺身衰等の如きです。

〔363〕

	大運
辛未	2才乙未
丙申	12才甲午
丁亥	22才癸巳
壬寅	32才壬辰

清の徳宗、光緒帝の命造です。丁壬合、寅亥合の天地徳合にて、格局甚だ清く、七月生ですから化木せず、申中壬水長生、ただ寅中甲木印綬の化官を用となす。丁火七月に至り退氣、寅亥相合、湿木無焔、さらに旺申がこれを冲す。丙火幇

身するが辛に合、輔佐するものことごとく牽制を被り、沈埋の理であります。運程乙未、甲午運、木火旺地の最佳の運となす。癸運七殺混官、巳運四冲斉備、戊戌の政変、庚子拳匪の乱、共に巳運中にあります。幸いにも死せず、壬辰運に交入、官多化殺、戊申年、二申冲寅、瀛台にて崩ず。

〔364〕

癸　巳	大運	
庚　申	3才己未	33才丙辰
甲　申	13才戊午	
壬　申	23才丁巳	

これは一收組、賑房の命です。甲木無根、庚金と壬癸並透し、殺印相生、従格をなさず、水旺木浮、好いところは巳中に丙戊得祿する点、一点の陽和を奮発の機とします。身分低いといえど、運行南方、火土連環、一帆風順、業を立て、小康。まさに春の野の草の如く、欣々向栄。

考玄解註

本節は前節の「才徳」を財官としたのと似ていまして、命局全体の、「発」「無発」を言っていると解すべきところ、徐氏補註にある通りです。つまり、「奮発」と「沈埋」が対象の句であり、「神」と「意」とが、「心」と「志」との対象句となっていることに着目すれば明らかなことです。そして局中とか象内とか言っていることは、命造の全体構造、つまり、ただ単に原局四柱八字のみでなく、大運干支も含めて命造としていることを知っているなら、大運との関わり合いの中で、発、埋、を言っていることが解ります。ですから、任氏も運途の干支を原局の用神と干支との関わり合いの中で細かく論じているのです。そうは言いましても、原局全干支を挙げず、局部的ですので、好意的に解さないことには大誤をも招きかねません。

そして、大運は十年を管し、流年は一年を主宰する、つまり、流年を無視しての大運はないものです。大運も〝生命エネルギー〟であって、原由のものが、旺相死囚休の循環律の過程で自変作用を起こしていく、〝生命エネルギー〟内での喜忌の傾向性で、流年という客観的時間の大単位で絶えることない事象を具象化していくのです。

ですから、ここは「休咎係乎運。尤係乎歳。」と後で言われている、運歳の看法の具体的方法論を述べていることに似ているのですが、ここの文はもっと抽象的なのです。

特に原注の〈陽明を用事として、用神は力を得、天地交泰して、神が顕にして精通するは〉と言っていることも大変抽象的でわかり難いと思います。〈陽明〉とは、天干に露れている干を用神として、ということで、〈用神は力を得〉とは、真に用神とするものが根が有情であるとか、用神を生じてくれるものが有情であるとかしていることで、〈天地交泰して、神が顕にして精通する〉ということは、原局八字と大運二字の生尅制化の間、五行流通の過程で、用神、喜神が有力に強化されて、原局での忌さえも作用として喜の作用とする、ということで、そのようであれば、〈必ず奮発多〉となる、と言っているのです。

こうしたことも必ずしも同じではなく、これとても種々なる質量の違いがあるし、その反対が〈沈埋〉〈心鬱〉〈志灰〉である、と解すればよいのです。ただこの中で用神が天干に透露する、ということは必ずしも絶対条件ではないのです。

これと同じように、任氏増注で言っている、〈喜ぶところのもの皆力を得、忌むところのもの皆失時・失勢〉となるのは、真従とか真化、真の一行得気の格しかないので、普通格局にあっては、忌となるものが多く、力を得ていますので、〈喜ぶところのもの〉、有力・有情の真神と解することで十分です。

ここで注目すべきことは、任氏が解沖・解合ということを言っている点なのです。しかしながら、この解沖・解合を既出の挙例中では全くと言ってよいほど言ってはいないのです。

〔359〕

戊 辰	大運	戊辰	壬日子月水旺に生まれ、年月干戊甲尅去、壬辛移動・接近。年月支
甲 子	乙丑	己巳	辰子水局半会して、日支子、時支亥、時干に印の辛金透り、制水する
壬 子	丙寅	庚午	官殺の戊土は甲と尅去しているため、「仮の従旺格」となります。調候
辛 亥	丁卯		丙火急を要し、丙透出しても「仮の従旺格」は成立するのですが、調
			候のない、金寒水冷の下格となります。用神壬、喜神金水木火、忌神

土となりますが、調候がない限り、喜も喜の用をほとんどなしません。

第二運丙寅、調候運ですが、寅亥合去して、喜の食傷去となるため、才能能力発揮できず、財利に結び付きません。ただ寅亥解合する流年にて、発栄することはあります。

第三運丁卯、調候丙火なく、

第五運己巳、調候運ですが、戊甲解尅し、巳亥沖去して、調候を失い、才能発揮するとも財利に結び付きません。しかし、巳亥解冲する流年は財利を得るものです。

第六運庚午、調候運ですが、庚甲尅にて戊甲解尅するのに、庚金尅甲となって、甲木制戊土の能を失い、戊土の忌象生じます。

戊甲尅去となることによって、仮従となるもので、尅去した甲は用神に取れる理はなく、仮従の水は、〈泛濫の水〉ではないのです。尅去したものは、〈奮発の機顕れている〉ものではありません。調候について一言も言及しておりませんが、金寒水冷の下格であることを知るべきです。

〔360〕

甲　申	**大運**	庚辰	
丙　子	丁丑	辛巳	
癸　亥	戊寅	壬午	
癸　亥	己卯		

癸日子月水旺に生まれる「月劫格」か「建禄格」です。調候丙火月干に透り、申子水局半会して生甲し、甲木生丙、また亥中甲あって生丙もする、日干強にて、用神甲、喜神木火土、忌神金水となります。

第一運丁丑、丑子合にて申子水局半会を解会するものの、水源深い丑にて、忌の傾向性。

第二運戊寅、第三運己卯、喜の傾向性。

第四運庚辰、申子辰水局全となり、庚甲尅、庚丙尅にて、庚金が水源となる忌大の傾向性ある運。

第五運辛巳、辛丙合去するものの、調候火旺運にて喜の傾向性。

第六運壬午、壬丙剋去し、午子冲にて水局半会を解き喜の傾向性ある運となります。

〔361〕

甲	**申**	**大運**	甲戌
庚	**午**	辛未	乙亥
丁	**亥**	壬申	丙子
壬	**寅**	癸酉	

丁日午月火旺に生まれる「月劫格」か「建禄格」です。調候壬水の水源有情であるのを必要とするのに、甲庚剋去し、丁壬干合して不化壬水倍力となり、日時干は年柱のほうへ移動・接近します。年支に申あって、調候十分であるのに、倍力の壬水制火の気勢。日時支亥寅合は天地徳合にて不去。寅中甲生火の気ありますが、亥中壬にも根がある時干倍力の壬水は、丁火、午火を滅火します。日干弱となり、用神は嫡母の甲、喜神木火、忌神金水、閑神土となるものです。

本命、「天道有寒暖。發育萬物。人道得之。不可過也。」と言われている「不可過」となるのは、さらに、月日の支と日時の支の左右にも原因があることによるものです。つまり、時支の寅が午に生火無情、火局半会不成となっていることによるもので、日支が亥でなく、卯であるならそれほど弱とはならないのですが、申午亥と並んで干合倍力の壬水が高透しては、日干丁火は弱とならざるを得ないのです。しかし、丁火の特性「衰而不窮」が頼みの綱となるのです。

大運、第二運壬申のみは忌の傾向性ではありますが、それ以降の大運は、救応の神あって、それほどの忌とはならない傾向性あるのも、丁火の特性によるものです。

もし実在の人であって、任氏の言うようであるなら、均時差、経度差よりして、真正生時卯刻にて、上記の四柱八字でなければならないのです。甲庚尅去、亥卯木局半会し、年柱の方へ移動・接近した癸水は、癸水傷丁すると同時に滋木もするので、一応は日干強。用神壬、喜神土金水、忌神木火となります。しかも丁火の特性、「旺而不烈。」です。

〔361〕′

甲　申
庚　午
丁　亥
癸　卯

これは「沈埋」にして「心鬱志灰」に近い例と言うべきで、任氏の言うように、〈財官に任じ得る〉日干の強いものでなく、〈清にして厚〉どころか、上下・左右は無情にして、調候太過。ただ丁火の特性を頼みとし、嫡母を頼り、〈東西南北の運、皆咎なく〉ではなく、わずかに救応されて、忌がそれほどでないのみとなるのです。もし実在の人であって、任氏の言うような事実があるとすれば、生時癸卯刻かでなければならないのです。

〔362〕

癸　丑
乙　丑
癸　丑
癸　丑

大運
3才甲子　33才辛酉
13才癸亥　43才庚申
23才壬戌　53才己未

一七九三年一月に癸丑日なく、一七三三年一月十五日丑刻がこの四柱となります。これですと水旺にして、立運約3才。

癸日丑月水旺の生まれの「建禄格」です。調候二丙くらい欲しいのに一丙もなく、金寒水冷、池塘氷結、凍土凍結の下格であって、むしろ先天的身体障害さえあっても、不思議ではないほどの凶命です。戊土の水利灌漑さえなく、調候なく、冲天奔地の気勢さえある「沈埋」の悪しきもので、用神取るものなく、喜神木とするも漂木となるし、丙火調候来ても乙木は漂湿、一点戊土が来たとしても、水多土流となるもので、喜が喜の用をなさないどころか、反って忌象発するものです。

〈名利皆虚〉どころではなく、第一運甲子、第二運癸亥中に夭折する命とさえ言うべきです。

〔363〕

辛　未	**大運**	
丙　申	2才乙未	32才壬辰
丁　亥	12才甲午	
壬　寅	22才癸巳	

本命、光緒帝の命とされています。丁日申月金旺に生まれる「正官格」です。調候丙火、年月干辛丙合去して、適切となる調候を失い、時支の寅中丙火は調候としてやや不及、丁壬合、亥寅合の天地徳合にて不去ですが、壬水倍力となって攻身、接近して、年支未土は湿土生金し、金また生壬、用神甲、喜神木火、忌神土金水となります。この壬水は大病、死令の甲木では納水し切れません。

第一運乙未、乙辛剋により、辛丙解合して、丙火の幇身が有力・有情なるのみではなく、壬水の接近を阻み、かつ乙木さえも助火する喜の傾向性ある運。

第二運甲午、火旺運にて、用神甲大運干に透って、納水生火の喜の傾向性。

第三運癸巳、癸丁剋により丁壬解合し、天地徳合は解けますが、申酉巳亥の四生揃って全支個有の支。火旺運にてそれほどの忌とならないのは、丁火の特性と寅中の甲木のゆえで、亥中甲は助火無力。清朝末期における内乱は当人自身が原因を作ったものではないものの、この命ではとても内政を統制することなどできません。

第四運壬辰、大忌の壬水高透して、火滅、木漂、いつ死亡しても不思議ではありません。

この命と、任氏挙例の丁壬干合、亥寅合の天地徳合の命と比較して見てください。年月柱は違いますが、年月干合去するのも同じであって、一つは火旺、一つは金旺の違いはあっても、任氏挙例を「沈埋」であると述べたことがよくお解りになると思います。

任氏挙例〔361〕
申
丁午
壬亥
寅

徐氏挙例〔363〕
未
丁申
壬亥
寅

〔364〕

		大運	
癸	巳		33才丙辰
庚	申	3才己未	
甲	申	13才戊午	
壬	申	23才丁巳	

甲日申月金旺に生まれる「偏印格」です。年月干癸庚であるため、巳申合は化水して、蔵干申中二壬、巳中二癸に蔵干変化し、調候を失い、水太過の忌となります。用神取るものなく、喜神は木のみ、後はすべて忌とさえなる凶命です。

徐氏、〈好いところは巳中に丙戊得祿する点〉と言っておりますが、巳申の合を無視しており、支合の合化の理も整理されていないようです。

仮に合化もせず不去としても、〈一点の陽和を奮発の機〉とは言えませんし、〈運行南方、火土運環、一帆風順〉などの〈小康〉とはなり得ないのは、金旺・水相・木死令の甲木無根にして、月干庚が攻身する大忌の組織構造であるからです。

吉神太露。起爭奪之風。凶物深藏。成養虎之患。〔輯要・闡微・徴義・補註〕

《吉神も太露するなれば、爭奪の風を起こす。凶物深藏するは、養虎の患を成す。》

原　注

局中喜ぶところの神が天干に透っていますと、歳運で忌神に逢うは少なくないもので、必ず争奪を起こすこととなり、用喜の神は暗藏されているのがよいのです。局中忌むところの神が地支に伏藏されていますと、歳運がこれを扶け、これを冲し、その患い少なくはありません。ですから、忌神は透出して、制化宜しきを得れば吉であります。

任氏増注

「吉神太露。起爭奪之風。」とは、天干の氣は專一ですので、劫奪されやすいことを言っているのです。例えば、金品を鍵をかけずに収めて置きますと、人々が勝手にこれを使用するのと似ているのです。ですから、仮に、天干の甲乙の財があるとしますと、歳運庚辛に遇いますと、「爭奪之風」を起こすものですから、そのような場合、天干に先に丙丁の官星がありましたなら、歳運庚辛に遇っても、丙丁の官が庚辛を尅しますので、「爭奪之風」は起こらないものです。丙丁がなくとも壬癸の食傷合化があっても宜しいのです。ゆえに吉神は地支に深蔵されているのが吉なのです。

「凶物深藏。成養虎之患。」とは、地支の氣は雑で、制化し難いからであります。例えば、家人が物を盗むのは防ぎ難いということに似ているのです。仮に、地支寅中の丙火を劫財とするに、歳運で申に逢いますと、申中の庚金を冲し、尅木はできるとはいえ、丙を去らしめることはできないのです。歳運亥子に遇いましても寅木と生合し、反って火の根苗を滋すのです。ですから、凶物は天干に透出しているなら制化しやすいこととなり、吉神深蔵しているのは終身の福であり、「凶物深藏」するのは、始終禍となるものです。

これを結論的に申しますと、「吉神顯露」して、通根当令するなら、露れていても無害であり、「凶物深藏」していましても、失時休囚するは、蔵していても妨げなし、ということになります。

ですから、鬼谷子は、

《陰陽の道は、日月その明に合し、天地その徳に合し、四時その序に合するのが三命の理である。》

と言っているのでして、よくその理の根本を明らかに弁《わきま》えなければなりません。

〔365〕

己 卯	**大運**	丁卯
辛 未	庚午	丙寅
丙 子	己巳	乙丑
辛 卯	戊辰	

丙火未月に生まれ、火氣まさに盛ん。官星に坐すも、官は未土に傷尽され、ただ天干の辛金を用とし得るのみ。嫌うところ、未は燥土で不能生金、また暗藏劫刃、年干己土、本来は生金するものですが、印地に坐し、所謂、「吉神顯露。凶物深藏。」するものです。初運己巳、戊辰土旺の地、財輻輳するを喜び、万事意の如くも、丁卯運に交わりますと、土金両傷し、火事に三度も続けて遭い、従業員七人を死亡せしめ、丙寅運、妻子を皆尅し、家出して行方が分からなくなり、どこで死んだかも分かりません。

〔366〕

壬 午	**大運**	己酉
乙 巳	丙午	庚戌
丁 丑	丁未	辛亥
丙 午	戊申	

丁火孟夏に生まれ、劫旺じ梟神に逢い、天干壬水は無根、これは置いて用とせず、最も喜ぶは丑中一点の財星で、深藏帰庫、丑は湿土で、よく火氣を洩らしまして、争奪の風を起こさないのです。反って生生の誼あり、丙午、丁未運、貧しく身分の低い家に生まれ、学者の家業を継がざるも、西方土金の運三十年、財発十余万、所謂、「吉神深藏」、終身の福です。

「吉神太露」とは、ただ単に財星露れるを忌むのみならず、すべての喜用の神について言われるのです。露するは傷付きやすいのです。天干に露れる官を用とするなれば、食傷を見てはいけません。天干の印綬を用とするなら、財を見てはいけません。天干の食傷を用とするなら、印綬を見てはいけません。天干の財を用とするなら、比劫を見てはいけないのと同一の理であります。

天干の氣は単純で、地支が相互に衛護する情があるのと較べものにならないのです。例えば、寅申冲、庚金尅制甲木としますが、寅中丙火、庚金を十分尅しませんが、申中壬水、丙火を尅し、寅中戊土また尅壬します。ですから、喜忌は、旺衰強弱を十分察して定めるべきなのです。

支は刑冲破害の外、他支があります。例えば、寅が酉を見、卯が辰を見るの類で、おのおの範囲を守り、相尅制しないのです。天干とこの点全く異なります。

傷官用官は、官と傷が並透していては不可、傷官佩印は傷と印と並透しては不可です。並透すれば相互に尅戦することとなります。原局かくの如く、行運もまた同様です。例えば、甲木夏令に生まれる木火傷官佩印、印透干するに、運に戊己を見れば、印は必ず被損、しかし辰戌丑未は無害です。また、庚金冬令に生まれ、金水傷官、官星の調候を喜ぶに、官星透干して用となすに、運に壬癸を見ますと、官星必ず傷付きます。しかし、亥子は別論となります。

ですから、「吉神太露」するは宜しくありません。「凶物」とは、忌神のことです。凶物は露れるが利、ということは、露れれば去りやすいからです。忌神が干にあれば、尅洩すれば去り、合すれば去ります。しかし、支に蔵していますと、冲に逢わなければ去ることはできません。歳運が引動しますので、虎を養っているような患いがある、と言っているのです。「吉神暗藏」しているもの大貴の造に多く、天干に顕露しているのは、劫奪に遭いやすいのですから、起伏必ず多いものです。貴十分顕達できぬとは言うものの、一帆風順の中にあっていても、突然の変に遇うのは、太体「凶物深藏」のゆえであります。

歳運引動するものですから、変生測れず、この中に元機があるものですから、仔細に推尋しなければ理会できないのです。

〔367〕

戊寅　**大運**
甲子　15才丙寅　45才己巳
乙亥　25才丁卯
甲申　35才戊辰

これは友人のところの許某命造です。乙木冬至後一日に生まれ、水旺木浮、戊土止水を用とすべきです。寒木尚陽、丙火調候を喜びます。寅宮丙戊、丙蔵戊透、功反生を成し、格局甚だ清く、惜しむところ比劫並透している点で、争奪の風を起こします。

寅申遥冲、丙火は去ること不能、しかし群劫争財、戊土受損。つまり、丙蔵戊露のゆえです。印は名を主、財は利を主としますので、この人、名は高くも利薄いもので、命の定めるところです。丙寅、丁卯運、海外に留学、名は学会に重く、戊辰、己巳運、工校校長となって人材を養い、事業いよいよ大となりましたが、欠け、面倒なことが多いのは比劫争財のゆえです。

〔368〕

辛　卯	大運	39才庚寅
甲　午	9才癸巳	
庚　寅	19才壬辰	
丙　子	29才辛卯	

これは前上海公安局長、文鴻恩の命造です。庚金寅に臨み、午月に生まれ通根せず、午中己土、卯木の破るところ、丙火透、「従殺格」を成しますが、時の子水、火の旺氣に逆らう、「凶物深藏」で、「養虎」の勢い。卯運の財星、洩傷生殺、雲程直上。庚寅運、金無根、木火旺じ、公安局長となりましたが、歳運壬申、癸酉、子水を引道し、寅午と併冲、突然病没しました。

考玄解註

用喜の神が天干に露透するより、地支に蔵されているほうが美であり、忌神は支に蔵されているより、天干に透露しているほうがよい、ということは、あくまで原則論であり、同時に、原局と運歳の関わり合いがいかに重要であるか、という点をここでは言っているのです。徐氏の言うように、用神、喜神が天干にあっても通根しているなら、同時に、運歳によって用神、喜神が破壊・損傷されることは誠に少ないから、透露しても心配はないとは言えます。ここで、「吉神」とあるのを、用神、喜神と広く見るより、命造の枢機、需要するところのものとしての、用神と限定したほうがよいのです。そして、「凶物」とは、用神を破損する神、忌神であります。このことは、

「一二閑神用去麽。不用何妨莫動他。半局閑神任閑着。要緊之場自作家。」

と脈絡するものであることが理解されます。

天干は気の単純で専であるというのは、干には、尅と合しかないからで、地支の気は複雑であるというのは、三干あるいは四干蔵しているものもあれば、二干しか蔵していないものもあって、蔵干は複雑である、ということと同時に、方、局、半会、合の関わり合いがあるからです。

「太」は「深」に対する対語であって、「太」は、おおいに、ふとし、なめらか、通る、もと、の意で、はじめ、の意を強調して、太始とか、太一とか、太初とか、さらに、太極、太陰、太陽、とかいう語と同じ、「太」なので、「多」ではないのです。

任氏が言っているように、用神が天干にあっても、原局天干に、忌神を尅傷、生化、合去するものがあれば、〈争奪の風〉は起こらないし、忌神が地支に深蔵されていても、原局の支の如何や、支の位置によっては、〈養虎の患〉はない、ということですから、この一文は、原則論として考えるべきです。

例えば、忌神が水であるのに、申支があったなら、戊土でも申中壬水は制水できず、さらに辰支があるとしますと、辰中忌神の癸水は制水できない、共に「凶物深藏」であって、もしも子が来て申子辰水局を全くして、大忌となる恐れあるのを、「成養虎之患」と言っているのです。その他、局のみのことではなく、冲や合をも含めて、「養虎之患」となるものが多いものなのです。

このことは、当然運歳の喜忌が係わってのことですから、たとえ原局の忌神の干や支であっても、大運干支の用喜の有り様によっては、原局の忌が作用して喜の作用をも発生することがあることを、前文の「奮」の意と解することが真義と言えるのです。

〔365〕

己卯	**大運**	丁卯	
辛未	庚午	丙寅	
丙子	己巳	乙丑	
辛卯	戊辰		

一六九九年八月四日卯刻がこの四柱で、土旺、立運約9才となり、一七五九年七月二十一日卯刻もこの四柱、これも土旺で立運約5才です。一八一九年七月には丙子日はありません。

丙日未月土旺で透己する「傷官格」です。調候湿土とさせる壬水で十分であるのに、一丙二辛の合、日支子の水源となる二辛です。年干己土は燥土となるのは、卯未木局半会しているためで、燥土は月干辛を生金不能、また日支子水は卯未木局半会する未中二乙と、時支卯木を生木し、やや印太過の嫌いあって生丙火。用神、制印すべき庚と取りたくもなく、かと言って燥土も用と取れず、壬水も生木するので用とは取れない、用神取るもののない命です。喜神一応は土金、忌神木、閑神火水。つまり、己土も二辛も「吉神」とはならない組織構造です。卯未木局半会と卯は「凶物」で、ちょっと「深蔵」の意とは違います。子も湿土とさせる子水でありながら、卯未木局半会したために、滋木する忌となっている構造なのです。

第一運庚午、火旺・金死令で、庚金制木の能なく、日干の根旺じ、良好なことはほとんどない忌の傾向性。

第二運己巳、火旺運で、燥土の忌の傾向性。

第三運戊辰、辰子水局半会し、水滋木とはなるものの、戊土は湿土となり、納火生金する、財の喜の傾向性。

第四運丁卯、卯卯未木局半会以上の印の大忌。

第五運丙寅、大忌の大忌。

すべては、上下・左右よりして、年干己土が燥土となっていることによるものなのです。

〔366〕

壬　午	**大運**		
乙　巳	丙午	己酉	丁日巳月火旺に生まれる「月劫格」です。調候壬水は水源有情なるを必要とするのに、年干壬水は水源が無情にして、かつ生乙し、周囲木火にて、涸れる壬水。日支丑の湿土か晦火晦光するものの、調候不及。さらに、生時丙午であって、これを丙火奪丁と言い、丁の干の特性が失われ、丙火になるのではありませんが、丙火的となるもので、
丁　丑	丁未	庚戌	
丙　午	戊申	辛亥	

「旺而不烈」とはならない、烈しいものとなるのです。用神湿土の己、喜神土金水、忌神木火となります。

第一運丙午、第二運丁未、必死の凶命です。

確かに任氏が言うように、原局においては丑中辛金は〈争奪の風を起こさない〉のですが、未丑冲は中気同士の尅となるは、争奪となり、午には中気はありませんが、中気あるとすれば、丙丁火ですので、原局でさえ争奪の風ある火旺・金死令であると解することができるものです。〈争奪〉とは天干について『滴天髄』で言っていることで、地支ではちょっと違う要素があるものです。

この原局の組織構造では、第二運丁未は必死で、巳午午未南方全以上となるのに、何が喜となる要素ありとするのでしょうか。第三運戊申でさえ、戊壬尅去、申巳合去し、喜となる要素は一つもありません。

〔367〕

戊寅	大運		35才戊辰
甲子		5才乙丑	45才己巳
乙亥		15才丙寅	
甲申		25才丁卯	

乙日子月水旺に生まれる「偏印格」です。調候急を要するに年支寅。戊甲尅去し、乙甲接近して藤蘿繫甲、日干強となり、用神寅中丙、喜神火土金、忌神水木となります。

第一運乙丑、亥子丑北方全くする忌の傾向性。

第二運丙寅、それほど忌とならないどころか、透丙する喜の傾向性ある運。

第三運丁卯、卯亥木局半会し、丁透出は丙には及びませんが、やや喜の傾向性。

第四運戊辰、申子辰水局全、甲木制戊とし、むしろ忌の傾向性。

第五運己巳、火旺生己土して、喜の傾向性となります。

〔368〕

辛卯	大運		39才庚寅
甲午		9才癸巳	
庚寅		19才壬辰	
丙子		29才辛卯	

庚日午月火旺に生まれ、午寅火局半会して透丙、月干甲木卯に根あって、火局半会を生じ、調候壬水の水源年干にあって無情・無力で、調候やや不及。官殺太過のきらいあるも、「仮の従勢格」とします。用神甲、喜神一応水木火、忌神土

金となるものです。〈午中己土〉はありません。徐氏は「従殺格」としていますが、格局が違います。

震兌主仁義之眞機。勢不兩立。而有相成者存。坎離宰天地之中氣。成不獨成。而有相持者在。

〔闡微・徴義・補註〕

《震兌は仁義の眞機を主り、勢い兩立せざれども、相成するもの有りて存る。坎離は天地の中氣を宰《つかさ》どり、成るに獨りにては成らざれども、相持するもの有りて在る。》

震兌勢不兩立。而有相成者存。坎離氣不並行。而有相濟者在。〔輯要〕

原　注

震は内にあって、兌は外にある場合、月が卯、日が亥あるいは未、年が丑あるいは巳で、時が酉であることです。日主の喜とするところは震にあり、兌を敵国とし、火を用として攻めるが宜しい。もし日主の喜とするところが兌にあれば、震を内なる奸宄《かんき》として備禦するのみで、尽去する必要もなければ、兵を起こす必要もないのです。兌が内にあって、震が外にある場合。月が酉、日が丑あるいは巳、年末あるいは亥で、時が卯である、そのような場合、日主が喜とするところ兌にあるなら、震を游兵としておけば宜しいもので、滅しやすく、震には加担しないのがいいのです。日主の喜ぶところが震にあるなら、兌をもって内乱と見なし、滅ぼすのは難しいのですが、兌を助けてはいけないのです。水をもって、説客として、上下の間にあるとか、あるいは、年酉、月卯、日丑、時亥、年甲、月庚、日甲、時辛のような場合、日主の喜忌如何によって、攻防の法を論ずべきであります。そして、金が木を忌むに、木が火を帯びず、土を傷付けることがなければ得、木を去らす必要はありません。

またもし木が金を忌むに、金が強ければ戦うべきではありません。ただ、「秋金而木茂」は木は金の害とはならないものです。それどころか、反って金の仁を成さしめることができるのです。春木にして金盛んであるのは、金が制木するだけではなく、木の義を成さしめることができるのです。月が木で、年日時皆金であるなら、日主の喜忌にかかわらず、木の性に順ずるのが宜しいのです。月が金で、年日時皆木であるなら、日主の喜忌にかかわらず、金の性を成すのが宜しいのです。

次に、坎離ですが、天干に壬癸透り、地支が離に属しているもの、すなわち、水火既済となすものです。天氣下降します。天干に丙丁透り、地支が坎に属するもの、すなわち未済となすもので、地氣上昇を要します。天干が皆水、地支が皆火は、交媾となすもので、交媾は身強なれば富貴。天干皆火、地支皆水を交戦となすものので、交戦するに身弱であっては、とても富貴となり得ません。坎が外、離が内、これを未済と言い、日主の喜ぶところが離にあるなら、水竭を要し、日主の喜ぶところ坎にあるならば、不祥です。離が外にあり、坎が内にあるのは、既済と言い日主の喜ぶところ坎にあるなら、離が降りるを要しますし、日主の喜ぶところ離にあるなら、木が和するを要します。水火が天干の間にあるなら、火をもって日主となすなら、水盛んなる者は存在を保つことができるものです。坎離が地支に相見するに、坎を喜ぶに坎旺ずるものは昌んとなります。子午卯酉は専氣です。相制相持の勢いがありますので、よくよく弁《わきま》えなければなりません。四生四庫の神は、皆子午卯酉を覚助する所以のものですから、その理も推詳すべきであります。

任氏増注

震は陽です。先天の位は八白にあり、陰はもとより陰で、陽もまた陰です。兌は陰であります。先天の位は四祿にあり、陽はもとより陽で、陰もまた陽であります。震は長男とします。雷は地に従って起き、一陽坤の初に生じます。兌は少女となし、山沢通氣、ゆえに三陰は乾の終に生じます。長男を少女に配するのは、天地生成の妙用で、もし長女に少男に配するなら、陽は生ずるといえど陰は不成となります。ですから、兌は万物の悦ぶところとは、まことに至言と言うべきです。

このように震兌は両立しないとはいえ、相成の義はあるものです。細究するに、震兌の理には五つあるものです。すなわち、攻・成・潤・従・暖の五つです。つまり、

一、春初の木は、木嫩で金堅、火をもって「攻」める。
二、仲春の木は、木旺で金衰、土をもって「成」す。
三、夏令の木は、木洩で金燥、水をもって「潤」す。
四、秋令の木は、木凋で金鋭、土をもって「従」う。

五、冬令の木は、木衰で金寒、火をもって「暖」める。

すなわち、両立の勢いはありませんが、仁義の勢いを相成するものです。内外の説は、衰旺相敵の意にしか過ぎないものです。洩らすが宜しければ洩らすべく、制するが宜しければ制すべきで、その金木の意の向かうところをよく見極め、内外などに拘る必要はないのです。

坎は陽です。先天の位七の数ゆえです。離は陰、先天位の左三の数ゆえ陰となします。坎は中男となし、天道下済、一陽北に生じます。離は中女となし、地道上行、ゆえに二陰南に生じます。離を日体となし、坎を月体となし、一潤一暄、水火相済、男女媾精、万物化生するものです。坎離を日月の正体となし、無消無滅、天地の中氣を宰るもので、独りで成るものではないのです。相持の必要の妙あるものです。相持の理に五つあります。すなわち、升・降・和・解・制の五つです。つまり、

一、天干の離が衰、地支の坎が旺ずるなら、地支木をを得て、地氣上「升」。

二、天干の坎が衰、地支の離が旺ずるなら、天干金があって天氣下「降」。

三、天干皆火であって、地支皆水なれば、木運をもって原局をば「和」。

四、天干皆水であって、地支皆火なれば、金運をもって原局をば「解」。

五、干支水火交戦しているなら、歳運をもって、その強きものをば「制」。

が宜しいのです。坎離の作用はこのように、独成の勢いはないものでして、相持して礼智の性があるものであります。

〔369〕

丙寅　大運　甲午
庚寅　辛卯　乙未
甲申　壬辰　丙申
乙丑　癸巳

甲木立春後四日に生まれ、春初木嫩、天氣寒凝、日主申に坐し月に庚透、丑土申金に貼生、木嫩金堅、用火、金を攻めるべきです。年干に丙透を喜び、三陽開泰、万象回春、何という妙でしょうか。初運辛卯、壬辰、丙火を傷付け、学術もたつきましたが、運南方に転じ、丙火祿旺、納粟して官吏となり、宮中にて位が上がり、甲午、乙未運、官海無波、申運に死亡しました。

〔370〕

庚戌　大運　癸未
己卯　庚辰　甲申
甲寅　辛巳　乙酉
丁卯　壬午

甲木仲春に生まれ、坐祿逢刃、木旺金衰、用土、もって成し、化土生金、断削真と成す。獲利、献金、癸未運に出仕。甲申、乙酉運、木無情、金得地、佐貳から知県と升り、知事となりました。

〔371〕

庚辰　大運　丙戌
壬午　癸未　丁亥
甲辰　甲申　戊子
丁卯　乙酉

甲木仲夏に生まれ、時干に丁火透出、水を用として潤すべく、水は金生を頼むし、金また水養を頼む。さらに妙は二辰で、洩火生金蓄水、一氣相生して、五行俱足。早く学問に志し、科甲連登、観察に至りました。一生中ただ丙戌運、金水両傷して不利ですが、他は皆順境です。

〔372〕

庚　戌　**大運**　戊子
甲　申　乙酉　己丑
甲　戌　丙戌　庚寅
乙　丑　丁亥

甲木孟秋に生まれ、財生殺旺、天干に三甲乙透るとはいえ、地支不載、木凋金鋭、土を用として従わしむ、「従殺格」を成します。戌運、武甲出身、丁亥運、生木尅金、刑耗多端、戊子、己丑運、財生殺旺、副将となりました。

〔373〕

辛　酉　**大運**　丙申
庚　子　己亥　乙未
甲　子　戊戌　甲午
丙　寅　丁酉

甲木仲冬に生まれ、木衰金寒、火を用として暖めるべきです。金も火によって制を得ます。まして時祿旺ですので、一陽解凍、得氣の寒、暖に遇いて発す、と言われるものです。寒木必ず火を得て、生となるものです。科甲聯登し、仕は侍郎にまで至った所以であります。

右の五造は日干甲木を例としましたが、日干が乙木であっても全く同じです。

〔374〕

丙　子　**大運**　癸卯
己　亥　庚子　甲辰
丙　寅　辛丑　乙巳
戊　子　壬寅

丙火孟冬に生まれ、支二子、天干離衰、地支坎旺、寅木を用として上昇せしむべきです。壬寅運に至って、東方木地、学術優れ、卯運出仕し、一路東南運を行き、仕は観察に至りました。

〔375〕

壬　午
壬　寅
壬　戌
庚　戌

大運
癸卯　甲辰　乙巳
丙午　丁未　戊申

壬水孟春に生まれ、支火局全、年月共に比肩透出するも無根。天干坎衰、地支離旺、庚金をもって降りるを用とするも、惜しいことには東南運を行き、外国に四十年あって奔走するも、成就するものなく、五旬外に至って戊申運に交わり、庚金逢生得祿、チャンスを得て、巨万の財をなす。妻三を娶り、六旬を過ぎて三子を続けて生む。戌運に死亡しました。

〔376〕

丙　子
丙　申
丙　子
丙　申

大運
丁酉　戊戌　己亥
庚子　辛丑　壬寅

地支二申二子、水生旺に逢う、金は水をもって論ず。天干四丙、地支無根、離水坎旺、木運をもって和せしむべきです。惜しいことに五行不順、五十年西北金水地、ゆえに艱難険阻、刑傷顛沛、しかし五旬を越えますと、木地を行くこととなり、財は進み、業は繁栄しまして、発財すること数万。

〔377〕

癸　巳
壬　戌
壬　午
壬　寅

大運
辛酉　庚申　己未
戊午　丁巳　丙辰

壬午日元で、戌月に生まれ、火局を全くして、しかも年支巳、天干は皆坎で、地支は皆離です。金運をもってこれを解くべきであります。初交辛酉、庚申運で、まさにその既済を成さしめ、財殺の勢いを解き、豊衣足食。しかし一たび己未運に交わるや、刑耗異常、戊午運、財殺並旺、出奔し盗賊に殺されました。

〔378〕

壬子	**大運**		
丙午	丁未	辛亥	
壬子	戊申	壬子	
丙午	己酉		

この造、干支は水火交戦し、火は当令、水は休囚、土が日干を尅さないものを喜びます。初交丁未、戊午運に逢い、天尅地冲、父母共に死亡しました。流れて乞食となるも、申運チャンスを得て、己酉運、発財数万、結婚し子をもうけ、家を成しました。

徐氏補註

震は東方木に属し、兌は西方金に属し、坎は北方水に属し、離は南方火に属します。すなわち、兩神成象の中の、我を尅すか、我が尅すかの、相尅の五局であります。木は仁を、金は義を主りますので、仁義の真機と言っているのです。後天卦では、坎離を主となすので、天地の中氣と言っているのです。金木相持するに、必ず水が必要で、水あれば、金木の氣は並存はできます。木を日主として、有印化殺する水があるとか、金を日主とするに、食傷があって生財するは、金木兩立する勢いなしといえど、相成の法はあるもので、用水通関がこれです。水火相戦するに、木があるなら、用木して、水火の氣を既済たらしむべきです。火が日主、用印化殺、水が日主、用食傷生財、水火は互いに敵国となるといえども、相済の法、すなわち用木引火するのがよろしいのです。これを扶け彼を抑えるのは美とはしません。例えば原局に通関引化の神がなければ、運程印綬、食傷を最も美とするものです。他法はないものです。五氣の配合、宜忌あるは間雑夾雑しているなら、去留をもって論ずべきですが、兩神対立するということは、局勢純清で、戦争しているのですから、ただ和解あるのみで、寒暖燥湿、才徳隠晦は、一種の局勢と見るべきです。

また、兩神対峙の局は、必ず勢力がほぼ匹敵すべきで、もし軽重偏るようでしたなら、前述のようには言えないのです。得令、失令、通根、不通根によって勢力はそれぞれ違って來ます。例えば、南洋鉅商陳嘉庚の命、辛卯・辛卯・辛卯・辛卯は、金無根で木乗令していますので、「従財格」を成しますし、陶思澄の造、壬午・壬寅・壬午・壬寅、張宗昌の造、壬午・壬寅・壬寅・壬寅は、水木相生の局で対峙するものではありません。また、熊式輝の造、癸巳・丁巳・丙辰・癸巳は、丙火乗令、火旺水衰、財官旺地に行くが宜しきもので、対峙するものではないのです。

〔379〕

辛	**卯**	**大運**
乙	**未**	19才癸巳
辛	**酉**	29才壬辰
庚	**寅**	39才辛卯
		49才庚寅

金融界巨商張某の命造です。金木皆乗令せず、四金四木、氣勢相均、『金聲玉振賦』に、「辛騎羊兎、乙透出而富比陶朱。」とあり、ちょうどこれに当たり、身財兩旺、壬辰運十年を最美順利、辛卯、庚寅運、助金助木、起伏多端を免れません。一帆風順の時とは言えないのです。これを震兌相成の局とします。

〔380〕

丙午　大運

庚子　16才壬寅　46才乙巳

壬午　26才癸卯

庚子　36才甲辰

これは、清の樊樊山の命造です。身財兩旺、陽刃遇財、必ず食傷をもって転枢となすべきです。原局無木、幸い喜ぶべきは、一路東方の水木によりその欠陥を補うもので、仕は藩臬に至りました。

考玄解註

「震兌坎離」の論、原注は主として、内外、上下に分別して説明していますが、帰するところは、扶抑に尽き、任氏増注、内外にこだわるな、として、それぞれを、五の法によって、調和、中和の理をもって説明し、徐氏は、「兩神成象格」の中の、相生にあらざる格、「兩神相成格」を論じている、としています。既に、

「兩氣合而成象。象不可破。」

とある中で、相生も相尅も論じられていますので、ここは明らかに、格を論じているのではなく、気勢を通して、相対立するものの、調和の真機を説かんとしているところと考えます。

「震兌坎離」とありますので、易理をここで命理と結び付けようとしている人も、任氏も初めてその説明に力を致してもいますが、易理と命理はその構成理論が異なっていますので、これを結び付けようとしましても、全部を結合させることは全く不可能なことなのです。

また、「相成」を生扶する五行として、木と金とが両方ともに強い場合、生じられる五行のあったほうの五行

が勝って残るとし、「相済」をもまた、生扶する五行として、震兌同様解説している人がいますが、「相成」と「相済」は大変異なっているのです。金と木は、断削成器で、火と金は煅金成器、庚金劈甲引丁し、丁火煅金、庚甲丁は不離の論が、「相成」で、在は、命局のよき有り方を保つの意で、勝って残る、の意ではありません。また、「相済」は、実は前述のように、水と火は調候の済う〔ととのう〕もので、その最も端的なものとして、坎離が、「相済」「相持」すると言っているので、「寒暖論」の理解の延長線上にある、と理解していただきたいのです。

この一文は、「震兌坎離」、東西南北、木金水火、相対しながら、渾然として、生成し、生尅制化しつつ、調和の大道に至る、奥深い余韻を残している文章として考えるべきところなのです。つまり、ここは命理学の全容を、東西南北、木金火水の相対立するところのものの中に、尅と合とがあって、それがよろしく調和される組織構造であり、運歳がよろしいこととなる、と言っていると解すべきところなのです。木は仁を主り、金は義を主り、火は礼を、水は智を、さらに土は中気結ぶところの信を主るの五行の、相尅・相生、さらに不生・反生・反尅の理によって、金木相尅していても、水火相尅していても、四柱八字良好となり、運歳も良好となるものもあれば、原局良好ならず、運歳が救うもの、運歳が大忌となるものもある、と大要を反語をも含めて、抽象的文学的に表現しているのです。

理論的にはもともと月令を無視した格局、「兩神成象格」というものはないのですから、ここで、「兩神成象格」を再論しているとする徐氏補註は誤りとすべきです。

〔369〕

丙　寅　　大運
庚　寅　　辛卯　乙未
甲　申　　壬辰　丙申
乙　丑　　癸巳　甲午

甲日寅月木旺に生まれる「建禄格」です。調候丙火、年干に透出し、年支寅に有気、月日支寅申冲去して、寅・丑支接近はするものの、月令を得た甲木から制土された丑中死令の己土は生庚するのに有力ではなく、年干丙から尅庚された庚は、攻身する力はほとんど失っており、水源深い丑中癸水は滋木することになり、陰干乙は有力な幇とはならないものの、日干強。食傷生財、財また生殺する、通関となる湿土己土をもって用神とするもので、喜神一応火土金、忌神水木となるものです。これを敢えて、「震兌」として追究するのは全く意味のないことで、結局は、「衰旺之眞機」「中和之正理」「道有體用」の扶抑を正しく知ることにあるのです。

これを〈木嫩金堅、用火〉と見ることは大誤なのです。「衰旺之眞機」の不和、調候を忘れ、寅申の冲を無視し、「中和之正理」にさえ反しているし、左右・上下も分別できていない大誤なのです。仮に寅申冲去しないとしても、丙火は二寅に有気であって、丙尅庚するのに、庚金は「兩神興旺」の二寅に坐しており、申金一支にしか根がないことと、丙火の力を較べますと、庚金のほうが強いなどとすることはできません。旺相死囚休ないものとしても、二寅に生丙された丙と、一申にのみしか根がなく、甲申殺印相生ということを少しでも記憶していれば、丙から尅庚された庚が、甲木を制木する力などないことは分かるはずです。それほど弱くなっている庚をさらに尅庚すれば、月令を得ている甲は相対的にさらに強となってしまうのです。これは「中和之正理」に反することなのです。

さらに、〈初運辛卯、壬辰運、丙火を傷付け〉と言っておりますが、第一運辛卯、辛金無力、丙火によって傷付けられるのは尅金される辛金で、卯木は生丙し、日干が強となる忌の傾向性はあっても、丙火そのものは傷付けられません。

第二運壬辰、忌神の壬水は確かに制丙火はしますし、湿土の辰は丙火生土によって、さらに生庚となり、庚金生壬となって日干を強化し、「始終」の忌を強化する忌の傾向性ある運となり、水智・学術の忌象があり、比劫の忌象も伴うものです。単に丙火が傷付いていたための忌ではありません。

第三運癸巳、火旺運、寅申解冲し、癸水滋木はするものの、木は旺火の巳に洩秀することにより、洩秀の美となり、余気の土、丑中己土の財利にも繋がる喜の傾向性。

第四運甲午、火旺運、午寅寅の火局半会以上の情にて、寅申解冲し、午寅火局半会残り、日干弱化するところを大運干甲が幇身して、また洩秀の美となる喜の傾向性ある運なのです。

〔370〕

庚	**戌**	**大運**	癸未
己	**卯**	庚辰	甲申
甲	**寅**	辛巳	乙酉
丁	**卯**	壬午	

甲日卯月木旺に生まれる「建禄格」か「陽刃格」です。戌卯合去し、寅卯接近、己甲干合、死令の己土倍力となり生庚する。年干庚は寅・卯の「病」に対する「薬」とはなるものの、日干を攻身することできず、庚金劈甲引丁に無情、日干強にして、用神己、喜神火土金、忌神水木となります。大運救応ある喜用運を巡ります。

第一運庚辰、寅卯卯辰の東方全以上にて戌卯解合し、生金された二庚が「薬」となる喜の傾向性ある運。

第二運辛巳、火旺運、辛丁尅去してもよく火旺に洩秀し、巳火生己土する喜の傾向性。

第三運壬午、壬丁合去、寅午戌の火局全の情にて、戌卯解合。午寅火局半会残り、洩秀生土、土生金の喜の傾向性。

第四運癸未、未卯卯の木局半会以上の情にて、戌卯解合し、未卯木局半会。癸水滋木するとともに、戌を湿土として、己土生庚、庚金よく未卯木局半会の「病」の「薬」となる喜の傾向性。

第五運甲申、申寅冲去となりますが、年干庚は、大運干甲を劈甲引丁する喜の傾向性。

第六運乙酉、庚金の根が旺ずる喜の傾向性ある運。

〔371〕

庚 辰	大運	丙戌
壬 午	癸未	丁亥
甲 辰	甲申	戊子
丁 卯	乙酉	

甲日午月火旺に生まれる「食神格」か「傷官格」です。調候癸水二辰中にあり、年干庚金は日干に無情な殺、しかし年支湿土の辰から生庚され、生壬し、壬水は二辰に有気、二辰は午火を晦火晦光し、日干甲木は滋木培木されて、卯に有情な根あるので、日干強となります。

用神湿土の戊、喜神一応火土金、忌神水木となるのです。


第一運癸未、癸丁尅去するものの、湿土生庚金、財の喜の傾向性ある運。

第二運甲申、甲庚尅去するものの、申金旺じ、湿土生申金、殺印相生するも喜の金旺にて、喜の傾向性。

第三運乙酉、乙庚干合して化金、乙は辛となり、金旺運の喜の傾向性。
第四運丙戌、天干地支共に冲剋合なく、それほどの忌とはならず、
第五運丁亥、丁壬合去、亥卯木局半会の忌の傾向性ある運となります。

〔372〕

庚	**戌**	**大運**	戊子
甲	**申**	乙酉	己丑
甲	**戌**	丙戌	庚寅
乙	**丑**	丁亥	

甲日申月金旺生まれ、透庚する「偏官格」です。調候丙火必要ですが丙火なく、庚甲剋去し、日時干甲乙接近して、殺印相生の申、水源深い丑中に印の癸水あるが、無根にして、死令の日干甲は弱となります。用神癸、喜神水木、忌神火土金となりますが、調候ない限り喜神も喜の作用十分でなく、かつ無根ゆえ、喜も不安定となる。しかも運歳に酉が来れば、申酉戌戌の西方全以上となる忌。午が来れば洩身太過の午戌戌火局半会以上で調候太過。調候としての巳が来ても巳申合去して少しも良化せず、調候として丙火来ると、庚甲解剋して、幇身の甲有力・有情、また制金して喜とはなるものの、日干無根のため不安定性は否めないことになります。

第一運乙酉、乙庚干合にて、庚甲解剋し、幇身有力・有情となるものの、金旺運にて、申酉戌戌の西方の忌を辛うじて、丑中癸水を頼むのみとなるため、金多水濁の憂い多大なる忌の大運。

第二運丙戌、調候丙火、大運干に透り、庚甲解剋して幇身有力・有情となり、丙火はまた制金して喜となる一面、丙火は三戌土を生土し、二甲が疏土するのに苦しい面あり、流年により喜忌分かれることになるのは、

日干無根の不安定性によるものです。

以降水旺運も天干の忌、調候なく、かつ日干無根、喜は誠に少なく、
第六運庚寅、寅申冲去し、湿土に生金された庚金の攻身多大となり、流年によって死亡もあり得るのは、前運の第五運己丑、土の忌象による疾患の後遺による、と言えます。

本造立運にもよりますが、もし第一運乙酉中に丁巳年がありますと、申酉戌の西方と巳酉丑の金局との方局斉来となり、事故死もありますし、9才己未、未丑冲去、10才庚申年、11才辛酉年の大忌の流年が三年続いて、死亡の危険性多大となります。

つまり、「休咎係乎運、尤係乎歳。」。辛酉年の「始終」はどうなりますか。

〔373〕

辛　酉	**大運**		丙申
庚　子	己亥		乙未
甲　子	戊戌		甲午
丙　寅	丁酉		

甲日子月水旺に生まれる「偏印格」か「印綬格」です。調候丙火急を要するのに、時干の丙火寅に有気。月干庚金は酉に根あって攻身しますが、一方生水もするので、日干やや強。ただ、それほどの強とはならず、透丙するので、用神丙、喜神火土金、忌神水木となります。ただ、木はそれほどの忌とはなりません。「始終」も、一応喜の金から始まるとすれば、金水木火土と喜に終わることになります。

第一運己亥、亥寅合は、日干甲木ゆえ合去せず、喜の傾向性となり、

第二運戊戌、よく制水して喜の傾向性。

第三運丁酉、金旺運、丁辛尅去しても、喜の傾向性、前運より官殺の喜象続く。

第四運丙申、金旺運、丙火尅金熔金するほどのことはなく、さらに喜の傾向性。

第五運乙未、喜の傾向性。

第六運甲午、喜が続く運となります。

〔374〕

丙	**子**	**大運**	
己	**亥**	庚子	甲辰
丙	**寅**	辛丑	乙巳
戊	**子**	壬寅	丙午
			癸卯

丙日亥月水旺に生まれ、戊己透る「食神格」です。丙火の特性よりして、調候としての丙火は不要ですが、年干丙火は幇身に無情なる上、月日支亥寅合去して、接近する二子を戊土が制水はするものの、日干は印・比を失って無根。日干弱となり、用神は化殺生身の甲を取りたくも命中になく、やむなく無情なる年干の丙火としか取れません。一応、喜神木火、忌神土金水となるものです。

第一運庚子、第二運辛丑、忌の傾向性にて喜はほとんどない。

第二運辛丑は、亥子丑の北方全以上となり、寅は個有の支。日干丙火は寅支からの救応あり、さらに戊己土が「薬」となるので、忌は減少する。

第三運壬寅、寅亥合にて亥寅解合しての木旺の寅であり、やや喜の傾向性。

第四運癸卯、卯亥木局半会の情にて亥寅解合、前運以上の喜の傾向性。
第五運甲辰、辰子子水局半会以上にて、喜忌参半の傾向性。
第六運乙巳、第七運丙午と喜の傾向性ある運が続き、上昇していきます。

〔375〕

壬　午	**大運**	丙午	
壬　寅	癸卯	丁未	
壬　戌	甲辰	戊申	
庚　戌	乙巳		

壬日寅月木旺に生まれる「食神格」か「偏財格」か「偏官格」です。地支は寅午戌戌の火局全以上となって全支蔵干が火となり、年月干の二壬水は「薬」となりますが、無根にして、用神壬としか取れない財多身弱の命です。喜神一応は金水、忌神木火、閑神土となります。

大運は、東方から南方に巡り、一路忌神運にて、第四運丙午、必死となります。

〔376〕

丙　子	**大運**	庚子	
丙　申	丁酉	辛丑	
丙　子	戊戌	壬寅	
丙　申	己亥		

丙日申月金旺に生まれ、地支子申の水局半会二あり、蔵干は六壬二癸の官殺となり、制水の戊土もなく、化官殺生身する甲乙木もなく、日干は無根の弱となる「偏財格」か「傷官格」か「食神格」か「偏官格」です。四丙が透り、丙火猛烈の性あっても、官殺強く、水火を通関する甲を用神と取りたいところ、命中になく、やむなく丙、喜神木

火、忌神土金水となります。


第一運丁酉、財生官殺の忌を強める金旺、忌の傾向性ある運。

第二運戊戌、忌の戊土食神が忌の官殺を制するものの、尅洩交加することになる忌の傾向性ある運。

第三運己亥、湿土己土へ洩身し、北方水旺の忌を強める大忌の運。

第四運庚子、大運干庚は水源となり、子の水旺の忌がさらに忌となる大忌の運。

第五運辛丑、前運に続き、水源深い丑運となって、忌の傾向性ある運。

第六運壬寅、水火を通関する木旺運なれど、大運干にも壬水透出し、水多木漂となる忌の傾向性ある大運。

〔377〕

癸	**巳**	**大運**	
壬	**戌**	6才辛酉	36才戊午
壬	**午**	16才庚申	46才丁巳
壬	**寅**	26才己未	56才丙辰

一八三三年十月二十七日寅刻がこの四柱、立運約6才1ケ月となります。壬日戌月土旺・水死令の生まれで、寅午戌火局全くするも、月時干二壬透出するので、従することできず、「偏官格」となる財多身弱の命。用神壬、喜神金水、忌神木火土となるものです。

第一運辛酉、第二運庚申は、喜の傾向性とはなるものの、第三運己未、己癸尅去し、巳午未と寅午戌の方局斉来して、「薬」の壬水沸水となる、大忌の大忌の運。さらに第四運戊午、火旺運、寅午午戌火局全以上となって生戊、戊土塞水の大忌の大忌。この二運中必死となるものです。

〔378〕

壬　子　大運　庚戌
丙　午　丁未　辛亥
壬　子　戊申　壬子
丙　午　己酉

壬日午月火旺に生まれる「正財格」か「偏財格」です。天干尅の結果として、年月干壬丙尅去し、日時干壬丙接近、地支も結果として全支冲去となって、日時干のみしか残らない命で、用喜忌は運歳によるものです。全支個有の支となるのは、寅・辰・申・戌の四支か、巳午未の南方を成す運歳と、亥子丑の北方を成す運歳かです。


第一運丁未、喜神金水、忌神木火土となる忌の傾向性ある運、
第二運戊申、全支個有の支となり、喜神金水、忌神木火土となる、やや喜の傾向性ある運。

第三運己酉、喜神金水、忌神木火土となるやや喜の傾向性ある運。

第四運庚戌、全支個有の支となり、喜神金水となる喜の傾向性ある運。

第五運辛亥、水旺運、喜神木火土、忌神金水となるやや忌の傾向性ある運。

第六運壬子、喜神木火土、忌神金水となる大忌の傾向性ある運。

〔379〕

辛　卯　大運　39才辛卯
乙　未　9才甲午　49才庚寅
辛　酉　19才癸巳
庚　寅　29才壬辰

辛日未月土旺・金相令の生で、透乙する「偏財格」です。卯未木局半会、時支に寅あるものの、湿土となる水がなく、年干の辛は日干に無情・無力ではあるが、乙木の藤蘿繋甲と同義となる、庚金陽干近貼して日支酉に坐し庚金寅中甲を劈

甲、用神丁と取りたくもなく、丙火も場合により金熔とする恐れがありますので、用神とは取り難く、やむなく用神甲と取るもので、一応喜神は水木火、忌神土金となるものです。

第一運甲午、喜の傾向性ですが、食傷生財となる、才能や能力発揮の食傷の水なく、欠けるところの水智。

第二運癸巳、火旺運、食神生財、財また生官の喜、「始終」よろしくなる喜の傾向性。

第三運壬辰、寅卯辰の東方全くするも、酉に根ある庚が制財して、財の喜大の傾向性。

第四運辛卯、第五運庚寅、両運とも、木旺運の喜の傾向性となりますが、食傷の水智欠けることから、比劫の忌象生じやすく、財の紛争あることになります。

これを見ても分かるように、「兩神成象格」などという格局はないのです。

〔380〕

丙	午	大運	
庚	子	6才辛丑	36才甲辰
壬	午	16才壬寅	46才乙巳
庚	子	26才癸卯	

壬日子月水旺に生まれる「建禄格」か「陽刃格」です。調候丙火必要ですが、年月干丙庚尅去、日時干接近し、支は結果として全支無根となる。調候を失い、根もなくなり、水旺・金休令の日時干のみ残り、日干強となる、金寒水冷の下格で、用神取るものなく、一応喜神木火、忌神金水、閑神土となるものです。調候ない限り、喜も喜の作用発しません。全支個有の支となるのは、寅・戌・申・辰と、運歳にて北方と南方を成す場合です。

丙庚解剋する干は、庚・辛・壬。大運は一路、喜用の調候運を巡ります。

〈身財両旺〉となる命ではありません。相剋の「両神成象格」は全くあり得ない格局なのです。この命も、庚金を無視し、月令を無視、冲剋合局方としての解方の「五行之妙」を「不知」にして喜忌が解るものではないし、「天道」を忘れ、干の特性を忘れ、左右を無視しての喜忌などあり得ないのです。

結局は「震兌」「坎離」ということも、命理の要道・大道を抽象的文字的に表現していることである、とするのが真義なのです。

强衆而敵寡者。勢在去其寡。强寡而敵衆者。勢在成乎衆。〔闡微・徴義・補註〕

《强衆にして敵寡なるもの、勢いはその寡を去らしめるに在り。强寡にして敵衆なるもの、勢いは衆を成さしむるに在り。》

抑强扶弱者常理。用强舎弱者元機。〔輯要〕

原　注

強寡にして敵衆なれば、強を喜び強を助けるのが吉。強衆にして敵寡なれば、敵を悪《にく》み、敵衆なれば滞るものです。

任氏増注

「衆寡」の説は、強弱を論じているのです。日主と四柱に分類して論じるべきです。日主を「衆寡」に分けますと、例えば、日主が火で寅・卯・巳・午月に生まれますと、官星は水、四柱無財で、反って食傷の土があるとか、財があっても、財の根氣がないとかしますと、財は生官できません。こうした形が日主党衆するに官星の寡が敵するもので、勢いは官を去らしめるのがよく、歳運においても衆を扶け、寡を抑えるのが吉です。

四柱を「衆寡」に分けますと、四柱を強弱に分け、また日主と符合するを要し、さらに日主に背くことなきを妙となすものです。

例えば、水の官星が休囚無氣で、土は傷官であって、当令・得時するなら、その勢いは官星を去らしむるに足りるものです。歳運においても制官するのを美となします。日主が火もまた通根・得氣するを要し、よく生土するか、あるいは木が尅土するなれば、日主がよく木を化して、木生火、火生土と転々相生するなれば、所謂、日主に符合するものです。

強衆にして敵寡とは、例えば日主火で、当令はしなくとも、有根であるとか、根があって、旺に坐すとかし、官星の水も、時及ばすといえども財の生助があるとか、財星が当令するとか、あるいは財の局を成すとかして、官星が寡であっても、寡なる官が扶けられて強くなっていれば、歳運において、この寡の官を扶け、衆を抑えるのは吉であります。財官を例にとって説明しましたが、他の場合も同様です。

〔381〕

戊辰　大運
乙丑　丙寅　庚午　己巳
戊戌　丁卯　辛未
辛酉　戊辰

重々の厚土で乙木無根、傷官また旺じ、その勢い官星の寡に敵するに足るものです。ゆえに初運丙寅、丁卯、官星得地、刑耗多端。戊辰運、チャンスを得、捐納して出仕。己巳運に至る二十年、土生金旺、佐貳に従って宮中に入る。未運破金して死亡しました。

〔382〕

戊午　大運
壬戌　癸亥　丁卯　丙寅
丁卯　甲子　戊辰
癸卯　乙丑　己巳

傷官当令、印星並見、官殺透るといえども無根。勢は去官にあり、初年運北方、官星得勢して、一事無成。丙寅、丁卯運、火土を生助し、発財巨万。戊辰、己巳運、官殺をことごとく去らしめ、一子登科、晩景隆盛。

この造、戊午拱火、日時は印、日主旺の極で、用印として推してはいけませんし、去官留殺をもって論じてもいけません。

〔383〕

癸丑　大運
壬戌　辛酉　丁巳　戊午
丙午　庚申　丙辰
庚寅　己未

丙火九月に生まれ、日主失令の時ですが、陽刃に坐して火局を成しており、これを強寡と謂います。年月壬癸は進氣で、癸水通根する丑土、火局を洩らし、庚金が生助、壬癸を衆となします。勢いは衆にありますので、辛酉、庚申運、金生水旺、遺業豊栄でしたが、己未運に交わるや、火土並旺して父母共に死亡しました。戊午運に及ぶ二十年、家業は破敗し、妻子は皆傷、丙辰運、出奔し死亡しました。

徐氏補註

「强衆敵寡」と「强寡敵衆」、その理は一つであります。全局の勢象が既に成るなら、ただその勢いに順ずるがよろしく、一、二点違逆の神があるなら、これを去らしめるが美で、寡を去らして、衆を成すこととなるのです。

全局の氣勢を主とするもので、日元を主とするものではありません。全局の氣勢に敵し逆らうのですから、敵は日元にあることになれば、これすなわち従格です。敵が四柱にあるなら忌神で、この敵を去らしめて全局の氣勢純粋となるのです。去らしめんと欲するなら、必ず柱中にこれを去らしめる神があることが必要で、去は尅洩です。尅洩がないなら、厳然として無傷、去らしめんと欲するも去らすことできないのです。日主にあるなら、従と不従の別となります。四柱忌神にあるなら、去と不去の別に分かれます。去らすことができずして、これを用とするものがあります。

例えば、崇禎皇帝の造がそうでして、やむを得ず用とするものです。もし去ることできず、また用ともできなければ、有病無薬です。格局の瑕疵《かし》となり、終身の弱点であります。敵寡と強寡の別は、有根無根にあります。無根を敵寡、これは去りやすく、有根を強寡、これを去らし得るとしても、浄くはありません。言われている根とは微根のことで、根の重いものは去らすことはできないのです。

〔384〕

癸	丑	**大運**	58才壬子
戊	午	28才乙卯	
己	巳	38才甲寅	
丁	卯	48才癸丑	

本造は、南通張季直の命造です。月日に巳・午類聚し、丁火透出、時支卯殺、木は火勢に従う、火土従旺、年干癸水破局せんとするを戊と合して、尅してこれを去らす。これを、強寡敵衆にして衆を成さしめるもの、と謂うのです。ですから、丁巳運、丙辰運、神童の誉れあり、乙卯運、甲寅運、木火旺じ、群英の領袖となり、名天下に知れ渡る。癸丑運後、隠退して故郷に帰る。かつ、全を求むるの毀〔他人から思いがけず受ける非難〕は免れないものです。

〔385〕

癸	巳	**大運**	48才壬子
丁	巳	18才乙卯	
丁	卯	28才甲寅	
丙	午	38才癸丑	

本造は、朱家驊の命造です。丁火巳月に生まれ、丙丁並透、火の氣象は既に成る。年干癸水無根、張季直の命造は、癸丑に微根あって、天干に戊己土なく、卯木も癸水から遠く、年上偏官厳然として無傷、去らしめる法がありません。去らすことできない、本造この癸水を用とします。乙卯、甲寅運、英才を楽しく育て、癸丑運後、雲程直上、教育部長、交通部長に栄身しました。

〔386〕

丁巳　大運
丁未　20才乙巳
丁卯　30才甲辰
癸卯　40才癸卯
　　　50才壬寅

本造は、遜清松江知府の戚楊の命造です。癸水の氣、卯木に洩らし、水木火土、四象順序相生し、その氣勢に順ずるを用と取ります。運行東方、宦海中の能員、金水の地の運に至って、その氣勢に逆らい、職を去り故郷に帰る。これは洩をもって去となすものです。

〔103〕

癸未　大運　癸丑
丁巳　　　　丙辰
丙午　　　　乙卯
癸巳　　　　甲寅

本造は『滴天髓徵義』の寒暖節中の挙例です。朱家驊の命造とよく似てはいますが、本造は巳午未の南方を成している点が違います。「炎上格」を成しますが、癸水を見るは破格です。朱造は方局を成さないので、「炎上格」の破格とはならないのです。ですから、癸水を用としたのです。丙火は弱を怕れ、身旺運が宜しく、丁火は旺を怕れ、尅制を恐れず、これは干支の特性です。本造は兩癸忌神が透露して、干に戊己土不透にて去らすことできません。また木もなく、洩らすこともできません。有病無薬にして全局の病となします。乙卯、甲寅運、水を洩らして生木生火、家業増新するも、癸丑運の後、忌神得地し、家破れ人亡んだのです。

考玄解註

原注は、ただ原文をそのまま直訳していますので、註としては誠に不十分です。任氏増注は、強衆、敵寡、強寡、敵衆、つまり、衆寡は強弱のことを論じているものとして、日主と四柱を別にして註を進めていますが、実は一に帰すべきものなので、分論はできないのです。ただ日主を党衆し強なる場合と、日主以外のものが党衆し強となる場合とに、便宜上分けているものと理解していただければよろしいのです。しかし、日主以外のものでも、日主と符合すること、日主に反背しないことが美である、と注意しています。そして日主を主として論じているところは、「従旺格」の「仮」を言っていることが解ります。そうでない以上、官を去らしてよかろうはずがありません。そうであるなら、日干月令を得て、印重々とある、「仮の従旺格」にも、このことは当てはまるとも言えるのです。次に、四柱について衆寡を論じているところの例は、「従児格」で官星ある場合のことを言っていると解することができます。次に、強寡衆敵を論じている例は、用官の例であると言えます。以上は、任氏増注を善意に解してのことですので、条件的に生尅名のみでの説明の矛盾は免れないのです。その原因はどこにあるかと言いますと、「衆」とは多いことで、「寡」とは少ないことで、これを「衆」だから強力とし、「寡」だから弱いと決めつけていること、さらに「敵」ということは、日干から見た「敵」のことではあるが、構造よりして敵に従う場合は、その敵が従うところのものが主となる、味方となる、という分別の視点がはっきりされていなければならない、つまり、最終的には、敵・味方ではなく、喜と忌となるものである、ということが完全に理解されれば、この一文は面倒な註など必要がないのです。つまりは、干の特性、調候の視点の上に立っての、「衰旺之眞機」「中和之正理」「道有體用」の『滴天髓』の理論に帰着するもので、ここも

「衆寡」という点からの抽象的文学的表現となっているると解するのが真義なのです。

このように前々からの表現をよく見てきますと、『滴天髓』の作者は多分に皮肉な面があって、大変抽象的表現をしながら、さて本質的具体論としてこれを正確に解することができますよ、と笑ってさえいるところが多々あるのです。相当命理が解っている人でも、字句に惑わされ、その本質的具体論に混乱をきたしてしまうのです。任鐵樵氏、徐樂吾氏も同じ混乱をきたしており、原注とて註とはなっていないところがあるのです。こうした点からも、原作者と註をした原注の人が同一人物ではない証明ともなるのです。こうした点をよく理解した上で、もう一度任氏増注、徐氏補註をお読みください。

つまり、〈「衆寡」の説は、強弱を論じている〉ような単純なことではない。衆とは多いことの意があるので、方や局、その他の一となるものが多い、その結果として、強となる力量の段階差が起きるのである。だから、日主と四柱に分論することなど必要がなく、日主をも含めた四柱構造として論ずればよいのです。日主を別にして四柱の強弱の力量差があるものではないのです。「月令提綱之府」なのです。〈日主が火〉とし、これも丙火と丁火の干の特性を無視すべきではないし、〈寅・卯・巳・午月に生まれ〉ても同じではなく、木旺・火相、火旺・土相の違い、調候の違いがあります。また、〈水の官星〉でも壬水と癸水の違いがあり、その位置がどこにあるのかでの違い、干であるか支であるか、巳・午月火旺はこれを単に官星と見るのではなく、壬水調候、癸水調候とならず、壬水であっても、水源なきは涸れて調候の用は果たし得ない、ということになります。寅・卯月は印旺で、調候ほとんど不要、〈四柱無財〉の八字は果たしてどれくらいあるか………、〈生官できない〉という構造は、寅月では卯月では、巳月では午月では、印比重々とあって、官が一点のみ天干にあると、木旺の寅・卯月ではどういうことになるのか?、巳・午火旺月ではどういうことになるのか?、と煎じ詰めていきますと、格局、用神・喜神・忌神がわからない以上、〈その寡の官〉である水の官を〈抑えるのは吉〉であるなどとは単純に結論付けられないのです。

つまり、本書が構成的に「基礎理論」とした『滴天髄』の理論の、どれ一点も理解されてはいない註となっているのです。

〔381〕

戊 辰	**大運**		34才己巳
乙 丑	4才丙寅		44才庚午
戊 戌	14才丁卯		54才辛未
辛 酉	24才戊辰		

一六八八年戊辰の丑月にも、一七四八年戊辰の丑月にも戊戌日はなく、一八〇九年一月二十二日酉刻がこの四柱となり、土旺にて立運約4才3ケ月となります。

戊日丑月土旺に生まれる「月劫格」です。調候二丙くらい必要ですが一丙もなく、月干乙木は辰に根と滋木の癸水蔵し、水源深い丑中癸水の滋木あるといっても、干の特性として、疏土不能、土多木折の憂いもあれば、調候のない、池塘氷結、金寒水冷の下格となります。土旺土多の疏土の甲を用神に取りたくともなく、庚辛金を用神としても、乙と尅去・合去して用をなさず、用神さえ取り難く、一応、喜神金水木としても調候がない限り、ほとんど喜の作用発しません。忌神火土となるものです。

第一運丙寅、調候あって有力に生土する忌の傾向性ある運。

第二運丁卯、丁辛尅去して木旺運ですが、天干の土は地支旺じても疏土もできず、冲去はしないものの、卯酉冲、調候のない忌の傾向性ある運。

第三運戊辰、土多金埋、池塘氷結の大忌、木折の忌なる運。

第四運己巳、火旺調候運、己乙尅去、日時干戊辛接近、巳酉丑金局全くするも、年柱の戊辰は日干に有情となり、調候なく、むしろ忌の傾向性。

第五運庚午、庚乙合去して戊辛接近、午戌火局半会、午酉蔵干の尅により全支個有の支。調候運にて午火が暖局するものの、生土する忌の傾向性ある運。

この命印なく、「従旺格」とはできない構造にして、乙を去らしても何の功も成さないどころか、日干戊土は接近により、年柱の戊辰に有情となって大忌とさえなる、池塘氷結の下格なのです。

任氏の格局分類は誤りです。調候も忘れております。

〔382〕

		大運	
戊	午		丙寅
壬	戌	癸亥	丁卯
丁	卯	甲子	戊辰
癸	卯	乙丑	己巳

丁日戌月土旺であろうが、金旺であろうが、戊土透出する「傷官格」となります。天干は結果として、戊壬尅去、丁癸接近し、調候とも有根ともなる午火あり、支は午戌火局半会は戌卯合で解け全支個有の支。時干癸水は戊土を湿とし、癸水傷丁とともに二卯を滋木する。

日干弱となり、用神甲としか取れず、一応喜神木火、忌神土金水となりはしますが、丁火の特性を忘れるべきではありません。

第一運癸亥、水旺運、亥卯卯木局半会以上となり、やや喜の傾向性。

第二運甲子、水旺運、大運干に甲木透出し、日干を強化。喜忌参半の運。

第三運乙丑、忌それほど大ならず、

第四運丙寅、第五運丁卯、喜大となります。

第六運戊辰、洩身の忌で生財に繋がらず、むしろ、戊土制癸水となって、忌が忌を制して反って喜も忌もある喜忌参半の運。

〔383〕

癸	**丑**	**大運**	
壬	**戌**	4才辛酉	34才戊午
丙	**午**	14才庚申	44才丁巳
庚	**寅**	24才己未	54才丙辰

〈丙火九月に生まれ、日主失令の時です〉では、金旺か土旺かは分からず、逆算してみますと、一七九三年十月二十日寅刻がこの四柱で、土旺にて立運約4才となります。丙日戌月土旺に生まれる「正財格」です。寅午戌火局全の「病」に、「薬」の壬水、時支寅中二丙にまで及ぼす、日干強となる、

壬丙並び輔映湖海の象、用神壬、喜神土金水、忌神木火となります。

第一運辛酉、第二運庚申、第三運己未までは喜用運で、一路向上していきますが、

第四運戊午、寅午午戌火局全以上となって、生戊された戊土か制水の忌となり、忌の傾向性。

第五運丁巳、火旺運、大忌の運。

この命の時干庚は、組織構造からして水源として無情であり、金熔となるのみの無力な庚です。

以上のように、単純に「衆寡」のみで命を論ずることは、誤りを招きかねませんので、格局、用喜忌をもって論じるべきなのです。

〔384〕

癸	**丑**	**大運**	
戊	**午**	8才丁巳	38才甲寅
己	**巳**	18才丙辰	48才癸丑
丁	**卯**	28才乙卯	58才壬子

己日午月火旺に生まれる「偏印格」か「印綬格」です。調候壬水と水源庚辛金が必要ですが、無壬にて、年支丑が晦火晦光しても、調候不及。さらに癸戊干合火旺にて化火し、年月干丁丙に変化して印太過。己土の特性あるとしても、壬なく、用神取り難い命です。一応喜神金水、忌神火土、閑神木となるものです。
第一運丁巳、癸戊干合を解き、原局に戻り、月干陽干戊土丑に根あって幇身し、それほど忌とならず、
第二運丙辰、湿土の辰が晦火晦光し、それほど忌となりません。
第三運乙卯、閑神運ですので、それほど忌となりません。

第四運甲寅、寅午火局半会し、甲木生火の忌の傾向性、第五運癸丑、湿土の丑が湿土晦光して、それほどの忌となりません。

ここまで、喜となる運は一運もなく、己土の特性からして、忌大となる大運がないことが救いの命造です。〈火土従旺〉と言っておりますが、印旺の生まれですから「従旺格」の理は全くありません。また〈年干癸水破局せんとするを戊と合して、剋してこれを去らす〉は大誤で、癸戊化火する理です。これを〈強寡敵衆〉として大誤を犯しております。

この命運にして、〈群英の領袖〉などなれるものではありません。

〔385〕

癸巳	大運	
丁巳	8才丙辰	38才癸丑
丁卯	18才乙卯	48才壬子
丙午	28才甲寅	58才辛亥

丁日巳月火旺に生まれ、年支巳火、時柱丙午にして、日支卯の印があり、年月干癸丁剋去する「仮の従旺格」となります。用神丙、喜神木火土金、忌神水です。

しかし、調候壬水と水源庚辛金を必要とするのに、調候ないため、火炎土焦となり、金の財利はそれほどの喜とはならないものです。

第四運癸丑、「月劫格」となって、喜神土金水、忌神木火となる喜神運。続く第五運壬子水旺運、第六運辛亥水旺運、「月劫格」の喜の傾向性ある運となります。

〔386〕

丁	巳	大運	
丁	未	10才丙午	40才癸卯
丁	卯	20才乙巳	50才壬寅
癸	卯	30才甲辰	

丁日未月土旺に生まれ、日干月令を得ておりませんので、「仮の従旺格」とはならず、「食神格」となる凶命です。

〈その氣勢に順ずるを用と取ります。〉と徐氏は言っておりますが、格局は、月令を主とするものであって、本造土旺生である以上、〈順ずる〉従格とはならないもので、生時庚子か辛丑でない以上、夭折の凶命です。戊申刻生もない訳ではありません。あるいは生日さえも違っているかもしれませんが、考証することは全く不可能です。

〔103〕

癸	未	大運
丁	巳	丙辰
丙	午	乙卯
癸	巳	甲寅

『滴天髓徵義』の任氏挙例を揚げて、〔385〕の朱家驊造との違いを言っておりますが、朱家驊造は「炎上格」とはならない「仮の従旺格」で、本造は「仮の炎上格」。干の特性、癸水と壬水の違いです。朱造は癸丁尅去している癸水を用となど取れる理なく、癸水を用とするということは普通格局であり、喜神土金水、忌神木火となって、乙卯・甲寅運は大忌、必死となるのです。また〈丁火は旺を怕れ〉〈干支の特性です。〉と言っておりますが、『滴天髓』は丁火について、「旺而不烈。衰而不窮。」とあって、〈丁火は旺を怕れ〉とは言っておりません。徐氏は任氏の命理の大誤の数々を追究せずに、任氏解命を正しいものとしたことから、徐氏の命理も大誤の混乱をきたし、さらに、任氏の言を無批判に鵜呑みにすることか

ら、命理の混乱を招く弊害を与えられていることを理解すべきです。

『滴天髄』で「仮従亦可發其身」と言われている、「仮」ということと、「真」ということの条件を、理論と実証によって、正確に認識・理解すべきです。さらに「仮」ということは「真」ではないことによって、旺相死囚休の循環律の自変作用を起こす大運によって、「中和之正理」、つまり格局が真従となることもあれば、普通格局となって喜忌が変化することもある、というのが正理なのです。理に少しでも矛盾があるなら、それはもはや理論ではないのです。実証のないものは理論ではありません。

『滴天髄』の誠に皮肉な表現によって、その真の義を理解できないことから、重大な誤りを犯す結果となっているのが、任氏、徐氏とその挙例です。

剛柔不一也。不可制者。引其性情而已矣。〔輯要・徴義・補註〕

《剛柔は一ならざるなり。制すべからざるものは、その性情を引くのみ。》

柔剛不一也。不可制者。引其性情而已矣。〔闡微〕

原　注

「剛柔相済」とは必ずしも言えません。太剛なるものを済えるには、柔をもってしても、その情を得ず、反ってその剛を助けることとなります。譬えて言いますと、武士が士卒を得るようなもので、殺伐をなすものです。例えば、庚金七月に生まれ、丁火に遇うはその威を激しくし、乙に遇うはその暴を助け、己に遇うはその志を成し、癸水に遇うはその鋭を益すものです。剛なるもので済うべきで、これが壬水です。壬水が剛と言いましても、柔の剛で、庚金の情をよく引通せしめる情があるのです。しかし剛の剛なるものをもってしますと、庚金を激せしめて、その禍は言いようがないものです。太柔なるものを剛で済えようとしても、反ってその柔を益すのみとなります。譬えて言えば、烈婦も恩威にあえば淫賤となるようなものです。

例えば、乙木八月に生まれるは、甲丙壬に遇うは喜びとし、情を輸《うつ》すものです。しかし、戊庚盛んに遇えば恐れ、身を失することとなります。剛の柔なるもので済えるべきで、丁火がこれに当たります。丁火は乙木の情を引動する情があるのです。柔の柔なるものでこれに合わせようとしますと、その弊害は如何ばかりか言いようがありません。他は類推してください。

任氏増注

剛柔の道は、陰陽健順なるのみです。そして剛の中にまだ柔でないものはないのです。陽が乾に喩《さと》し教えて、乾が三女を生むは、柔が剛を取るものです。また柔の中いまだ剛でないものはないのです。陰が坤に喩して、坤が三男を生む、と言われる所以であります。これは剛が柔を取るものです。春木、夏火、秋金、冬水、季土、時を得、当令するに、原局尅制の神なければ、その勢い雄壮、その性は剛健であります。洩らさざれば清からず、清からざれば秀でず、秀でざれば頑物となすものです。剛をもってその柔を判断するは、寡は衆に敵せずと言うもので、反ってその怒りを激し、さらに剛となります。春金、夏水、秋木、冬火、仲土、失時にして無殺、原局生助の神なければ、その勢い柔軟、その性至弱、剋せずば開かず、開かざれば化せず、化せざれば朽物となすものです。大体、柔をもってその剛を引くは、虚で補いを受けず、反ってその弱を益し、さらに柔となるものです。洩をもってするものに生々の妙あるものあり、剋するものに成就の功あるものあり、引くに和悦の情あるものあり、従うに変化の妙あるものがあります。「剋洩引従」の四字を、よくよく詳審して、いい加減なことで済ましていてはなりません。無きをもって有に入る、「以無入有」、実に向かい虚を尋ねる、「向実尋虚」、これが元妙な旨です。およそ、得時得令し、四柱剋制の神なければ、食神を用としその氣勢に順じ、その菁英を洩らし、暗處生財、これが「以無入有」であります。失時休囚して、原局に劫印の幇身なく、用食神制殺し、殺が制を得れば、すなわち生印する。これが「向実尋虚」となすものです。宜しく活用に意を払い、一に拘泥し論じてはなりません。

〔387〕

壬	**申**	**大運**		
戊	**申**	己酉	壬子	
庚	**辰**	庚戌	癸丑	
甲	**申**	辛亥	甲寅	

庚金七月に生まれ、地支三申、旺の極。時干甲木無根、年干の壬水を用とし、その剛殺の氣を洩らす。嫌うところは月干の梟神奪食、初年運走土金、刑喪を早く見、受け継ぐ祖業はありませんでした。一たび辛亥運に交わるや、運が北方に転じ、経営意の如く、壬子、癸丑運

三十年、財発十余万。幼年読書できませんでしたが、後、文墨に親しむは、これ水運のゆえです。その菁華を発洩する意です。

〔388〕

壬　戌	**大運**		
戊　申	己酉	壬子	
庚　寅	庚戌	癸丑	
丙　戌	辛亥	甲寅	
		乙卯	

庚金七月生、支土金の類、旺の極です。壬水戌に坐し、戊に逢うは梟神奪尽。時丙火透、支は寅戌拱、丙火を用とします。惜しむは運走四十年土金水地、五旬の前には一事無成、甲寅運に至っては、梟神を尅制し、丙火を生起、乙卯運の二十年には、財発巨万となり、所謂、柳は秋となると凋れますが、松柏は冬を経て茂るものです。

〔389〕

辛　酉	**大運**		
丁　酉	丙申	癸巳	
乙　未	乙未	壬辰	
丁　丑	甲午	辛卯	

乙木八月に生まれ、木凋金鋭。幸い日主未庫に坐す。干に二丁透り、盤根制殺するに十分です。祖業豊繁、早く学問に志す。ただし、本造の病は殺旺にあらず、実は丑土にあるもので、丑土の害は、ただ単に生金、晦火ならずして、未と冲となることです。

天干木火、すべて未中の微根に頼むに、冲して丑中の金水暗傷、秋闈難捷。癸巳運に至って、金局を全くせず、癸水傷丁、水難により死亡しました。

〔390〕

戊　辰　　**大運**

己　酉　　庚戌　　癸丑

乙　亥　　辛亥　　甲寅

甲　申　　壬子　　乙卯

乙木八月に生まれ、財生官殺、弱の極。喜とするは坐下印綬、官殺の氣を引通し、さらに妙なるは甲木時干に透り、藤蘿繫甲、出身貧乏でしたが、亥運科甲に及第、壬子運連登、丑運父母死、甲寅運、尅土扶身、乙卯運、侍郎に至る。この造の喜ぶところは亥水で、亥水なければ平凡です。しかも亥水が日支にあるからこのようになったので、別の支にあっても生化の情は得られず、小成に過ぎないものです。

徐氏補註

「剛柔不一」とは、日主衰弱せずといえども、用神生旺に過ぎて、干支にあって剛柔雑出することです（陽干を剛となし、陰干を柔とす。）『窮通寶鑑』に、用神多なるもの洩らすが宜しく、尅すは宜しからず、と言われており、徐大升氏の『元理賦』に次のように言われています。

「木能尅土。土重木折。土能尅水。水多土蕩。水能尅火。火炎水乾。火能尅金。金多火熄。金能尅木。木堅金缺。」

と。ですから、用神が生旺に過ぎるものは尅制するは不可です。また『元理賦』に

「强金得水。方挫其鋒。强水得木。方泄其勢。强木得火。方化其頑。强化得土。方洩其焔。强土得金。方制其害。」

とも言われているのです。その性情を引く、とはその旺氣を洩らすに外なりません。

〔391〕

戊	戌	**大運**	
己	未	6才庚申	36才癸亥
丙	子	16才辛酉	
庚	寅	26才壬戌	

これは合肥李君の命造です。丙火未月に生まれ、余威なお熾ん。時は寅宮長生、日主衰弱せず（日主衰弱すれば、用印）。土旺であれば、戊己並透、月令用神全局の半を占め、土旺で重ですので、木で土を制するは必ず木折となり。ただ用金、その旺氣を洩らすべきです。子水は潤土生金、早年庚申、辛酉運、生家繁栄、壬戌、癸亥運、潤土生金、上乗ではないものの、まずよろしいものです。

〔392〕

戊	辰	**大運**	54才乙丑
己	未	24才壬戌	64才丙寅
丁	巳	34才癸亥	
丙	午	44才甲子	

これは巨商盧少棠の命造です。丁火日元、未月に生まれ、巳午未南方、時干に丙劫透、日元旺の極です。六月土旺乗令、年支辰土、戊己雑出し、用神また半分を占む。前造は子水潤土せしめるものがありましたが、本造は辰、暗蔵湿潤とはいえ、火土熇乾、その燥を嫌います。加うるに原局無金、前造の純なるに及びません。前造は土潤生金、金運を最美とし、水運がこれに次ぎますが、この造、土燥無金、湿土帯金を上とし、純金運これに次ぎ、制してはいけない点では同一です。庚申、辛酉運の少年時には安楽、続

いて北方運、土の燥を潤たらしめるは、乙丑運の十年を最も美とするもので、丑は湿土で蔵金するからです。事業飛躍的に発展、丙寅運、火旺土燥、その性情に逆す。

考玄解註

「剛柔不一」を、

○剛と柔というものは、それぞれ一様ではなく、さまざまに変化するものである。

と解釈する原注と任氏増注と、

○命局に剛柔雑出して一様でない。

と解釈する徐氏補註とに分かれていますが、結論的には、制してはいけないものは洩らすのがよろしい、という点においては異なるところはありません。しかし、ここの「剛柔不一」はやはり、

(1)　干にはそれぞれ剛柔の異なった特性がある。

(2)　四柱八字の配合自体によって剛柔は様々に変化する。

と二つの面から考えるべきであります。(1)は個であり、(2)は集でありますが、個が集まって集となるのですから、個の特性の上に集の特性変化が生じる、と解さなければならないのです。この干の特性の剛柔は、すでに巻一の天干を説明したところと、五陽五陰のところでも、陽は剛、陰は柔の基本的原則があることも理解されていることと思います。

ですから、「參天」とか、「猛烈」とか、「固重」とか、「剛健」とか、「剛中之德」とかが剛・陽の形容詞ともなっていますし、陰干については「乙木雖柔」とか、「丁火柔中」とか、「卑濕」とか、「軟弱」「至弱」とかと言われてもいるのです。しかもその中に他の干との関わり合いの中で、変化する要素があることも説かれているのです。例えば、乙木は「藤蘿繫甲」となるのは一年中よろしい、と言われ、乙木は陰であっても甲が天干にあり、さらに支として寅・卯があるならなおさらのこと、乙木は甲木的、つまり陽剛の質的化学変化を起こすと言われているのです。しかし、多くの方は、表面的にしか物事を解釈できませんので、このことは乙木のみのこととしているようなのです。そうではなく、このことは、ほとんどすべての他の陰干にも該当する共通概念であるのです。「丙火奪丁」と言われていることは、「藤蘿繫甲」とは良好面から言っていることに対する、反対の悪い面からの強調ですが、剛となったという点には変わりはないのです。このことは己土、辛金、癸水にもその作用として両面があるのですが、剛となるということなのです。

そしてさらに、季節の如何により、配合の如何によって、転々と変化しますので、「剛柔不一」と言っているものと解すべきです。

ですから、徐氏も挙げ、本書でもその全文を掲げた徐大升氏の『五行生剋制化歌訣』を過小評価してはならないとも述べたのです。

そして、剛柔は種々様々な変化を経て、一つの四柱組織・構造として明確にならない以上は、決定的なことは言えませんが、四柱組織が明確に分かったなら、剛柔は決定されるのですから、命の調和・中和をもたらすための、扶抑の神を定めなければならないのです。しかし扶抑するとは言いましても、制圧・尅制してはいけないほど強いものに対しては、ただ洩らすほうがよろしいのです。洩らすことも「抑」の一方法なのです。と言っているのが、本節の主旨であります。では、「不可制」とは、となりますと、旺強甚だしきもの、剛にして強なるもの、ということになるのです。

剛柔は必ずしも剛は強であり、柔は弱であるとは限らないのですが、要素としては強である要素はあるものですから、組織構造中で陽である日干があまりにも弱となるのは救いようがなくなる反面、陰日干は弱となっても恐れない、といった相違もあるのです。こうした点が、陽日干に対する同一五行であっても、陰干の幇は無力であり、陽干のほうがより有力であって、これが、乙木の「藤蘿繋甲」と言われる干と干の相関関係の理ともなるのです。このことはさらに、調候という点にも関連して、日干木以外の日干が三夏に生まれるのは、水源有情なる壬水が調候であり、木日干にとっては癸水ということになるし、三秋、三冬の場合、調候はすべて丙火であって、丁火では調候になり得ません。

陽日干に対する、尅の関係も一様ではなく、甲日に対する庚金は命よければ、庚金劈甲して、甲木を成器、棟梁の材とするのと同様に、命よければ、丙日に対する壬水が輔映湖海の象となり、戊日に対する甲も命よければ、疏土開墾して万物を育成するものであるし、壬日に対する戊土も命よければ、水利灌漑する弁証法的発展の契機となるものです。しかし、庚日にとっては命よくても丙火はあまり良好ではなく、調候の功とはなるが、煅金には丁火といった、干の相関性の特性も生じてくるのです。

こうしたことは陰干にはない特性であるだけに、陽・剛は強を望むことになるのです。それら陽干の殺が仮に忌となる構造であっても、喜用の運に巡って、その殺の作用が喜の作用を生じることもあるのです。さらに、「引其性情」と言うことは、干の特性によって、それほど強くなくても、辛金のように壬癸の淘洗を喜ぶこともあるのです。

ところで、重要なことは、「不可制者」と言うことを、何でも日干が強となったなら、「不可制者」であるなどと誤解してはならないという点です。また「引其性情而已矣。」とあることを用神の意と解することも誤りなのです。この原文は、日干が強となるなら命中に食傷がなければならない、という意と解すべきです。食傷がないことにはその人の才能・能力を発揮する洩秀の美がないことになるからです。その才能・能力を発揮することによって、食傷生財となる財に繫がるのです。

つまり、原則として、木は火を生ず、という相生の理がありますが、火がないことには、木はそもそも生火はしない、という理と同じことと解すべきなのです。これを用神とするか否かは別の問題と考えなくてはなりません。これもまた、「始終」の理にも繫がってくるのです。そういった意味での「不可制者」であると解すべきなのです。

日干が強であれば「不可制」と考えますと、庚金劈甲して、棟梁の材となす、の理も成り立たなくなり、方や局を作って忌となる「病」に対する「薬」の理も成立しないのです。結論的には、「衰旺之眞機」「中和之正理」と言うことになるのです。

〔387〕

壬	**申**	**大運**	
戊	**申**	己酉	壬子
庚	**辰**	庚戌	癸丑
甲	**申**	辛亥	甲寅

庚日申月金旺に生まれ、壬戊剋去し庚甲接近、三申あり、印の辰土あって、丙火調候のない、「従旺格」となるものです。用神は従神の庚、喜神土金水木、忌神火となります。しかし、調候ないため、池塘氷結、金寒水冷の憂いあるもので、水旺運では、まさに結氷の生気ないものとなります。

「天道有寒暖」を忘れるべきではなく、従格であるのに、〈壬水を用〉とするものではないのです。ましてや、池塘氷結、金寒水冷の大運に、任氏の言うような事象など生ずる訳がないのです。つまり、任氏は、「天道」を忘れ、「従得眞者只論從」を忘れ、ただただ、「不可制者。引其性情而已矣。」とある真義をも理解できずして、「道有體用」さえも忘れていたのです。

〔388〕

壬	**戌**	**大運**	
戊	**申**	己酉	壬子
庚	**寅**	庚戌	癸丑
丙	**戌**	辛亥	甲寅
			乙卯

庚日申月金旺に生まれる「建禄格」です。壬戊剋去して庚丙接近。申寅冲去し二戌は接近、調候丙火あって、二戌は燥土不能生金、日干弱となり、用神取り難く、大運によっての喜忌となります。

第一運己酉、金旺運、申酉戌戌の西方全以上となる「病」に対し、丙火「薬」となる。喜忌は、喜神木火、忌神土金、閑神水となる、忌の傾向性ある運。

第二運庚戌、これもまた燥土三戌、透庚することにより、喜神木火、忌神土金、閑神水となる忌の傾向性。

第三運辛亥、申寅解冲し、金旺の申金の根あることになって、喜神水木火、忌神土金となる喜の傾向性。

第四運壬子、子申水局半会の情により、申寅解冲する、喜忌は前運と同じ、喜の傾向性。

第五運癸丑、壬戊解剋して、二戌は湿土生金する。喜神水木火、忌神土金のまま。一応喜の傾向性。

第六運甲寅、申寅解冲し、日干弱。喜神土金、忌神水木火。甲寅木旺運の木の仮数と、申寅解冲した金、調候丙火が二寅に根ある殺となって攻身する、金の仮数といずれが優勢となるかを比較しますと、財に任じ得られないことになるのです。

〔389〕

辛	酉	**大運**
丁	酉	丙申　壬辰
乙	未	乙未　辛卯
丁	丑	甲午

（大運：丙申、乙未、甲午、癸巳、壬辰、辛卯）

乙日酉月金旺・木死令に生まれる「正官格」か「偏官格」です。調候丙火必要ですが、丙火一点もなく、辛丁剋去、乙丁接近。未丑冲去、二酉接近し、団結する「病」に「薬」なく、用神取るものなし、一応喜神は水木、忌神火土金となるものです。陰干弱きを恐れず、とは言いましても、あまりにも弱過ぎます。

第一運丙申、調候丙火透出し、辛丁の剋を解きますが、制金の作用も果たし、それほどの忌とならず、
第二運乙未、辛丁解剋、未丑解冲しても、調候なく、喜忌参半の運。
第三運甲午、調候運にて、未丑冲去のまま。甲木幇身し、午火の調候は二酉を暖めると同時に制金もするも

のの、洩身の忌あって忌の傾向性。
第四運癸巳、巳酉酉丑金局全以上にて、未丑解冲。調候運にて、喜の傾向性。
第五運壬辰、調候なく、それほどの喜とはならず、
ひどい解命であり、捏造の事象でしょう。本造も「不可制」でもあれば、「引其性情」も不可となるものです。

〔390〕

戊 辰	**大運**		癸丑
己 酉	庚戌		甲寅
乙 亥	辛亥		乙卯
甲 申	壬子		

〔390〕′

戊 辰	**大運**		乙丑
辛 酉	壬戌		丙寅
乙 亥	癸亥		丁卯
甲 申	甲子		

乙日酉月金旺に生まれる「正官格」か「偏官格」です。調候丙火なく、辰酉合去し、亥申接近。用神甲、喜神水木、忌神火土金となるものですが、調候ない限り、喜の作用ほとんどなく、水旺運は、池塘氷結、金寒水冷、寒凍の木となります。つまり、丙火は調候とも才能発揮ともなるもので、それがないのです。
しかしこの命、戊辰年においては、己酉月はあり得ません。戊辰年が正しいとすると、辛酉月となります。当然、大運干支も誤りとなります。改めて、辛酉月で解命しますと、
乙日酉月金旺に生まれる「正官格」か「偏官格」です。辰酉合は天干戊辛ですから化金し、辰の蔵干二庚、酉の蔵干二辛に変化します。月干辛金は化金した辰酉に通根して、日干を攻身します。用神は、化

殺生身の癸水と取りたくもなく、やむなく壬、喜神水木、忌神火土金となります。こちらも調候なく、喜の作用ほどんどありません。水旺運は大忌となり、池塘氷結、金寒水冷となります。

〔391〕

		大運	
戊	戊		36才癸亥
己	未	6才庚申	46才甲子
丙	子	16才辛酉	56才乙丑
庚	寅	26才壬戌	

丙日未月土旺に生まれる「傷官格」です。調候の子水あって、月柱は湿土となっても、時干の庚金を生金するのに全く無情であり、湿土となることにより、丙火は洩身の忌となります。時支寅中の印の甲木をもって用神とし、喜神木火、忌神土金水となるものです。

第一運から第三運壬戌までは忌神運ですが、忌が忌を制して、それほどの忌とはならず、しかし第四運癸亥は、亥寅合去で、忌の傾向性となります。第五運甲子よりやや良化はしていくものです。

〔392〕

		大運	
戊	辰		34才癸亥
己	未	4才庚申	44才甲子
丁	巳	14才辛酉	54才乙丑
丙	午	24才壬戌	

丁日未月土旺に生まれ、巳午未南方全くして時干に透丙しますが、土旺ゆえ、「食神格」となり、日干は強となります。ただ、食傷も旺じて強となっており、所謂、「兩神成象格」ではない「兩氣合而成象」に当たるもので、用神は年支辰中湿土の戊、喜神は金水と湿土、忌神木火および燥土となるもの

です。

順逆不齊也。不可逆者。順其氣勢而已矣。〔輯要・闡微・徴義・補註〕

《順逆は齊《ひとし》からざるものなり。逆すべからざるものは、その氣勢に順ずるのみ。》

原　注

剛柔の道は、順ずべくして逆らってはいけないのです。ちょうど、崑崙の水が流れに従って流れるがよろしく、川の水が逆行できないのと同じで、順ずべくして、逆するは不可なのです。権が一人にあっても、順ずべくして逆するは不可ですし、二人が同心であっても、順ずべくして、逆するは不可なのです。

任氏増注

順逆の機は、進退悖《もと》らずです。逆らうべからざるものとは、当令得勢の神、その意の向かうところに従えば宜しいとのことなのです。四柱に順逆があって、その氣は判別する方法があり、五行に顛倒するものあるは、その作用にそれぞれの法があるものです。それゆえ、氣には本來の勢に乗じて他の雑を顧みないものがありますし、氣には他神を借りて成局するものがあり、旺神に従って尅制しては不可なるものがあり、弱によって資扶するものがあり、制殺するに旺に乗じてはならないし、化殺は扶身することが正しいですし、従殺は権勢に頼ることですし、留殺は官を迎えることですし、氣には陰と陽がありますし、陽は陰生の兆を含み、陰は陽化の妙を含みますし、その勢いには清と濁とがあり、濁中の清は、貴の機微ですし、清中の濁は、賤の根であります。「逆來順去」は富の基で、「順來逆去」は貧のもとです。順逆はこのように誠に微にして神妙なるものですから、命理を学ぶ者はよくよくこのところを思い巡らさねばならないのです。書に、「有り余るものを去らすことは、その不足するものを補うことである。」とあるのは正理ではありますが、深浅の機微を究めない誤った考え方でもあります。四柱の神を知らず、財・官殺・印・食傷の類に拘らず、乗権得勢、局中の神、その強暴を去って助けるを二人同心と言うのです。あるいは、日主時を得、令に乗じ、四柱の神が皆拱合の神であるのは、権一人にありと言うのです。ただ、その氣勢に順じて引通し、その流れのままに巡り行くなれば福となるのです。強いてこれを制するなれば、その性を激怒せしめて、必ず凶咎に罹るものなのです。

〔393〕

庚　辰　　**大運**　　甲申
庚　辰　　辛巳　　乙酉
庚　申　　壬午　　丙戌
庚　辰　　癸未

天干皆庚、また祿旺に坐し、印星当令、剛の極です。権は一人にあり、一兵卒の家に生まれ、壬午、癸未運、天干の水が地支の火を蓋い、尅金するに難ですので、害なく、甲申運に交わるや西方の金地、乙酉運、乙庚化金して、総兵となりましたが、丙運、その旺神を犯して戦死しました。

〔394〕

癸酉	**大運**		
甲子	癸亥	壬戌	辛酉
庚辰	庚申	己未	戊午
甲申			

庚辰日元、支は祿旺に逢い、水が当権し、また水局を成す。天干は枯木無根ですのでおいて論ぜず、これ金水二人同心です。金水の性に順ずべく、癸亥、壬運、父祖の庇蔭有り余るくらいでしたが、戌運制水するとはいえ、申酉戌の西方を成しますので、刑喪見るといえど大患なく、辛運入学、酉運補廩、庚運登科、申運財源大旺。

一たび己未運に交わるや、運南方に転じて、刑妻剋子、家業衰退、戊午運、水の性に逆し、家業破尽して死亡しました。

〔395〕

壬子	**大運**		
辛亥	壬子	癸丑	甲寅
乙亥	乙卯	丙辰	丁巳
丙子			

壬水乗権して亥子に坐し、所謂、崑崙の水で、冲奔無情、丙火剋絶するので、これをおいて論ぜず、遺業すこぶる豊かでした。甲寅運、乙卯運、その流れに順でしたので入学補廩、丁財並益、家道日増しに盛んでしたが、一たび、丙運に交わるや水火剋戦、刑妻剋子、破耗異常、辰運は蓄水咎なく、丁巳運、続けて火災に遭い、破産して死亡しました。

徐氏補註

前述した剛柔は、我が生ずるの局でありますので、性情を引くのが宜いと言っているのです。順逆不齊とは、我を生ずるの局のことですから、その氣勢に順ずるのが美であるのです。陽順陰逆ですから、順逆と言うのです。日主および印綬が当令・得勢し、支が方局を成し、干に印劫が透るなら、その氣勢旺じて逆するは不可です。長江大河を順流して下るのが宜しく、これに逆らってはいけないのです。その氣勢に順じて巡り、印劫を最美とします。原局印旺じ官殺あるなら、官殺に巡るもまた佳です。これはその源流であるもとが増えても、その氣勢をそこなわないから宜しいのです。

しかし、財が破印するのは比劫の争いを起こしますので、立ち所に災禍を見ることとなります。これが性情を引くのがよいとする剛柔と異なるところです。

〔396〕

己　未　　**大運**　　65才壬子
己　巳　　35才乙卯
戊　午　　45才甲寅
乙　卯　　55才癸丑

清の上海道蔡乃煌の命造です。戊土巳月の生、祿旺の地で、巳午未南方を全くし、戊己透って時干支乙卯、木生火旺、木火土相生、その勢は旺であってさえぎるべきでなく、ただその氣勢に順ずるのみ。

丁巳、丙辰運、少年にして意の如く、乙卯、甲寅運、宦海で登栄、癸丑運に交わるや、群劫争財、財は必ず耗散して、財により禍を致し、子運、陽刃を冲し不測の災い生じ死亡しました。

〔397〕

丁　酉　　大運
丙　午　　8才乙巳
戊　午　　18才甲辰
乙　卯　　28才癸卯

戊土午月に生まれ、時乙卯、木火相生、丙丁透って印旺の極、年支の酉は、丁に尅され午に破、用となすことできず、その氣勢に順じて火土の運を行くがよしとするのです。前造は比劫透って印蔵、壬癸運に巡り、資材を消耗するなく、子運に午を冲し、死亡したのです。この造は印透っていますので、癸運破印して死亡したのです。これらの類の格局は、「母慈滅子」で、その母を傷付けてはいけないのです。

考玄解註

この句は前の句と全く反照句となっており、「剛柔」に対して「順逆」、「不一也」に対して「不斉也」、「不可制」に対して「不可逆」、「引其性情」と言っているのに対して、本句は「順其氣勢」となっているのです。

原注は、〈剛柔の道は、順ずべくして逆らってはいけないのです。〉と註しているのですが、『滴天髓』の作者ともあろう人が、同じことを続けて重複して言う愚はしないはずです。既に、公理についても続く命理学の「方法論」の要点を述べている中で、「順悖之機須理會」「進兮退兮宜抑揚」と言って、さらに、一年十二ケ月の間における生成発展消滅の循環律と大運の法を、

「陰陽順逆之說。洛書流行之用。其理信有之也。其法不可執一。故天地順遂而精粹者昌。天地乖悖而混亂者亡。」

と四柱構造にまで言及している「順逆」の理と、ここで言われている「順逆」に矛盾があってはならないのです。

任氏増注はあまりにも多角多様のことを論註し過ぎて、前の句とこの句とを対照させて、前の句は何を言っており、この句では何を言っているのかを、的確・直裁な結論を示す註とはなっていないのです。つまり、前の句の解釈が誠に曖昧であったため、この註も〈命理を学ぶ者はよくよくここのところを思い巡らさねばならない〉と言い、その思い巡らす要点を、ここまでのところで全く説明されていない、〈濁中の清〉とか〈清中の濁〉とか、大変難解な「清濁」の有り様を見なければならない、と結論付けをしているのです。「清濁」の定義さえ理論的に明確にされていないことを持ち出して、〈微にして神妙なるもの〉を理解しろ、と言われましても理解のしようがないのです。この「清濁」は、「位相」の高低の有り様を分別する視点として、『滴天髓』が後論している、

「一清到底有精神。管取生平富貴眞。澄濁求淸得去。時來寒谷亦回春。滿盤濁氣令人苦。一局淸枯也苦人。半淸半濁猶是可。多成多敗度晨昏。」

とあるところで、詳細に説明し、定義付けとその諸条件を述べることになりますが、命理の理会の最終的最高結論とさえ言えることをここで持ち出して、理解しなさい。と言われましても無理なことなのです。

徐氏補註では、〈剛柔は、我が生ずるの局であり〉〈順逆不齊とは、我を生ずるの局のこと〉と言っております。そしてその後に続く説明でも〈日主および印綬が当令・得勢し、支が方局を成し、干に印劫が透るなら、

その氣勢旺じて逆するは不可です。〉と、印綬が当令・得勢し、支が方局を成し、干に印劫が透る場合も、順ずべく、逆するは不可であると言っているので、訳が分からなくなるのです。格局分別の絶対的条件は「月令乃提綱之府」にあるという定義が気勢という条件にすり替えられているので、相当命理を知っている人でさえ混乱させられてしまうのです。

前の句が正確に理解できませんと、対照としてこの句が解らないことになるのです。前の句を普通格局であるなら、重要なことは洩秀・洩身とする才能発揮が、ましてや生財につながり、財がまた生官殺する、生成発展する契機である食傷があることが必要である、と言っているものと私は解註しました。

そしてこの句は、普通格局の対照となる特別格局の従格、化格、一行得気格を言っていることと解することによって、整然と理解されるのです。

つまり、前述した特別格局を種々それぞれについて述べてきたことをまとめて論じているのです。そして、普通格局では、食傷が忌となる場合もあるが、食傷があることによって、喜用の運に巡って、才能発揮する喜の作用となることが望ましい。

しかし、「従旺格」「一行得気格」では必ず食傷は喜となる、さらに、「従児格」「従財格」「従勢格」でも、食傷は必ず喜とするものであり、「従殺格」は、食傷は必ずしも喜とのみ断定はできない、というように、前句と本句は共に洩身の食傷が重要な論点となっているのです。

このように理解するのが『滴天髓』の真義なのです。

〔393〕

庚	辰	大運		32才甲申
庚	辰	2才辛巳		42才乙酉
庚	申	12才壬午		52才丙戌
庚	辰	22才癸未		

一七六〇年四月三十日辰刻がこの四柱で、土旺生にて立運約2才となります。

庚日辰月土旺に生まれる「偏印格」です。天干に四庚、支は三辰、日支申に坐し、日干強、用神丁の煅庚を欲するに丁火なく丙火もなく、甲木の劈甲するものもなく、やむなく癸水を用神として、生乙するしかない組織構造で、喜神水木火、忌神土金となるものです。水を一応喜とはしましたが、子が来ますと、申子辰辰辰の水局全以上となって、傷官の忌大となります。

大運を観ますと、

第一運辛巳、火旺運、巳申合去し、忌の傾向性。8才戊子年、巳申解合しても、子辰辰辰水局半会以上となり無木。流年干戊土生金し、四庚一申、水局半会以上をさらに生水、一戊ではとても制水し切れない忌の流年。

第二運壬午、火旺運、三辰が午火を晦火晦光して、大運干壬水は四庚一申から生壬され、辰中に有気となり、火旺の午火を滅火することにより、喜の作用発せず、忌の傾向性。

第三運癸未、湿土生金するのみの大忌の運。

第四運甲申、金旺・木死令の甲は、四庚から断削されて木散となる。比劫奪財の大忌の運となります。

このように喜となる傾向性ある運が一つもないのです。

これを、任氏が〈剛の極〉と言っているのは、『滴天髄』の原文の「剛」を強と曲解しております。また、

〈甲申運に交わるや西方の金地、乙酉運、乙庚化金して、総兵となりました〉と言っていることは、金の「従旺格」としたためです。印が月令を得ての「従旺格」はないものなのです。こうした虚偽の挙例によって、徐樂吾氏も同じ誤りを犯しているのです。

〔394〕

癸　酉	**大運**	庚申	庚日子月水旺に生まれ、調候急を要するのに一点もなく、支は申子
甲　子	癸亥	己未	辰水局全くし、天干二甲一癸透出。日干に無情な年支酉が生水する
庚　辰	壬戌	戊午	「仮の従児格」です。用神壬、喜神水木火、忌神土、閑神金となりま
甲　申	辛酉		す。調候丙火ないため、金寒水冷の局となっており、運歳においても

調候が巡らない限り、喜が喜の作用を発しません。

大運、第二運壬戌、第三運辛酉、第四運庚申の金旺運、「食神格」か「傷官格」となり、喜神土金、忌神水木火となる、調候のない下格となります。特に庚申金旺運は、申子辰の水局全以上となって、傷官の水の忌象発生し、尋常では済まされません。

任氏は〈金水二人同心〉と言っておりますが、『滴天髓』に言われている、

「一出門來只見兒。吾兒成氣構門閭。從兒不管身强弱。只要吾兒又得兒。」

とあることを忘れています。「二人同心」という格局はなく、〈戌運〉はなく、壬戌運あるのみです。

調候のない下格を〝貧賤の局〟とさえ言われるのは、「天道」に反しているからなのです。

〔395〕

壬	子	**大運**	乙卯
辛	亥	壬子	丙辰
乙	亥	癸丑	丁巳
丙	子	甲寅	

乙日亥月水旺に生まれ、支に二亥二子、辛金剋乙すると同時に水源ともなります。調候丙あって、〃反生の功〃あり、水温み、亥中甲の幇身あっても、水多木漂の「印綬格」です。湿泛の甲木、幇身に難あり、先天的身体障害避けられず、精神薄弱、であります。

第一運壬子、壬丙剋去しても、水太過、調候丙を失い、壬水の特性、「通根透癸。冲天奔地。」となって必死です。仮にこの運を無事に通過して、寿を保ち得ても、第二運癸丑、亥亥子子丑の北方全以上となって必死です。

印やや太過するだけでも、虚弱、疾病多発するもので、『滴天髓』で「母慈滅子」と言われていることであり、このように月令を得て、太過も太過となるのは、生まれてこないか、生まれても必ず身体障害あって、夭折となるものです。「ダウン氏症候群」、「精神薄弱児」、誠に多くの実証あるものです。

〔396〕

己	未	**大運**	35才乙丑
己	巳	5才戊辰	45才甲子
戊	午	15才丁卯	55才癸亥
乙	卯	25才丙寅	65才壬戌

戊日巳月火旺に生まれる「偏印格」です。巳午未南方全くして、調候とも「病」に対する「薬」ともなる壬水なく、日干無根の凶命です。用神取るものなく、先天的身体障害あるものです。

徐氏、〈その氣勢に順ずるのみ。〉と言っていることは、任氏の挙例の謬を真と思い込んでいる結果です。

なぜ日干弱となって、他に従さんとしても、印があると従格不成となる理があり、日干月令を得て、比劫重々とあって、官殺なくても印がないなら、「従旺格」とならない理があるのでしょうか。格局はすべて「月令乃提綱乃府」にあるのでしょうか。「従印格」というものは絶対にないのです。

本命は、生日の誤りですし、大運干支、私の写し違いではありません。35才乙卯以降は年柱己未からの逆旋の誤りです。解命中にも〈乙卯、甲寅運〉とありますが、〈丁卯、丙寅運〉が正しいのです。こんな大運の誤りなどはどうでもよいことで、重大なことは、「従印格」「従強格」としている点にあります。

〔397〕

		大運
丁	酉	
丙	午	8才乙巳
戊	午	18才甲辰
乙	卯	28才癸卯

戊日午月火旺に生まれる「偏印格」か「印綬格」です。調候壬水と共に水源有情であることを必要とするのに、年支酉は金熔となり、日干無根、用神取るものなく、印太過の調候のない、火炎土焦の凶命です。これも「従印格」にしていますが、〈母慈滅子〉と言いながら、その真義を理解していないことと、任氏の謬論に惑わされて調候の「天道」さえ忘れての誤りです。

五氣聚而成形。形不可害也。〔闡微・徴義・補註〕

《五氣あつまって形を成せば、形は害すべからず。》

五氣聚而成形。形不可害。〔輯要〕

原　注

木は必ず水を得て生じ、火にめぐり行くものであるし、土は木を培うものであるし、金は木を成器とするものです。これらは、成形するに、緊要なものでありまして、あるいは多過ぎたり、あるいは欠けていたりしますと、害となるものです。木をもって言いましたが、他のものも同様であります。

任氏増注

木が成形するということは、食傷洩氣するなら、水をもって木を生ずべく、官殺交加するなら、火をもって官殺を制し行き、印綬が重々とあるなら、土をもって培木せしめ、財軽劫重なれば、金をもって木を制して財を護って木を成器たらしめる、これらは成形にそれぞれの作用を得るところのものです。いずれかが偏枯の病がありましたなら、名利を遂げようと努力しても得られるものではありません。木を例にとって言いましたが、五行皆成形すべきものです。もし四柱成らなければ、歳運が成すべきでありますが、その歳運さえも成すことなければ、終身庸凡、碌々たるもので、凶多く吉少ないもので、志ありといえども伸び難いものです。

〔325〕

壬	戌	**大運**	丙辰
壬	子	癸丑	丁巳
甲	子	甲寅	戊午
戊	辰	乙卯	己未

この造は、水勢猖狂《しょうきょう》していますので、独り戊土のみが制水して培木せしめ、木が水に浮泛とならないのです。しかも、天干の戊土は戌土があって、根が固く、もし辰があって戊土がありませんと、同じく根とはなると言っても、辰は湿土ですので、水を見ると流蕩してしまい、戊土の根は有るともなきに等しい虚となるのです。無根の土は、百川の源を止めることはできず、それゆえ戊土の根の固いことが大変大切となるのです。戌は燥土でして、ただ寒木無陽、つまり火の温照暖和が必要なのです。照暖あれば、木は寒であっても発栄することができるものです。

ですから、運が南方火旺の郷に至って、発財数万、財物を献納して官吏となって名も成した、ということであります。

〔398〕

戊	寅	**大運**	己未
乙	卯	丙辰	庚申
甲	辰	丁巳	辛酉
辛	未	戊午	

この造は、支は東方を全くし、劫刃肆逞、一点の微金では、とても成すに不足。ゆえに学問を継がず、初運火土、生化の情は失ってはおりませんので、財源も通裕し、庚申、辛酉運、辛金得地の運に至るや、財物を捐じて州牧となったのですが、癸運生木洩金となり、死亡しております。

〔399〕

癸　未　　**大運**　　辛亥
乙　卯　　甲寅　　庚戌
甲　戌　　癸丑　　己酉
乙　亥　　壬子

この造は、未土深蔵、戌土に日干坐し、言うところの財來たって我に就く、「財來就我」で、美ならざるはなきものです。しかし、四柱無金で成すなく、五行無火で行ることなく、さらに亥時癸水通根して劫を生じ、亥卯未全くして、劫刃を助起して猖狂たらしめるのみです。その歳運を調査しましても、また成地ありません。ゆえに祖業消磨し、尅妻無子。

このように見てきますと、命の重要性は運にあるものですから、運を忽《おろそ》かにすべきでないことがよく解るはずです。諺に、「人有凌雲志。無運不能自達也。」とも言われております。

徐氏補註

五行は天に在って氣をなすもので、聚って形を成すものです。人は五氣を受けて生まれるものです。五氣混合するものは、普通格局として八格となるもので、五氣專一なるものは、潤下、炎上、従革、曲直、稼穡の五格を成すものです。既に、形象を成すなら、形象を主と成すものです。一、二干支あって乖悖するなら、これは、破象の神となるものです。

あるいは、従し、あるいは化するなら、あるいは敵寡とするなら、これらも含めて全局の形象を成しているのですから、当然氣勢に順ずべく、逆し害するは宜しくないのです。

考玄解註

この原文は、『滴天髓闡微』でも『滴天髓徴義』でも、「形象格局」として一括され、格局の前論として、「形象」として、「兩氣合而成象。象不可破也。」に続く文とされております。本来なれば、確かにそのようにまとめて続けていくべきなのですが、陳素庵氏も任鐵樵氏も「兩氣合而成象。」を相生に五、相尅に五あるとした「兩神成象格」として註しておりますので、「格局論」として、格局に続けざるを得なかったのです。しかも、この「兩氣合而成象。」をも含め、これから述べる「形象」を格局の前に持ってきますと、ちょっと難解な「形」とか「象」とかを理解するのに混乱を招く恐れがありますので、「一行得気格」を論じている「獨象喜行化地」と「兩氣合而成象。」を格局として述べ、その他を「構造論」として後に回す構成といたしました。いかなる構造も、いかなる四柱八字も必ず帰するところは、格局の選定にあるもので、この選定を誤ると、用神の取用、喜神、忌神の分別を誤ることにもなるのですから、「構造論」もこの格局の選定、用喜忌の取用分別に誤りを生じさせないための補助的視点であって、基礎理論と矛盾することのない理なのです。

さて、ここで言われている「成象」とは、四柱八字の組織構造のことであります。目にも見えず、触れることもできない、ある個の〝生命エネルギー〟のことであり、その〝生命エネルギー〟の中で自変作用を生じる、旺相死囚休の大運の過程が客観的時間によって事象されることが、「害」となるものは宜しくないものである、と言っているのです。すべての理は生尅制化にあるもので、冲尅合局方というものも、またその解法ということも、すべて生尅制化の結果なのです。

これらの理を、譬えとして、庚金劈甲して棟梁の材とするとか、癸水が滋木培木するとか、丙火太陽照暖とか、甲木疏土開墾とか、水多木漂とか、火多木焚とか、金多木散とか、土多木折とか、と言われているに過ぎないのです。

原局にあっては、喜となる可能性、忌となる可能性が原局での喜忌であり、大運であり、それが具象化されていくのが客観的時間の流年なのです。

〔325〕

壬 戌　**大運**　丙辰
壬 子　癸丑　丁巳
甲 子　甲寅　戊午
戊 辰　乙卯　己未

甲日子月水旺に生まれる「偏印格」か「印綬格」です。調候急を要するのに、一点も丙火の照暖なく、天干二壬透出し、日時支子辰水局半会を成します。水太過の「病」に対して、戊土制水の「薬」が必要となりますが、甲戊並んで甲木から制されているため、戊土は「薬」の作用なく、年支の戌土は、天干二壬、地支子に囲まれて、水多土流、日干無根で納水の力なく、水多木漂の凶命となります。用神取るものなく、喜神木のみ、忌神火土金水となる、先天的障害ある命となります。

翌年は癸亥にて、死亡しても不思議ではありませんし、第一運癸丑、必死となるものです。

任氏解命、左右・上下と『滴天髓』で言われていることも全く忘れ、尅の意も全く無視、天道さえも忘れております。さらに干の特性さえも全く無視しております。

〔398〕

戊　寅　　大運

乙　卯　　丙辰　　庚申

甲　辰　　丁巳　　辛酉

辛　未　　戊午

甲日卯月に生まれ、寅卯辰東方全くするものの、一点辛金の正官あるため、「仮の曲直格」となるもので、用神甲、喜神水木火土、忌神金とするものです。

第一運丙辰、第二運丁巳、それぞれ丙辛合去、丁辛尅去して、「真の曲直格」となり、大喜の傾向性の運。

第五運庚申、第六運辛酉の金旺の官殺運は、「建禄格」か「陽刃格」へと変化し、喜神土金、忌神水木火となりますが、辛酉運は「衰神冲旺旺神發」の大忌、必死となるものです。

〔399〕

癸　未　　大運

乙　卯　　甲寅　　辛亥

甲　戌　　癸丑　　庚戌

乙　亥　　壬子　　己酉

甲日卯月木旺に生まれ、亥卯未木局全の情はありますが、卯戌合にて解けて、全支個有の支となります。「建禄格」か「陽刃格」となり、用神は〝旺じるもの洩らすがよろし〟の丙と取りたくもなく、やむなく丁、喜神火土金、忌神水木とするものです。

大運第一運から第四運まで、一路忌神運を巡り、第五運、第六運の喜運を巡りますが、遅きに過ぎる命運です。

全象喜行財地。而財神要旺。〔輯要・闡微・徴義・補註〕

《全象は財地に行くを喜び、財神は旺じるを要す。》

原　注

三者を全となすもので、傷官あってまた財あり、日干旺ずるは、財旺なるを喜び、官殺の地に行かなければまさに可とするものです。

任氏増注

三者を全となす、と言っているのは、ただ傷官と財のみを論じているものではありません。傷官生財、もとより全とはします。しかし、その外に、官印相生、財官並見も全となすものであります。傷官生財、日主旺相なれば、もとより財運は宜しいものです。しかし、もし四柱に比劫を多見し、財星が劫されるなら、官運が必ず佳となるものですし、傷官運はさらに美となるものです。須らく、局中の意向、是となすか否かを観察すべきであります。日主旺じ、傷官軽く、印綬があるは、財を喜び、官を喜びません。日主旺じ、財神軽く、比劫あるは、官を喜び、財を喜びません。また財官並見するといっても、日主旺相であれば、財を喜び、官を喜びません。

また、官印相生、日主休囚、印綬を喜び、比劫を喜びません。おおよそ論命するには、一を執るべきではなく、須らく全局の意向をよく察して、日主の喜忌を正しく取らえるべきなのです。

〔400〕
戊　申　　大運
丙　辰　　丁巳　辛酉
丁　卯　　戊午　壬戌
甲　辰　　己未

丁卯日元、季春に生まれ、傷官生財、木盛土虚を嫌います。学問学術に就くには難があります。土の傷官は化劫します。丙火は争財の意を無からしむるの意で、庚申、辛酉運、受け継いだ先人の事業は微でしたが、この人の代になって自ら開拓・発展向上せしめて、規模大変大きくなり、十余万の財を発したのであります。

〔401〕
己　巳　　大運
辛　未　　庚午　丁卯
丙　午　　己巳　丙寅
丁　酉　　戊辰　乙丑
　　　　　　　　甲子

この造、火長夏天、南方を成し旺の極で、火土傷官生財。格の嫌うところ丁火羊刃透干、局中全く湿氣なく、劫刃肆逞。祖業なく、父母は早く亡くなり、幼時から孤苦に遭い、飢えや寒さに耐え、大運に旬前、運は東南木火の地を巡り、妻財子祿一も成ることなく、丑運に至りまして、北方の湿土、晦火生金、暗会金局、チャンスを得て、立業発財。七旬に至って妾を得て、二子を続けてもうけ、甲子運、癸亥運の水地、獲利数万、寿は九旬に至りました。諺に、その「運あれば、必ずその福を受く、限界を量ることができ得ようか」、と。

徐氏補註

「三者を全となす」とは、食傷があって、また財星、官星があることです。もちろん、食傷と官星が相礙《そうがい》してはならず、必ず財旺の地に行くべきであります。すなわち、食傷を化し生官するので、「喜行財地」と言っているのです。また、財官印を具備するも、全象とするものです。日主旺ずれば、財地に行くを喜びます。財旺ずれば自ずと生官し、官あれば引化し、財は破印しません。財旺ずるを恐れないのです。また、考えますに、三者全、全象と名付けるのは、官と傷あって無財、あるいは財と印あって無官、通関を用とする、ということと考え方は同じではないでしょうか。

考玄解註

『滴天髓輯要』では、陳素庵氏は、原注、任氏増注とは全く違い、「三合者爲全、主旺喜行財旺之地」として、三者を三合としており、任氏は陳氏の影響を受けること多大ではありましたが、この点に関しては、三者を三合と取らずして、註に見たように解しており、原注を敷衍したものと言えます。その理由の第一は、少し後に、『滴天髓』では、方局を論じている文があることと、独象と全象は完全な対比の文となっているし、次に続く文が、形全、形欠を論じていて、独象から全象と続き、「形」を論じているという二点から、陳氏の三合の説を採らなかったと理解できるのです。問題は、「独象」に対する、「全象」です。全き象、とは、ある人の言うように、単純に内格一般を言っていないことは明白です。それは、「方局論」の後に続いて、「格局論」として内格（普通格局）を論じているからです。すなわち、財地に行くを喜ぶのが全象である。化地に行くを喜ぶのが独象である、という点から逆に考えて見ると、徐々にはっきりしてくるのです。日干が弱くて財を喜ぶのは、

「従財格」「従勢格」しかありません。独象は日干一気を言い、全象は日干一気をなさずして、財を喜ぶのは日干が第一に強く、原注では、三者全きと言っている、その一つが日干であることを言っているのです。原注では、食傷生財のみをもって、三者としているのは、任氏は、官印相生および財官並見と分けて、日主旺相と日主休囚について論じているのです。さらに、徐氏は、それに加えて、財官印具備も、また全象をなす、と言っております。

ですから、ここは、

〝大運が財地を喜ぶような原局は、全象と言えるものであり、しかもその原局が食傷生財されているのが望ましい。〟

と解するのが真義となるのです。「旺」ということを、「強」と考えますと誤りとなります。契機は食傷にあるのです。官殺を喜とするか否かは論じられていないのですが、日干が強く印も強く、命中で食傷が官殺を剋傷することなく、食傷が生財し、少し官殺あるなら、大運財旺運を巡るなら、原局の食傷がさらに生財する喜となり、その財が印を制するとともに、官殺を生じ、「始終」の間に、喜が強化され、原局の忌となる印・比劫さえも喜の作用となるのが「喜行財地」なのです。

つまり、「五氣聚而成形」の原局構造が、「形不可害也」と、害するのではなく、喜となる、財運を喜ぶような、原局構造が全象である、とその意が一貫しているのであって、〈三者〉とか、〈二者〉とかの問題ではないのです。

〔400〕

戊	申	大運
丙	辰	3才丁巳　33才庚申
丁	卯	13才戊午　43才辛酉
甲	辰	23才己未　53才壬戌

一七二八年四月二十五日辰刻がこの四柱で、これですと土旺生となり、立運約3才4ケ月です。一七八八年四月十日辰刻もこの四柱で、これですと木旺生となり、立運約8才4ケ月となります。

任氏が〈季春に生まれ〉と言っていることを信用しますと、土旺生ということになりますので、丁日辰月透戊する「傷官格」となります。嫡母の甲が透出して、日干に近貼し、また月干の丙火の幇身有力ですが、日干無根、日支卯で、不強不弱のやや弱。これ以上の印は必要としませんので、用神丙、一応喜神木火、忌神土金、閑神水となるものですが、丁火の特性を忘れるべきではありません。

第一運丁巳、火旺運で巳申合去、火旺の丁火幇身の喜の傾向性であり、巳申解合しても喜の傾向性。

第二運戊午、戊甲尅去しても火旺運にて、原局に卯木あって、喜大の傾向性。

第三運己未、未卯木局半会、己甲合は火旺運の前四年合去し、土旺運は化土しても喜の傾向性。

第四運庚申、丙火制金するとともに、庚金劈甲引丁、丁火煆庚の美。

第五運辛酉、金旺運ですが、喜の傾向性。

つまり、日干それほど強とはならないものの、干の特性、原局の構造よりして、「喜行財地」となるのです。湿土辰の傷官が生財しているのです。

〔401〕

己　巳	大運	
辛　未	庚午	丙寅
丙　午	己巳	乙丑
丁　酉	戊辰	甲子

丁卯

丙日未月生、火旺生であれば「炎上格」、土旺生であれば「傷官格」となります。いずれも調候壬水がなく、火炎土焦、年干己土は燥不能生金、巳午未南方全くして、辛丙干合倍力の辛金も、金熔の財であり、財利なく、「炎上格」は、一応喜神運ではあるものの、財利伴いません。「傷官格」であっても、大運忌神運、全く財利伴わず、第四運丁卯、第五運丙寅に必死となります。

形全者宜損其有餘。形缺者宜補其不足。〔輯要・闡微・徴義・補註〕

《形の全ったきものは、その有餘するものを損ずるが宜しく、形の缺《か》くるものは、その足らざるものを補うが宜し。》

原　注

甲木が寅卯辰月に生まれ、丙火が巳午未月に生まれるは、皆「形全」なるものであり、戊土が寅卯辰月に生まれ、庚金が巳午未月に生まれるは皆「形缺」なるものです。他も同様類推して然るべきであります。

任氏増注

「形全宜損」「形缺宜補」の説は、旺ずれば洩らし、傷すが宜しく、衰なれば、幇助を喜ぶの謂いであります。命書万巻、すべてこの二句の外にはありません。大変明々白々たるもので、故人これを知り、これを深奥まで究め、常理と変法をも究めたなら、その中に実に至理あることに到達するものであります。ところが、庸俗の命家、旺用洩傷、衰用幇助を知らずして、吉凶は顚倒《てんとう》し、宜忌さえも混乱しているのが実情です。須らく四柱八字は用に分かつべきことは当然でありますが、通じ変じるものは、実に、ここに言われている、「宜」の一字にあるのみである、と、私は申し上げたいのであります。

洩が宜しい、というは、洩が誠に神妙な作用をもたらすことです。傷すが宜しい、というは、傷がまことに有効な作用をもたらすからであります。洩は食傷で、傷は官殺です。皆、日干旺を是とします。あるいは洩らすのは害があるが、傷のほうが有利である場合があり、あるいは反対に洩は有利ではあるが、傷が害がある場合がありまして、洩と傷のいずれかが宜しく、いかに用とするか分別することが大切です。

幇が宜し、と言うのは、幇が切実に求められていることです。助が宜しとは、助けることが佳良であるがゆえであります。幇とは比劫であり、助とは印綬であります。均しく日干衰えている場合です。あるいは幇が凶で、助が吉である場合、あるいは助が凶で、幇が吉の場合がありますから、幇助、いずれが宜しきかを分別して用とすべきであります。例えば、日主旺相、柱中財官無氣で、洩は官星を損じますが、官殺は比劫の有余するものを去らしめて、官星の不足を補うことができますから、官殺が有利で、食傷は害があるものとなります。

日主旺相、柱中財官を見ず、満局比劫で、これを官殺で制剋するは、強過ぎるものを激怒せしめて有害ですから、食神をもって洩らしその氣勢に逆らわず順ずるほうが宜しいのです。このようなのを、「傷之有害。而洩之有利也。」と言われるのであります。日主衰弱、柱中財星重々、印綬日干を助けんとしても、反って財により破壊されますが、幇なればその財の有余なるものを去らしめ、日主の不足を補いますので、幇を吉とし、助を凶とするものです。

日主衰弱、柱中官殺交加、満盤殺勢、幇は反剋無情、助によって官殺の強暴を引化せしめるに若くはないのです。幇を凶とし、助を吉とする所以であります。以上申し上げたところのものは、前人未発の説をもって補ったものであります。木が寅・卯・辰月に生まれ、火が巳・午・未月に生まれるを、「形全」と言っているのは、偏った論です。また木が寅・卯・辰月に生まれ、干に庚辛が露れ、支にも申・酉がありましたなら、「形全」をなすから、損ずるが宜しいとは必ずしも言い切れません。火が巳・午・未月に生まれ、干に壬癸が露れ、支にも亥・子あれば、「形全」ゆえ損ずるが宜しいとは必ずしも言えません。土が寅・卯・辰月に生まれ、「形缺」として、干に丙丁が露れ、支に巳・午があるのに、「形缺」としてこれを補う必要がどこにありましょうか。金が巳・午・未月に生まれ、干に戊己、支に申・酉があるのに、「形缺」としてこれを補う必要がどこにありましょうか。このことは、旺中変弱、弱中変旺の理であって、一を採るべきではありません。損ずるのはよいように見えて、損じるは反って有害、一見補うのがよいように見えて、補って反って無功となる場合がありますゆえ、須らく詳察すべきであります。

〔402〕

	大運	
丁丑	己酉	丙午
庚戌	戊申	乙巳
庚子	丁未	甲辰
甲申		

本造は、秋金鋭々、そして官星虚脱し、制することできず、財星臨絶、生官する暇もありません。初運土金、晦火生金し、形傷破耗、少しも良きところなく、丁未、丙午運、官星を助起して、家業盛大となり、乙巳運、晩景優游、官殺の功あるところであります。

〔403〕

	大運	
戊申	癸亥	丙寅
壬戌	甲子	丁卯
庚申	乙丑	
乙酉		

この造、乙従庚化、官星を見ず、西方を成し、また祿に坐す。権は一人にあり、その強勢に従うのです。壬がありましても、戊土緊尅して、その粛殺の氣を引通できません。初交癸亥、甲子運、その氣勢に順じ、財は意の如く、一たび丙寅運に交わるや、その旺神に触れ、一敗地に塗みれ、衣食にも事欠き、首吊り自殺をしました。所謂、洩の有益、官殺の有害の例です。

〔404〕

	大運	
庚申	壬午	乙酉
辛巳	癸未	丙戌
丙辰	甲申	丁亥
乙未		

これは、俗論をもってしますと、丙火巳月の生まれ、建祿必要にて用財、庚辛重々とあって根深く、独り印綬が尅傷され、その弱を知るべきです。甲申、乙酉運に巡り、金得地、木無根、破耗異常。丙戌、丁運、家名を重振しました。これ、財多身弱、所謂、幇の有効なる例

です。

〔405〕

壬子　**大運**
癸丑　甲寅　丁巳
丙午　乙卯　戊午
壬辰　丙辰　己未

これは満局官星、日主孤独、食傷並見するといえども、丑・辰皆湿土、蓄水して止水できません。初交甲寅、乙卯、化殺生身、早く学問の道に入り、財業も有余。後丙辰運に交わるや、ただ幇身できざるのみか、反って官殺の回尅を受け、刑妻尅子、家業耗散、申年暗拱殺局して、死亡。所謂、助の吉にして、幇の反って害となる例です。

徐氏補註

任氏増注に、補に助ける場合が宜しいのと、これを生ずる場合が宜しいのと、異なるものがあり、損に尅する場合が宜しいのと、洩らす場合が宜しいのとの別があるとして、その論ずるところ極めて精しく、開拓しております。この篇は、「形全」「形缺」を「形象論」の一つの結びとしているのです。単純に、強きものは抑えるが宜しく、弱きものは助けるが宜しいといった、泛論とは全く違う点について注意すべきです。「形全」は氣勢太旺、これを食傷を用として、その氣を洩らすのが宜しい場合も損ぜしめて美となすものです。「形缺」とは、我を尅するところの局で、印を用として官殺の有り余るものを洩らして、日元の不足を補って美とするものであります。さらに、四柱が形象を成しているのに、一、二乖悖の神があって、原局の欠点となっている場合、行運でその病神を去らして、その不足を補って、もって成格の全きを得るのもまた、補の美となすところです。

〔406〕

丁　酉	**大運**		
戊　申	4才己酉	34才壬子	
辛　丑	14才庚戌	44才癸丑	
己　丑	24才辛亥	54才甲寅	
		64才乙卯	

これは女命で、「従革格」です。年に丁火が透り、従革の形象の欠点となっています。ゆえに、仮従です。運行辛亥、壬子、癸丑、丁火を剋去して、その不足を補い、夫を幇け家を興し、一品に封ぜられました。寅運の初め、申金回冲ありまして、安富専栄。庚子年、申子会局して、解冲し、寅宮火の長生となって剋夫、家境は一落千丈。乙卯運、酉の回冲ありまして、老境彌健。丙運に至って逝去しました。

〔407〕

戊　戌	**大運**	
己　未	2才庚申	32才癸亥
戊　戌	12才辛酉	
丙　辰	22才壬戌	

これは「稼穡格」です。干透戊己、支全四土、格局甚だ真なるも、惜しむらくは丙火が透って、火土炎燥となっている点で、生育の意がありません。所謂、晦火無光、稼穡においてよしとするもので、「濁独象喜行化地」、食傷運に行きて、その氣を引化すべきものです。庚申、辛酉運、最佳とし、壬戌運、水無根、土旺の地、優遊自楽。亥運、乙亥年逝去、無子一女。これは火土太燥のゆえで、四柱無金のゆえでもあります。成象・成格の造は、一生福沢自佳。本造は私の親戚の者の命造です。

考玄解註

前の「全象」の全と、ここで言っている「形全」の全は同様に全ですので、前の「全象」と大きな矛盾があってはならないし、「全」と「缺」が対照語となっていることからして、日干が強となって、その強となるものが印であるなら、その強過ぎる印を制するのがよいし、比劫が強過ぎるなら、原則として官殺の陽干をもって、制するのがよい。しかし、四柱構造によっては、食傷を用神として、弱い財を強め、強められた財が生官殺することによって、「中和」されるのがよい場合もある。

「形缺」の日干が弱となるようであれば、食傷が強過ぎるなら、制食傷して日干を強化する印で補う、財が強過ぎるなら、比劫の陽干をもって制財するとともに幇身することで補う、官が強過ぎるなら、化殺生身する印の助けをもって補うのが原則としてよい。

と言っているのです。さらに、「形缺」の中には、特別格局の「仮」となる「形缺」なるものもあるから、その「仮」を去らし、あるいは全く無力化して、「真」とさせるのもここで言われている「補」に当たるものです。

しかし、これらのことは、あくまで生尅制化の「中和」の原則論であって、最終的には、格局の選定よりして、「道有體用」の命中の緊要なる一神である用神が取用できるか否かにあるのです。

ですから、原注で言われている〈甲木が寅卯辰月に生まれ〉、つまり辰月土旺でなく木旺で、月令を得ることのみをもって、「形全」とするのは誤りです。

また、任氏増注の〈命書百巻、すべてこの二句の外にはありません。〉とまで言っていることは、必ずしも誤りではありませんが、日干が強となっている場合、食傷と官殺のみしか用とならないように言っているのも、また、日干が強となっているのに、洩らすのは害がある、と言っていることは正しくありません。単純な原則論から言えば、「形全」とする日干強であるなら、食傷・財・官殺、皆喜とするもので、四柱構造によって、命中の緊要なる一神を用神とするのに、何を取用とするかは「道有體用」に当たることなのです。ここは何を用神とするかの論ではなく、何が有余するかの視点の論なのです。

この「形缺」となるもので、最も凶とする日干月令を得ずして、印太過太強となって、日干弱となる場合です。日干弱ですので、食傷にも財にも官殺にも耐えられませんので、制印する財を喜とすることはできず、幇身しか喜となるものはないのです。つまり、太過太強となる「母慈」で「滅子」の甚だしいことになるのです。また、任氏増注、徐氏補註共に、仮の特別格局が、「仮」となるものが有余するものである、このことが言われていないのは、挙例中で仮の特別格局の見誤りを招いていることに関連しているのです。

〔402〕

		大運	
丁	丑		30才丙午
庚	戌	0才己酉	40才乙巳
庚	子	10才戊申	50才甲辰
甲	申	20才丁未	

一七五七年十月二十三日申刻がこの四柱で、土旺にて立運約5才です。一八一七年十月九日申刻もこの四柱となり、これですと金旺で立運約4ケ月となります。金旺と土旺では相当違ってきます。季秋と言っておらず、〈秋金鋭々〉と言っておりますので、金旺として解命しますと、「陽刃格」となります。調

候丙火必要であるのに丙火なく、子申水局半会しても、月干庚の幇あり、戊土湿となって生庚もしますので、日干強となります。用神丙と取りたくもなく、やむなくの用神甲と取らざるを得ません。壬癸の水を用神と取れないのは、丁と合去・尅去して、喜の用を果たせず、反って原局を悪化させてしまうからです。喜神は一応水木火とはするものの、調候がない限り、喜の用を発し得ない、池塘氷結、金寒水冷の憂いあるものです。忌神土金となります。

ここで有余となるのは、月令を得て生庚されている庚ですから、この有余する庚を制さなければならない調候丙は両用となるのです。

第四運丙午の調候の喜用運に至るまでは一路忌神運を巡り、忌の累積・後遺が良化するのに時の経過が必要ですが、三十代ですので、発展し得ます。

第五運乙巳、調候の喜用運。

第六運甲辰、調候なく、喜忌交集する運。

〔403〕

		大運	
戊	**申**		37才丙寅
壬	**戌**	7才癸亥	47才丁卯
庚	**申**	17才甲子	
乙	**酉**	27才乙丑	

一六六八年十月二十九日酉刻がこの四柱で、土旺にて立運約3才。一七二八年十月十五日酉刻もこの四柱ですが、金旺にて立運約7才となります。金旺と土旺では格局が違ってきます。これでは大変困るのは、土旺でも、任氏は〈独象〉としている

例が大変多いからです。戊壬尅去の土旺生では「偏印格」で、用神取るものなしの凶命であり、金旺では「従革格」となりますが、同様に調候がありません。

支は全支西方全以上、庚乙化金し、用神従神をもってする庚、喜神土金水木、忌神火となりますが、調候がない限り、喜の作用ほとんどないものです。これは独象の一行得気格の「従革格」となるもので、有余するものはありません。

第四運丙寅、「従革格」の破格、大忌の大忌。

これを〈官殺の有害の例です〉と言っておりますが、普通格局と特別格局の違いをも無視してしまっているのです。

〔404〕

		大運	
庚	申		乙酉
辛	巳	壬午	丙戌
丙	辰	癸未	丁亥
乙	未	甲申	

丙日巳月火旺に生まれる「建禄格」です。申巳合去し、辰未接近。辛丙干合不化にて辛金倍力。調候申を失って、年のほうへ接近した湿土の辰は、死令の金を生金しますが、日干月令を得ている猛烈なる丙火、乙木の生火あるので、日干強となります。用神は、火金を通関し生金する己土、喜神土金、忌神一応木火とはするものの、申巳合去している限り、それほどの忌とはなりません。閑神水となります。これも有余するものある命ではなく、「形缺」となるものでもありません。

任氏がこれを〈財多身弱〉としているのは大誤です。申巳合去もせず、左右を理解したなどと言っていますが、日干の丙火は、倍力の辛金を制し、貫通して年干の庚をも制金する。湿土の辰に洩身するも、辰中乙、未中乙、時干の乙が生火し、身弱となる理は全くない構造なのです。

つまり、「衰旺之眞機」を全く理解していないし、十干の特性さえ忘れてもいることからの大誤です。燥湿という点から丙乙の関係を見ますと、丙乙並んでいることで、乙は陰湿ではなくなって、生丙に有力な印となっていることを知るべきなのです。

〈財多身弱〉としての事象は全く虚偽となります。

〔405〕

壬子	**大運**	丁巳	一六七三年一月二十二日辰刻がこの四柱で、土旺にて立運約4才。
癸丑	甲寅	戊午	一七三三年一月八日辰刻もこの四柱で、水旺にて立運約9才となります。土旺と水旺では随分違ってきます。
丙午	乙卯	己未	
壬辰	丙辰		

子丑合去、午辰接近。日支午に坐するも、時干壬水攻身し、辰が晦火晦光し、癸水丙困、子丑合去しても、辰が接近して、冲天奔地の水勢、用神化殺の甲と取りたくも、無甲、辰中乙では化殺の功なく、用神取るものなしの命で、喜神一応木火、忌神土金水となるものです。

しかし、一路喜用の運を巡って、運が「形缺者宜補其不足」となっているのです。

〔406〕

丁　酉　大運　34才壬子
戊　申　　4才己酉　44才癸丑
辛　丑　14才庚戌　54才甲寅
己　丑　24才辛亥　64才乙卯

辛日申月金旺に生まれ、支は酉申丑丑、天干戊己土の印が透って、調候丙火なく、年干に官殺の丁が透っておりますので、「仮の従旺格」となるものです。用神庚、喜神土金水木、忌神なく、閑神火となりますが、調候がない限り、喜が喜の用をなさず、北方水旺運、金寒水冷、池塘氷結となります。

日干月令を得て、金局も西方も全くしてはおりませんので、「従革格」とはなりません。真従となるのは第三運辛亥のみで、第四運壬子、第五運癸丑、戊己土透っているので、制丁火とはなりませんし、仮に真従となっても、それほどの喜の作用はないものです。〈夫を幇け家を興し〉とありますが、夫の命よくして、夫がこの運歳に出世していった、と言うべきでしょう。また、〈尅夫〉という用語は使うべきではありません。

〔407〕

戊　戌　大運　32才癸亥
己　未　　2才庚申
戊　戌　12才辛酉
丙　辰　22才壬戌

戊日未月土旺に生まれ、四支土性支で、官殺である甲木ありませんので、「真の稼穡格」とするものです。土を湿とさせる壬水なく、辰の一点の湿土を除いて、他はすべて燥土となります。用神は一応戊、喜神火土金水、閑神木となるものです。

兩意情通中有媒。雖然遥立意尋追。有情却被人離間。怨起恩中死不灰。〔闡微・徴義〕

《兩意の情通ずるに中に媒ちあれば、遥かに立つといえども意は尋ね追うものなり。有情なるも人の離間をかえって被るは、怨みは恩中に起こりて死して灰とならず。》

兩意情通中有媒。雖然遥立意尋追。有情卻被人離間。怨起中間死若灰。〔輯要〕

兩意情通中有媒。雖然遥立意追陪。有情卻被人離間。怨起恩中死不灰。〔補註〕

原　注

喜神・合神は相通ずるもので、生化引用するのは媒ちのあることと同じであります。これが遠く隔たって分かれてあったとしましても、その情は求めあって和好するもので、恩あって怨みはないものと言えるのです。しかし、喜神・合神には情があるとしましても、忌神がこの間にあって邪魔するなら、求めて情通じ合うにもできず、一生の怨みとなるものです。憎の神は遠くにあるがよく、愛する神は近くにあるほどよろしいものです。

また、ばったりと出逢うものがあり、それは楽しいものであるに越したことはありません。私情が大運・流年中で偸合《とうごう》する〔迎合する〕ものがあるは、これを去りて、また奇とするに足るものです。

任氏増注

「恩怨《おんえん》」とは、喜忌のことであります。日主の喜神が遠く、合神を得て化してこれを近付くのは、所謂、両意情通、中に媒ちある如し、ということになるのです。喜神が遠隔で、旁神が引通して相和好するを得るのは、恩あって怨みないものであります。

ただ、閑神・忌神があって喜神がないとか、閑神・忌神が喜神を合化するとかするのは、所謂、「邂逅相逢」であります。喜神遠隔、日主と有情とは言いましても、閑神・忌神がこの間を隔絶するのは、日主と喜神が互いに顧みることができないのです。しかし、閑神・忌神が合会して、化して喜神となるのは、「私情牽合」と言うのです。

さらに、日主と喜神が近貼して有情となるものがあります。合化に遇うは忌神が忌神を合助するのは、人が間を隔てて喜を忌とせしめるものです。日主が時柱の天干丙火を喜とするのに、月干に透る壬水を忌とする年干丁火が壬と合して化木し、特にその忌神を去らしめなくとも、喜神の丙を反って生助する。または、日主年干の庚金を喜とするは、有情で遠く隔たってはいるのですが、月干に乙があって庚と合化して庚を近付けるのは、閑神が喜神に化するものです。「中有媒」であります。日主火を喜ぶに、局内無火、反って癸水の忌あり、戊土を得て、戊癸が化して喜神火となるのは、「邂逅相逢」であります。日主金を喜とするに、年支にただ酉があるだけで日主と遠く隔たっている、日主が巳に座し、忌神が近貼する丑を得て会局をするのは、化金して、「私情牽合」と言います。

他は類推してください。

〔408〕

丁	**酉**	**大運**	
甲	**辰**	癸卯	庚子
戊	**戌**	壬寅	己亥
戊	**午**	辛丑	戊戌

これは、重々の厚い土、甲木退氣して疏土することできず、土の情は酉金の発洩菁華にあります。金が火に逢うは、その意日主の生を欲するもの、遠隔とはいえ、「兩意情通」、辰酉合してこれを近付けるを喜ぶ、「中有媒」であります。

初運癸卯、壬寅運、喜神を離間して、出世にまごまごし、困苦刑傷、辛丑運、晦火会金し、連登科甲、庚子、己亥、戊戌運、西北土金の地にて、尚書となりました。

〔409〕

丁	**酉**	**大運**	
乙	**巳**	甲辰	辛丑
丁	**丑**	癸卯	庚子
丙	**午**	壬寅	己亥

丁火巳月午時の生、比劫並旺、また木助に逢い、その勢い猛烈です。年支酉金日主の喜ぶところですが遠隔で、また丁火が酉を蓋っています。

巳火これを劫し、無情に似ていますが、最も喜とするのは、丑に座していますので、烈火が湿土に逢い、生育慈愛の心を成して、巳酉金局、これを帰するに庫内、その情相和好するに似ています。財が我に就くのみではなく、また洩火旺秀となるものですから、発甲し、藩臬となり、名利双全となりました。

〔410〕

癸酉	大運	甲寅	丙火午月午時に生まれ、旺や知るべく、一点癸水、本來は相濁とならないのですが、戊と合して、火の烈を助けることとなっています。年支酉、本來は辰と合して有情となるものですが、午が間を隔てて、合せんとしても合とならず、所謂、「怨起恩中」です。しかも運走東南火木の地、まさに一生刑傷破耗あって、財の喜びごとなく、三妻七子
戊午	丁巳	癸丑	
丙辰	丙辰	壬子	
甲午	乙卯		

を尅し、火炎に遭うこと四回、寅運に死亡しました。

徐氏補註

「恩怨」は喜忌です。日主の需要とするところの神で、配合缺かすことのできないものが喜神であります。喜神遠く離れて、間を隔てている神が、媒の如くなって、喜神を日主に近づけるのは、有情となすもので、富貴をなすものです。隔てているものが忌神で、喜神を合化去らしめたり、冲尅して喜神を去らしめたりするのは、「被人離間」であります。合によって喜神が忌神に化するのは、「怨起恩中」であります。すなわち、不化を忌とするは、その阻隔あって、「神枯氣索」となります。このような現象は、八字に極めて多く見られるもので、任氏増注に詳細に言われます。

〔411〕
癸　酉　大運　18才乙卯　48才壬子
丁　巳　28才甲寅
壬　午　38才癸丑
丙　午

本造は淞滬軍使、何豐林の命造です。壬水四月に生まれ、水は絶地に臨み、恃むところは癸酉の劫印が遥立有情であることです。中間に丁巳あって隔てるは媒妁の如くであります。妙なるは、巳酉金局し、引いて近づけていることで、一種の精神あるものとします。巳酉金局半会は、癸水を生起し、制財護印。財旺にして印劫を用とする格局の「成」なるものです。癸丑、壬の運に至り、護軍使となり、子運丙午を冲して、衰神冲旺、失敗下野しました。

〔412〕
丙　子　大運　11才癸卯　41才丙午
辛　丑　21才甲辰
乙　巳　31才乙巳
乙　酉

乙木十二月の生、寒木向陽、必ず丙火を用とします。丙辛相合、巳酉丑金局して、恩星ことごとく合去して、「怨起恩中」で、印をもって化殺するものです。終身教読、乙巳、丙午運もまたなすことなく、恨みを抱くこと窮まりなく、午運子を冲し、庚申年、比肩を合去して、死亡しました。

考玄解註

原注、徐氏補註はほとんど変わりません。恩を喜神とし、忌神が怨である点同じです。要するに、位置によって、喜忌自体の作用は変わらないとしても、日主から遠く離れている場合、中を隔てるものの作用によって、種々なる変化が生ずることを言っているのですから、隔たっている、ということは年柱干支以外にはないということになるのです。結果的にはそういうことになるのですが、「兩意」とは、日干と喜神のことであります。「情通中有媒」ですから喜神のことになるのです。

これは前の「基礎理論」のところの、上下・左右での理をさらに発展させた考え方です。つまり、年月柱の上下・左右、月日柱の上下・左右、日時柱の上下・左右ということから、四柱八字の全構造から見た、生尅制化の有り様の中の、日干と年柱の喜神の関係を主として論じているのです。日干にとって原則として、年柱は無情な位置関係にあるものです。その無情である年柱が、月柱の干支の有り様によって、日干にとって有情となることがあるのです。

A、四柱八字の構造に、冲去、合去、合化、方、局がない場合。

1、月支の蔵干に印があり、年支蔵干に印がある場合、印は強化されて、日干に対して有情性が強くなる。しかし日支にあるほどの密接な情はない。例えば、(a)は甲日申月に生まれて、殺印相生であるが、年支亥中壬水は申中壬水を強化して、日干に間接的に有情となる。

(b)は、丙日寅月木旺に生まれ、寅中甲生丙となり、年支巳中丙は、寅中甲から生丙もされて、寅中の丙を強化して、間接的に日干に有情となる。

(a)

〇	〇	〇	〇
〇	甲	申	亥

(b)

〇	〇	〇	〇
〇	丙	寅	巳

2、年干が印で、月支の蓄水する印を強化して、日干に間接的に有情となる。

(a)
癸○
庚申
甲○
○○

(b)
丙○
庚寅
丙○
○○

(a)は、月干庚が「離間」で、年干癸水が甲にとって無情な印であるが、月支申が「媒」となって、申中壬水を強化して、間接的に有情となる。

(b)は、月干庚が「離間」となって、年干丙は日干に無情であるが、月支寅があることによって、寅が「媒」となり、さらに年干丙は庚金を制金し、日干がそれほど庚金を制するのに力の消費は必要としない。

3、次のような場合は、日干にとって年干は無情である。

(a)
甲○
庚午
甲○
○○

(b)
壬○
己酉
甲○
○○

4、次のような場合、年支は日干にとって無情である。

(a)

○	甲	戊	辛
○	○	戌	亥

(b)

○	丙	壬	甲
○	○	申	午

5、次のような場合、年干支は日干に無情であるが、月干支は日干に有情で、日干が強化され幇身となる。

(a)

○	甲	甲	癸
○	○	寅	○

(b)

○	甲	甲	○
○	○	○	子

右のような場合、月干の甲はやや「離間」の要素がある。

B、去・化による場合。

(1) 年月干が化する場合。

(2) 年月干が去となって、日時干が接近して年支と有情になる場合。
(3) 年月支が合化する場合。
(4) 日時支が冲去・合去して、年支接近して日干に有情となる場合。
(5) 年月支が冲去・合去して、年干が接近する日時支を介して、間接的に有情となる場合。
(6) 月日支が冲去・合去して、年時支が接近し、年干が時支を介して間接的に有情となる場合。

等々があります。

以上のことは、日干についてのことですが、この理は、すべての干支についても同様なことが言えるのです。

特別格局の「仮」となるものの一つに、年柱に破格となるものが一点あって、「仮」となることがあることは、既に述べたところです。間接的にでも有情となる場合には「仮」は成立しないのです。

〔408〕

丁　酉	**大運**	36才庚子
甲　辰	6才癸卯	46才己亥
戊　戌	16才壬寅	56才戊戌
戊　午	26才辛丑	

一八三七年四月二十五日午刻がこの四柱となり、立運約6才、戊日辰月土旺に生まれる「建禄格」です。酉辰合は辰戌冲により一旦解けるものの、戌午火局半会によって、酉辰合を喚起し、酉辰合去し、戌午半会は年のほうへ接近して、年干丁は、戌午火局半会を介して有情となり、日干強となり、用神やむなく甲としか取れず、喜神は一応金水木、忌神火土となります。

任氏は合去する年支の酉を、〈遠隔とはいえ、「兩意情通」〉と言っております。合去しないものとしましても、日干戊土は、年支の酉金に洩身する情は全くありません。しかも、合、冲、局と転々として、結果的に酉辰合去となったものは、なかなか原局に戻ることはないもので、冲尅合では戻らず、運歳にて申酉戌西方全くするとか、申子辰水局全くする情あるとか、巳酉丑金局全くするとかの場合にのみ原局へ戻ってくるものです。寅卯辰の東方は卯酉の冲あって、東方は全くはしないものの、酉辰解合して原局に戻り、寅も卯も辰も個有の支となるのです。単に卯酉冲とか、子辰水局半会とか等では原局に戻らないのです。

〈辰酉合してこれを近付ける〉ことはなく、事象は全く虚偽です。

〔409〕

		大運	
丁	**酉**	辛丑	
乙	**巳**	甲辰	庚子
丁	**丑**	癸卯	己亥
丙	**午**	壬寅	

丁日巳月火旺に生まれる「月劫格」です。巳酉丑金局全くし、年干丁、月干乙、時柱丙午、火旺生ですので、調候壬水の水源有情なるを必要とするのに、無壬。金局全くしても金は死令、日干強となり、用神は湿土生金する己土が欲しいところ、なく、用神やむなく庚としか取ることできず、喜神一応土金水、忌神木火となるものです。

任氏は〈巳酉金局、これを帰するに庫内〉と言って、丑が金局全とならないように言っておりますが、大誤となります。巳酉丑金局全くする、ということは、蔵干三庚三辛に変化するからこそ、金局と言われているのです。

大運中金局が解けるのは、第一運甲辰、第二運癸卯、第六運己亥です。

〔410〕

癸　酉	**大運**		
戊　午	丁巳	甲寅	
丙　辰	丙辰	癸丑	
甲　午	乙卯	壬子	

丙日午月火旺に生まれる「建禄格」か「陽刃格」です。年月干癸戊干合、火旺ゆえ化火して、戊は丙、癸は丁となって丙火は有情なる幇となり、時柱甲午。調候壬水の水源有情なるを必要とするのに無壬、日支の湿土辰が晦火晦光とはなるものの、調候不及ですし、年支の酉は、周囲火に囲まれて、金熔される。日干強となり、用神やむなく湿土の戊、喜神土金、忌神木火、閑神水となるものです。

大運は一路忌神運を巡ります。

〔411〕

癸　酉	**大運**	38才癸丑
丁　巳	8才丙辰	48才壬子
壬　午	18才乙卯	
丙　午	28才甲寅	

壬日巳月火旺に生まれ、天干は結果として、癸丁尅去し、壬丙は年柱のほうへ接近し、年支酉金は、酉巳金局半会の情ありますが、火旺ゆえに、金局半会不成、日干壬水、酉の印が有情となる「偏財格」です。日干弱となり、用神庚、喜神金水、忌神木火土となるものです。

第一運丙辰、辰酉合ではあるものの、合去とならないのは、酉巳金局半会の情があるためで、湿土の辰は晦火晦光して、生酉金する喜の傾向性ある運。

第二運乙卯、卯は火源となる大忌の運。

第三運甲寅、前運同様に大忌。

第四運癸丑、巳酉丑金局全となる喜の傾向性。

第五運壬子、喜の傾向性となります。

〔412〕

丙	子	**大運**
辛	丑	1才壬寅　41才丙午
乙	巳	11才癸卯
乙	酉	21才甲辰　31才乙巳

乙日丑月土旺に生まれ、丙辛合、辛乙尅の情不専で不去、支は結果として、子丑合去、巳酉金局半会となり、調候年干の丙、日干無根の弱となります。用神は印の癸と取りたくもなく、用神取るものなし。喜神水木、忌神は一応火土金となります。

月干の辛金は年干に丙あるため、攻身無力となり、日干は陰干弱きを恐れずで、時干の乙の幇は有情ではありますが無力です。

第一運壬寅、第二運癸卯は喜の傾向性。第三運甲辰も喜の傾向性。第四運乙巳火旺運も、それほどの忌ではなく、第五運丙午は、忌が忌の金局半会を制する一方、洩身の忌の傾向性となります。

一二閑神用去麼。不用何妨莫動他。半局閑神任閑着。要緊之場作自家。〔闡微〕
《一、二の閑神の用は去麼《きょま》たり。用ならざるもの他を動かさざれば何の妨げとならん。半局の閑神も閑着に任かせ、要緊の場は自ら家を作さしむべし。》
閒神一二未爲疵。不去何妨莫動伊。半局閒神任閒看。要緊之地立根基。〔輯要〕
一二閑神用去麼。不用何妨莫動他。半局閑神任閑着。要緊之場自作家。〔徴義・補註〕

原注

喜神となるものは必ずしも多くはありません。一喜に対して十が備わるものです。忌神も必ずしも多くはございません。一忌に対して十害です。喜忌の外には、喜も忌もなく、閑神があるのみです。天干を用となすのに、成氣成合、地支の神が虚脱して氣なく、沖合自適しているのは、天地の昇降に情がないのです。地支が用をなすに、成助成合、天干の神が浮き遊んでいるのは、日主を害しません。主、陽で陽を輔け、陰氣とどまっているは、不冲不動、不合不助です。主、陰が陰を輔け、陽氣とどまっているのは、不冲不動、不合不助です。日月有情で、年時を顧みざるは、日主に害なく、日主無氣無情で、日時ところを得て、年月を顧みぬのは、日主に害ないものです。日主冲合なく、閑神があっても、他を動じ去らしめないなら、大したことはないものです。しかし、要緊の地であるなれば、自ら家の結営して塞ぎ、運に至るまで、自家辺界を行くなれば、貴となるものです。

任氏増注

用神には必ず喜神があるものです。喜神とは格を輔け、用を助けるところの神であります。そして、喜神があれば必ず忌神があります。忌神とは、格を破り、用を損ぜしむるところの神であります。用神・喜神・忌神の外は皆閑神であります。ただ閑神は多いので、一、二とか半局とか言われるのです。閑神は體用を傷めず、喜神を害とせず、他を動ぜしめてはいけないもので、閑着にまかせておけばよろしいのです。歳運が破格損用の時に遇う、そして喜神が輔格護用ができないような場合を、緊要の場と言っているのでして、このような場合、閑神が歳運の凶神・忌神を制化し得るとか、格局を扶けるとか、あるいは、閑神が歳運の神を合化して輔格助用として喜用となるとかするのは、我がためとなる一家の人と同じであるのです。ここの文章は、末句の「要緊之場作自家」が重要なところなのです。原注はここの箇所間違っております。「雖有閑神只不去動他、要緊之地、自結営寨。至于運道、只行自家辺界。」と言っているのは、「自家」となすことができないなら、反って「賊鬼隄防」となす、ということになりまして、これは定理ではありません。例えば、用木、木有余、火をもって喜神、金を忌神、水を仇神、土を閑神となり、木不足、水をもって喜神、土をもって忌神、金を仇神、火を閑神とするものです。用神は喜神の助を得るべく、閑神の助を得るべく、用神勢いあれば、忌神を怕れないものです。木はこのようですから、他は類推して然るべきです。

〔413〕

庚　寅　　大運

戊　子　　己丑　癸巳

甲　寅　　庚寅　甲午

丙　寅　　辛卯　乙未

甲木子月に生まれ、兩陽進氣、旺印が生身し、三寅あり、松柏の体、旺にして堅です。一点の庚金隔絶、尅木することできず、反って忌神となります。寒木向陽、時干に丙火清透して、寒を解き、木の菁英を洩らしますので、用神となすものです。冬火は本来虚ですので、寅木をもって喜神とし、月干の戊土は制水もでき、生金もしますので閑神となります。水は仇神となります。丙火清純を喜び、卯運、洩水生火して、早登科甲、壬辰、癸巳運、閑神制合を得て、官途平坦、甲午、乙未運の火旺の地、尚書となりました。

〔414〕

甲　子　　大運

丁　卯　　戊辰　壬申

甲　寅　　己巳　癸酉

庚　午　　庚午

甲木仲春に生まれ、支祿刃に逢い、比肩透出し、旺の極です。時上庚金無根、忌となします。月干の丁火を用神とし、通輝の氣でありますす。ですから早くして、科甲、仕は尚書となっています。惜しむらくは、土の閑神がなく、壬申運に至り、金水は體用を並傷し、禍を免れません。

徐氏補註

喜神、用神、忌神の外は、皆閑神であります。格局配合よりして、全局の神の趨向に合わせて、その喜用を定めるものです。上等な命造は、その一字一字が相互に作用し合って、一つも無駄もないものであります。普通の命造は、一、二の緊要な喜忌用神を除いては、他は大した作用をもたらさないもの、即ち、閑神と名付けられるものであります。閑神は、我を助けもしなければ、害をなさないものですから、その重要でないところにあれば宜しいのです。要緊の場とは、行運の時を言っているのです。閑神には別に大した用途はないものですが、ただ悪い運に至って、閑神が相合したり、冲尅して、悪いものを良くせしめたり、良い運なのに閑神が相合したり、冲尅して、悪い運とすることがあるのです。

「自作家」とは、それが作用を発することを言っているのでして、敵を尅制して、喜用を助けるは、吉であり、この点は任氏増注に詳しく論じられています。

〔332〕

壬	**申**	**大運**
癸	**丑**	47才戊午
乙	**丑**	57才己未
辛	**巳**	

乙木、十二月に生まれ、氷結池塘し、寒木向陽、必ず巳宮の丙火をもって用とすべきであり、金水丑宮より透出するといえども、皆閑神でありま す。然して辛金は七殺、印がこれを化しますので置いて論じません。戊運は戊癸相合、丙火用神を助け、欣々向栄、己運に至ると財來って殺に組みしますので、大きな打撃を受けるのです。戊己両運は良し悪しに一見差がないようですが、癸辛兩閑神が干にあることにより、その作用に変化を発生せしめますので、戊己同じではないのです。これは、前の「清濁」のところで挙げた命運であります。

〔279〕

丁　未　　大運
甲　辰　　8才癸卯
己　酉　　18才壬寅
戊　辰

甲己化土、丁火を用とし、戊土は化を助ける喜神、酉は閑神であります。壬、癸運には、戊土回尅、卯運酉が回冲し、凶に逢うも吉に化し、少年にして得意、順風万帆でしたが、寅運、土の旺氣に逆らい、甲木はもとに還り、解救の神なく、一敗地にまみれたのです。これも閑神の作用が同じではない結果となるからです。

考玄解註

用神を助けるものが喜神、用神を損ぜしめるものが忌神、用神・喜神・忌神の外は閑神であるという点で、原注、任氏増注、徐氏補註は皆一致しており、他の点でも意見異なるところはございません。ただ、原注と任氏増注の異なる点は、「作自家」の解釈でありますが、徐氏補註にもあるように、ここは任氏増注を正しとすべきであります。しかし、原注も任氏増注も徐氏補註も大変曖昧な点が残されていて、誤解を招きやすい要素が含まれております。それは、

①四柱構造において、用神となるもの、喜神となるもの、忌神となるもの、いわゆる閑神となるものが、運歳において、全く同じ喜神・忌神・閑神となるか否か、という点が一点。

②さらに、用神・喜神・忌神の他は皆、閑神であると言われていますが、その分別の基準はどこにあるのか、という点が二つ目です。

この二番目の点については、用神が基準となるもので、この基準となる用神を間違えましたなら、喜神・忌神は滅茶苦茶になります。

そして用神が定まれば、普通格局の場合、

○用神が食傷、財、官殺のいずれかであるなら、原則として、喜神は食傷・財・官殺であり、忌神は原則として、印・比劫となる。

○用神が印、比劫のいずれかであるなら、喜神は印・比劫であり、忌神は食傷・財・官殺となる。

○用神を尅傷するものが、忌神であるとするのは正しくなく、喜神を尅傷するものも、また忌神とすべきです。とすると、閑神は、四柱構造中にないことになります。そういうことではなく、四柱の構造によって、上下・左右よりして、本来は、忌となるべき干や蔵干が忌の作用をほとんど失うような場合、また喜となるべきものが喜の作用をほとんど失うような場合、その干が命中にあって、閑神となるのです。このことは、日干に対しての、有情無情、有力無力に係わりはないのです。

しかし、四柱八字構造よりして、用神、喜神、忌神、閑神を分別して表示する場合、喜の作用をもたらす五行をもって、喜神とし、忌の作用をもたらすものを忌神とし、喜ともなれば、忌ともなる恐れあるもの、原則として多くは、印が日干に近貼している場合、官殺が閑神となる。

ということがあって、原局での閑神とは違ってくるのです。この喜忌閑神の五行での表示は、絶対的ではなく、干支の組み合せや大運干支により、変化する場合もあるのです。

これを任氏挙例をもって、明確にもしていくことにします。

〔413〕

庚　寅	**大運**	壬辰
戊　子	己丑	癸巳
甲　寅	庚寅	甲午
丙　寅	辛卯	乙未

喜		喜	喜	忌
庚	**寅**	(戊	丙	甲)
用		忌		忌
戊	**子**	(壬		癸)
		喜	喜	忌
甲	**寅**	(戊	丙	甲)
喜		喜	喜	忌
丙	**寅**	(戊	丙	甲)

甲日子月水旺に生まれる「偏印格」か「印綬格」です。水旺・木相・火死・土囚・金休令であり、年干庚は、寅中甲木を断削するとともに、水旺の子を生水し、子水は、年日支寅中甲および、日干をも生滋木します。生木された甲木は月干の戊土を制土して、戊土は月支の子水を制水することはできません。しかし去となった戊土ではないので、子上の戊土は湿土となるとともに、二寅によって殺印相生され、湿土生金します。甲木は二寅に根あり、子水から生木されて、二寅中丙に有気の丙火に洩秀するに十分と言えます。つまり日干強となり、木火通明の象であることから、火が生土し生金に繫がる、去となることのない月干の戊土の財をもって、用神と定めるべきと言える命です。

これにより、原局の喜忌を、干、蔵干に附すると上記のようになるのです（用神は命中の緊要なる一神）。

つまり、忌の年支寅中甲木から始まると、五行は木火土金水木火土と流通して終わるもので、用神戊、喜神火土金、忌神水木と表示するのが正しいことになります。

これに十干十二支を配しますと、

甲は、庚金劈甲され、この甲を成器にするものの、甲は三寅に根あるので、やや木多金缺の憂いなきにしもあらずの忌となる。

乙は、乙庚合去し、一喜一忌を去らすものの、喜を失うほうの損が大で、戊甲が年のほうへ接近し、日干甲木は年支寅にも有情となるので、甲が来る以上の忌となる。

丙、丙庚尅去して忌大。

丁、丁火煅庚と、丁火生戊土して、戊土生庚の木火通明の喜の吐秀となる。

戊、日干の力を財に消費し、戊土生庚の喜。

己、同様に喜。

庚、丙火から制庚されて、劈甲の喜とはならないが、忌となるものではない。

辛、辛丙合去は、喜が喜を去らし、あまり喜とはならない。

壬、制丙の能なく、生木の忌。

癸、生木の忌。

ということになります。十二支を配してみてください。喜忌を五行で表示はしましたが、必ずしもその通りにはならないのです。

次に大運について観ることにします。

第一運己丑、前四年が水旺、後六年が土旺で、土旺運のほうが水旺運より佳となるのは、水源深い丑中癸水は、大運干己土から制されて、三寅中甲を滋木する作用が減じるからです。しかし、丑子合去し、大運の傾向性としては、甲から制土されることにより、甲の力減じ、丙火から生己土されて、さらに生庚して、三寅をある程度制して、財の喜が大となる、生家環境は良化となっていく。

第二運庚寅、木旺運にて、丙火から制金されるも、原局年干庚金の助にて全く無力となるほどの庚ではないので、やや忌か喜小の傾向性。

第三運辛卯、木旺運にて、やや忌の傾向性。前運もこの運も、木火通明の事象はあります。しかし、財に繋がる点に少し欠けるのは、原局丙戌が甲木によって「離間」され、寅支が「媒」となって間接的であるためです。こういった点から、用神は丙よりも戊とする理があるのです。つまり、丙は戊土を生じるとともに庚金を制し、制庚となるのですが、戊は丙から生土され、甲木尅土のため甲を減力させ、さらに二戊が生庚する、ことになるからです。

このことを『滴天髄』では「全象喜行財地。而財神要旺。」と言っているのが真義なのです。この真義が解らない人は、用神丙、としてしまうのです。さらに原局のみに始終があるとしか解し得ない謬にも繋がってくるのです。もともと庚が〈反って忌神となります。〉とも〈寅木をもって喜神〉とする大誤を犯してさえいるのです。

さらに〈月干の戊土は制水もでき、〉とも言っている戊土は、陽剛の甲から制土されない、としているのです。そして、戊土が〈閑神となります〉では生尅制化の理も、「衰旺之眞機」も「中和之正理」もあったものではありません。

〔414〕

甲子	**大運**	辛未	
丁卯	戊辰	壬申	
甲寅	己巳	癸酉	
庚午	庚午		

甲日卯月木旺に生まれる「建禄格」か「陽刃格」です。寅午火局半会し、火相令の蔵干三丙一丁となり、卯は二丙を生火し、日干甲木が三丙一丁を生火しては、三丙一丁上の庚は、劈甲する能全くない閑神であり、年柱は日干に無情である比・印ではあるが、月支卯を「媒」として、間接的に日干を幇身しているので、日干強となります。日干も強、食傷も強となっている、所謂、「兩神合而成象」、木火共に強となるのですから、用神は湿土をもってすべきであるのは、湿土が晦火晦光して、さらに生庚し、強められた庚金が劈甲して成器・棟梁の材とする、ということにあるのです。

しかし、無土となっているので、用神取るものなく、喜神一応土金、忌神水木、閑神火となるものです。庚金を用神と取れないのは、ほとんど熔金されてその作用なきに等しくなっているからです。火を一応閑神とするのは、これ以上火が太過して、日干が洩身に耐えられなくなるのは忌であり、太過することなく、火土金と流通するようであれば、喜となるからです。

つまり、原局に用神はありませんが、喜忌閑神を配しますと、上記のようになります。原文で言われている

忌		忌	忌
甲	**子**	（壬	癸）
閑		忌	忌
丁	**卯**	（甲	乙）
		閑	閑
甲	**寅**	（丙	丙）
閑		閑	閑
庚	**午**	（丙	丁）

「半局閑神任閑着」となるもので、この原局が、大運の「要緊之場」で、喜となる「自家」をなすか否かが、重要である「要」と『滴天髄』で言っていることなのです。この原局での喜忌閑神と、表示する運歳の喜忌閑神とは同じではないのです。しつこいようですが、もう一度繰り返しますと、原局内での用喜忌閑神の作用と、運歳を巡る過程での将来の喜忌閑神を五行で表示することとは、実際の運歳での十干十二支との作用の違いがあるのです。こうした点をよくよく理解し、共通理解である、五行による喜忌閑神の表示が命理として必要条件となるのです。用神を誤るということは、格局選定の誤り、生剋制化と干の特性の無知によるものであり、その用神も明示せず、喜忌閑神さえ表示し得ないものは、もはや命理ではない、としてください。

任氏解命、〈旺の極〉とし、〈時上庚金無根、忌となし〉〈月干の丁火を用神とし〉、寅午火局半会を知らずして、〈ですから早くして、科甲〉、合格したのが何運であるかさえも言わず、何運の流年で〈尚書〉になったかも言ってはいないのです。しかも、〈惜しむは、土の閑神なく〉と、土を緊要な命を良化する一神、つまり用神とすべきことさえも理解していないのです。〈壬申運に至り、金水は体用を並傷し、禍を免れません。〉とあり、もし審察を受ける人に禍があると言っているとしたら、壬申運を無事に過ごし、かえって全体的に万事向上し、

癸酉運に交入して後、全く一つとして禍らしい禍なく、嘲笑されるくらいでは済まされないのです。命理学の信用を失墜させることになります。

つまり、第五運壬申、金旺・水相令で、申子水局半会・申寅冲の情不専、壬丁合去し、二甲接近もすれば、日干甲は子水にも有情となる反面、庚金の根旺じて、庚金劈甲し、木の根を申が弱化させることにより、無土に近いのですが、申中戊己土の喜が喜の金を土金と生じて有力にし、劈甲・制木して、水木と忌をそれほど強化せず、火に流通して喜となる。〈体用を並傷〉などすることなく、喜の作用さえある金旺運なのです。つまり、「一二閑神」も「半局閑神」とあることも、全く理解されていないのです。

〔332〕

壬　申	**大運**		
癸　丑	7才甲寅	37才丁巳	
乙　丑	17才乙卯	47才戊午	
辛　巳	27才丙辰	57才己未	

乙日丑月水旺に生まれる「偏印格」です。調候二丙くらい欲しいところで、時支巳火がよく暖土、温金して、水温み、生木される乙も暖となります。しかし、生気は与えられていても、水旺水太過の上、辛金から攻身され、無根の乙、頼むは相令の陰干乙木弱きを恐れず、ではあるものの、翌年癸酉年、疾病重いこと免れません。つまり、巳酉丑丑となって調候を失う、金寒水冷、辛金の攻身強化されるからです。この原局水は喜が太過して忌となるのです。

巳中丙火は調候という意味で喜となり、他はほとんど忌となり、壬水の特性よりして、水は冲天奔地の忌、用神取るものなく、喜神木のみ、他はすべて、忌神となる凶命です。日干弱ですので、丙火の洩身を用神と取れません。〈金水丑宮より透出するといえども、閑神〉ではありません。どうして、攻身する辛金を〈置いて論じません〉の理があるのでしょうか。

第一運甲寅、立運までの間に忌が多く、虚弱体質の後遺・累積あっての甲寅木旺運、寅申冲去しても、木旺の甲が幇身有力となり、徐々に良化されていく傾向性大です。

第二運乙卯木旺運、喜の傾向性となりますが、この後の第三運丙辰、以降、喜はほとんど望めません。忌中のなかでの、小喜あるくらいです。

〔279〕

丁	**未**	**大運**
甲	**辰**	8才癸卯
己	**酉**	18才壬寅
戊	**辰**	28才辛丑

己日辰月土旺に生まれ、甲己干合して化土、月干甲は戊土に変化します。日干月令を得て、比劫重々、官殺もありませんが、印が日干に近貼していませんので、従旺格不成の「月劫格」です。二辰一酉不去、土多金埋の憂いあり、用神庚、喜神金水、忌神火土、閑神木となります。

第一運癸卯、卯未木局半会の情と卯酉冲の情があって情不専、やや喜の傾向性です。

第二運壬寅、二戊に制水されますが、やや喜の傾向性。〈甲木はもとに還り〉と言っておりますが、生尅制化、甲己干合を解く理は全くないのです。

出門要向天涯游。何事裙釵恣意留。不管白雲與明月。任君策馬朝天闕。〔徴義・補註〕

《門を出でて天涯《てんがい》に向かい游ぶを要するに、何事ぞ裙釵《くんさい》の恣意《しい》に留めんとするや。白雲と明月を管せず、馬を策し天闕《てんけつ》に朝するを君に任せん。》

出門要向天涯遊。何似裙釵恣意留。不管白雲與明月。任君策馬上皇州。〔輯要〕

出門要向天涯遊。何事裙釵恣意留。不管白雪與明月。任君策馬朝天闕。〔闡微〕

原　注

もともと奮い発して為すことあらんとするもので、日主が合して、用神を顧みなかったり、用神が合して日主を顧みなかったり、貴を欲せざるに貴に遇ったり、祿を欲せざるに祿に遇ったり、合を欲せざるに合に遇ったり、生を欲せざるに生に遇ったりするのは、皆有情の如くして反って無情なるものです。婦人の裾やかんざしに引き止められ動きを止められるのと同じことであります。

用神は日主に随って馳駆し、いたずらに覊伴されることがないならば、大志を遂げることができるもので、これは無情のように見えて有情なのであります。

任氏増注

これは貪合不化の意が前段の文であります。合して化し、化を喜ぶものは、名利意の如くなるものですが、化を忌とするものは、災咎必至ですし、合して化せざるは、「伴住留連」と称して、大志も為すこともなきものであります。

日主合して、用神が我を輔けるを願わないのは、その大志を忌むものですし、用神が合して、日主の為すとあるを願わないのは、その成功を佐けないものです。また合神真あるものは、化すべく、その従合の神を反って助けて化さないものとか、また、日主休囚して、本來従すべきものが、反って合神の助にあって不従となるとかするのは、これらは皆有情のようで実は無情なるものです。婦人の裾やかんざしに引き留められることと同じなのです。

〔415〕

乙未	**大運**		
庚辰	己卯	丙子	
戊辰	戊寅	乙亥	
丙辰	丁丑	甲戌	

戊土春の土旺に生まれ、乙木官星透露、盤根未にあるし、辰の余氣にあるので、本來用とすべきなのですが、庚と合しているを嫌い、これを、貪合忌尅と言い、日主の喜を願わず、合して不化、庚金また用と作すものです。丙火当頭にあり、二十一才に至って、小試不利、学問を棄て、仕事もせず、酒に耽り、口に大言壮語し、勝手氣ままに暮らして、もって満足すると言っている次第です。

〔416〕

丁　丑　　大運
癸　卯　　壬寅　　戊戌
丙　戌　　辛丑　　丁酉
辛　卯　　庚子　　己亥

丙火仲春に生まれ、印正官清く、日元生旺、官を用とするに足るのですが、丙辛の合を嫌います。用神の我を輔けるを顧みず、辛金柔軟、丙火これに逢うは怯、柔よく剛を制し、恋々捨てず、有為の志を忌み、さらに卯戌合して劫に化するを嫌うものです。幼年頭脳抜群、過目成誦、然るに後、酒色に身を持ち崩して、死に至りました。

〔417〕

丁　卯　　大運
辛　亥　　庚戌　　丁未
丙　寅　　己酉　　丙午
丙　申　　戊申　　乙巳

殺が乗令してはいますものの、印綬がまた旺じてもおり、比劫も並透し、身旺用殺、用殺は合殺宜しからず、合すれば不顕、加うるに辛金貼身、日主の情、必ず貪恋羈伴。喜ぶは丁火の劫が辛金を去らしめて、貪恋なからしめている点ですし、申金が寅木を冲動し、日主の牽制をなからしめている点です。さらに妙とするは申金が滋殺して、日主喜用をして馳駆せしめているのです。戊申運、登科発甲、大志有為。

〔418〕

辛　巳　　大運
丙　申　　乙未　　壬辰
壬　寅　　甲午　　辛卯
庚　戌　　癸巳　　庚寅

壬水申月に生、秋水通源といえど、財殺並旺にて、申金をもって用とします。天干丙辛、地支申巳、合して化し、よく幇身しますが、合して不化は、反っては羈伴となります。金当令、火通根、ただ貪恋の私あって、化合の意はありません。妙は丙火を尅するにあり、丙火をして合辛せしめない点と、寅申冲動して、尅木し、丙火の根を抜いている点です。用神日主に従って馳駆し、癸巳運に至って、連登甲第、観察に至り、その大志を成さしめたのです。

徐氏補註

「羈伴」とは、合神のことで、合して化するはまた別問題です（『原本子平真詮評註』の「論十干合而不合」の節を参照してください）。合して不化は、去です。陰干が用をなすに、陽干の合神を見るは、合によって去となります。所謂、羈伴とは言えません。例えば、甲木日主、用辛金の官星に、丙火を見るは、辛金被傷、これ合去となします。つまり、官を用とはできないのです（これは必ず地支如何を看なければなりません。地位相隔しているなら、支が辛金を助け、辛金用とできるもので、合去とは見れないのです。特にその大概を挙げて注意を促す次第です）。陽干を用とするに、陰干の合神を見るは、合して不去なれば羈伴。例えば、甲木日主、用丙火食神なるに、辛金を見る、辛金を去らしめられませんので、依然丙火用とすべきです。「裙釵」とは、陰干のことです。「白雲蒼狗」は変幻の譬えであり、「明月清風」は、閑神の例えです。用神を羈伴するのは必ず閑神です（日主の相合は、羈伴をなしません）。格局の変幻の如何に管せず。閑神羈伴の如何に管せず、運程が用を助けるなれば、依然として意に任かせて発展活躍し、拘束を受けず、羈伴するからとて用とできないとしてはいけないものです。これに類する八字は、最も混乱を招きやすく、用を取り難いものですので、特に例をもって説明します。

〔252〕

丙　子　　大運
辛　丑　　32才乙巳
戊　子　　42才丙午
癸　丑　　52才丁未

これは清の彭剛直公玉麟の命造です。戊土十二月生、天寒地凍にて丙火調候を用神となします。丑中戊辛癸斉透しており、同官聚氣、天覆地載、金水は皆閑神です。丙辛相合、戊癸相合、日元用神、皆覊伴を被る。運南方に至って、用神得地、依然任意遨翔、策馬して、天闕に朝す。

〔419〕

己　卯　　大運
丙　子　　29才癸酉
庚　寅　　39才壬申
辛　巳　　49才辛未

これは、前の申報館主人の史量才の造です。庚金十一月に生まれ、金水傷官にして木火党衆、天干丙殺透出、巳に得祿、庚金無氣、必ず比劫幇身を用とせねばなりません。丙辛相合、丙は子上にあり、また隔位していますので、辛金を合去しません。癸酉、壬申、辛運の二十五年にわたり、青雲直上、任意遨翔、天干合して去らず、依然用とすべく、陰陽を論ぜず皆然りとします。

考玄解註

この二句は、『萬葉集』の防人の歌にも、また戦中の軍歌にもよく似たものがあり、なかなかの美文であり、またよく命理の一端の理を言い表してもいます。しかしそれだけに、多角的含みがあることは否めないのです。

原注は、用神が合する、日干が合することと、大運が喜用の運に巡らないと前段を解し、後段も喜用の干支が、干合支合、覊伴して、その用を果たせなくなるのはよろしくない、というように註しております。

任氏増注では、前段は貪合不化のこととして、合して不化と化をも含めて、結局は喜忌に帰するとの註となり、後段は、運歳で、日主が貪恋し合している合を冲して、これを去らし、用喜の作用を発することにしております。言っていることを正しく理解するのに大変難があります。要は、運歳で喜の作用を発すればよい、と解してよろしいのです。

徐氏補註では、合して、不去となる場合を言っているとして、〈合して不化は、去です〉と言いながら、

甲木日主、用辛金なるに、〔運歳で〕丙火を見るは去で、覊伴ではない。

甲木日主、用丙火なるに、〔運歳で〕辛金を見るは、辛金は丙火を去らしめない、

と言われては、全く訳が解らなくなりますし、〈格局の変幻〉という用語を持ち出されては余計解らなくなってしまいます。しかし、結論は〈用神覊伴の如何に管せず、閑神覊伴の如何に管せず、運程が用を助けるなれば〉良いとしてはおります。としますと、ここで『滴天髄』が何を言わんとしているのか意図が不鮮明となるのです。徐氏の言っている論理に大きな矛盾があります。

原注も任氏増注も徐氏補註も、

1、合の定義

2、合化の定義

3、合去の定義

がすべてなされていない点が共通の欠陥となっているのです。初歩的「基礎理論」が曖昧な点からは、正理の発展はないのです。

では、この原文をどう解すればよいのかということになります。この美文的形容を命理的慣用語としますと、「出門」とは、「従児格」のところで言われている「一出門」とは違った意の出門で、ここは、大運からさらに客観的時間の流年のことです。「向天涯游」、運歳にて喜用の一路向上発展して涯しないくらいの吉幸を要するのにもかかわらず、「裙釵」となるところのものが「留」めて、少しも幸の喜とならないことは、「何事」ぞ、として、この「裙釵」を婦人のものということから、恋合しているものがある、つまり、干合、支合が喜となることを妨げている、と解することもできるのです。つまり、原局の干合妬合のみではなく、原局での支合から、運歳での干と干の合、支と支の合、すべてを含めての、合の合化・合去、情専一と不専の間に、結果として忌となることを言っているなら、合の視点からの正理とはなるのです。さらに、この「裙釵」を拡大解釈して、陰の干支とすることもできれば、陰とすることの係わりとして、陽の干支に係わるとも解せるのです。また合があるということは、尅も冲もあるのですから、合尅冲を含めて言いますと、結局は、生尅制化につながる理となるものです。しかし、ここを、原局、運、歳の干合・支合からして、「天涯」に遊ぶことができないと解するなら、真義と言えるのです。

次に、「白雲」も「明月」も風景ではなきこと、環境良好なることと、吉幸であることとのためには、「策馬」ない計らい事を、馬上の天子に奏じ、「朝天闕」、国家人民に吉幸をもたらさねばならない、つまり前の句の、単なる合の視点のみではなく、喜用の運を巡り、さらに、それを良化する、救応の神があるのが望ましい、と言っているのです。救応とは、運歳で忌となる干や支を、原局の干や支によって、その忌を忌とさせないところの神です。前の文の合が忌となる視点の反対の、合が喜となることも含められているのです。

以上は、高度な「構造論」ともなるのです。

〔415〕

乙	未	大運		
庚	辰	10才己卯	40才丙子	
戊	辰	20才戊寅	50才乙亥	
丙	辰	30才丁丑	60才甲戌	

〈戊土春の土旺の生まれ〉とあるのを信用しますと、乙庚合去し、印の丙あり、四支土性支で重々の比劫にて、甲木ないことよりして、「仮の稼穡格」とすべきです。用神戊、喜神火土金水、透丙日干に近貼しておりますので、木は閑神となります。

任氏増注の解命は、大誤です。〈二十一才に至って、小試不利、学問を棄て、〉と大運を言っておりませんので、面倒ですが立運を調べなければならないのです。一七一五年五月五日辰刻がこの四柱で、土旺にて立運約10才となります。ゆえに、21才〔中国ではこの頃数え年〕乙卯年、大運は戊寅、つまり、20才〜30才の戊寅木旺運で「建禄格」となり、寅卯辰辰辰の東方全以上となって、乙庚解合無水となる、丙火の化殺あることと、大運干戊で、忌大なる運歳となるのです。

これを普通格局としますと、喜運となります。任氏の言っていることからしますと、〈庚金また用と作す〉とするのですから、21才乙卯年は、用の庚が制木し喜年となるはずで、〈小試不利〉の理とはならないはずです。

それでは理に合わないので、大運干支も21才干支も頬かぶりしているのです。つまり、この原文の「出門要向天涯游。何事裙釵恣意留。」とあることの註の証明にもなっていないのです。

日干月令を得て、四支土性の支で比劫重々となり、官殺一点もない格局です。

〔416〕

丁丑	**大運**	
癸卯	壬寅	戊戌
丙戌	辛丑	丁酉
辛卯	庚子	己亥

丙日卯月木旺・火相令に生まれる「偏印格」か「印綬格」です。丁癸剋去、丙辛干合し不化にて辛金倍力。二卯一戌の合は不去、二卯から生火され、日支戌中に丁あるは大したことではないものの、日干強、用神丑中にもある辛としか取れず、喜神一応土金水、忌神一応木火となります。

任氏〈辛金軟弱、丙火これに逢うは怯〉と言っておりますが、『滴天髓』で言っていることは、日干丙火で猛烈であっても、水旺運にて丙辛干合の情専一となれば、化水して、丙火の性を失い、壬水の性となることを言っているのです。その真義を理解せず、都合の好いところに、『滴天髓』を持ち出しているのです。もっとひどいのは〈卯戌合して劫に化する〉ととんでもないことさえ言い出しているのです。卯戌卯の合が化する理も、合去する理もないのです。〈劫に化する〉とは、卯が蔵二丙で、戌が蔵二丁、つまり、支は、四丙二丁、となるということです。これでは倍力の辛金は金熔ともなれば、有病無薬、納火する湿土丑の用は辛うじて、卯中二丙のみとさえなります。

大運事象も言わず、〈死に至りました〉、運歳も言わないことは、あまりにも無責任の限りです。誤った解命を合理化させる事象など虚偽ですから、知らなくてもよろしいのです。

〔417〕

丁	**卯**	**大運**		丁未
辛	**亥**		庚戌	丙午
丙	**寅**		己酉	乙巳
丙	**申**		戊申	

丙日亥月水旺・火死令の「食神格」か「偏印格」か「偏官格」です。支は、卯亥木局半会は亥寅合で解けるものの、寅申冲の情専一となって、寅申冲去し、卯亥木局半会を喚起することになり、また丁辛の尅と辛丙の合の情不専、尅金された辛金は用をなしません。日干無根ですが、時干の丙の幇身、相令の木局半会から生丙されて、相対的に日干強となり、用神取るものなく、喜神は一応土金、忌神は木、閑神は火と水、となります。日干無根で死令でもあるので、火は閑神となるのです。

どうして、〈丁火の劫が辛金を去らす〉でしょうか。冲尅合局方の理、その解法は全く整理されておりません。

〔418〕

辛	**巳**	**大運**		壬辰
丙	**申**		乙未	辛卯
壬	**寅**		甲午	庚寅
庚	**戌**		癸巳	

壬日申月金旺・水相令の生まれで、庚辛透出する「偏印格」です。天干、辛丙合、丙壬尅の情不専、地支も巳申合、申寅冲の情不専となって全支個有の支。調候丙火、年支巳にあり、日支寅に有気となって丙火が月干に透出し、調候太過となります。日干は旺令の庚から生水

されるものの、寅中甲に洩らし、また月干丙火の強力な財を制さなければなりませんし、無根でもありますので、日干弱となるのです。用神は、制財に耐えるための壬とし、喜神一応金水、忌神木火、閑神土となるものです。

しかし印の庚金が近貼していますので、木はそれほどの忌とはなりませんし、金も、巳に根あり、寅に有気の丙火月干に透っていますので、それほどの忌ともならない傾向があるものです。

第一運乙未、乙木は未に有気で、寅に根があって、金が救応の神となり、洩身の忌となるほどではなく、火旺・土旺の未土も湿土生金して忌とならず、むしろ、洩秀の喜とさえなります。

第二運甲午、甲庚尅去、午戌火局半会して、財多となる忌の傾向性。

第三運癸巳、庚金生癸して癸水丙困となりますが、それほどの忌とならないのは、壬水が救応しているからです。

第四運壬辰、辰戌冲去し、湿土生金の土を失っても、それほど印が弱とはならず、大運干は、生壬されて、制丙の財利発する、喜の傾向性。

第五運辛卯、木旺の忌も卯戌合去し、反って辛金生壬して、喜の傾向性とさえなり、

第六運庚寅も、丙火救応の神となり、それほど忌とはなりません。

このように、甲午運を除き、大運次々と救応の神あることで、「天涯游」にして、「白雲與明月」に近い良好を得ることになるのです。

〔418〕′

癸　巳（癸　癸）
壬　申（壬　壬）
壬　寅（戊丙甲）
庚　戌（辛丁戊）

〈申金をもって用と〉するのは、甲乙食傷多の忌となる場合です。〈天干丙辛、地支申巳、合して化〉するものではありません。もし化するとしますと、上記となって、〈申金を用〉とすることと矛盾しますし、日干は最強の水となるのです。言っていることすべて矛盾だらけです。しかも、乙未運、甲午運すべて無視し、〈癸巳運〉突然変異を起こして、この運中に〈観察に至り、その大志を成さしめた〉と言っているのです。

〔252〕

丙　子	**大運**	32才乙巳
辛　丑	2才壬寅	42才丙午
戊　子	12才癸卯	52才丁未
癸　丑	22才甲辰	

戊日丑月土旺の寒冷の候に生まれ、結果として、年月干支も天地徳合、日時柱も天地徳合、合去合化ないものとなります。調候丙火は日干に無情でやや不及なるも、池塘氷結とも金寒水冷ともならず、また土旺・金相・水死令ではありますが、日干戊土は、二丑に根あっても、水源深く、水太過し、用神は扶身となり調候でもある年干丙とし、喜神火土、忌神金水木となります。〈金水は皆閑神〉とするものではなく、忌神です。

第一運壬寅、第二運癸卯、第三運甲辰と一路忌神運を巡って、第四運乙巳より用神運の喜の傾向性となります。

〔419〕

己	**卯**	
丙	**子**	
庚	**寅**	
辛	**巳**	

大運

9才乙亥	39才壬申
19才甲戌	49才辛未
29才癸酉	

庚日子月水旺の生まれで、調候丙火は寅に有気、巳に根ある月干丙火、支は卯子寅巳となって、年干に己土印がありますが、日干に無情、庚金にとって、辛金の幇は無力。ゆえに「仮の従勢格」となり、用神甲、喜神水木火、忌神土、閑神金となります。第三運癸酉、第四運壬申の比劫運では、「傷官格」となり、喜神土金、忌神水木火となります。

第三運癸酉、癸己尅去し、酉卯沖、酉巳金局半会の情不専の金旺の喜の傾向性ある運。

第四運壬申、大運干壬水制丙火して、申子水局半会、申寅沖、申巳合の情不専の金旺運の喜の傾向性となるのです。

第五運辛未、月干丙火制辛金し、未卯木局半会して、喜の傾向性ある運。

徐氏はよく仮従を誤り、これもその例です。仮従であるからこそ、第一運乙亥も第二運甲戌も喜の傾向性となり、それに続いての、「傷官格」に変ずる、大運の喜の傾向性となっているのです。もし「傷官格」としますと、第一運乙亥水旺運、大忌となりますし、第二運甲戌、戌卯合去しても、無根無印の庚金は甲木を制し得ず、さらに甲木生丙し、丙火攻身多大の大忌となることを言うべきです。

生後の第一運乙亥、第二運甲戌の後遺が累積した上での、第四運癸酉であることを忘れたり無視してはならないのです。

關内有織女。關外有牛郎。此關若通也。相邀入洞房。〔闡微〕

《關内に織女あり、關外に牛郎ありて、この關もし通ずるなれば、相邀《むか》えて洞房に入る。》

兩意本相通。中間有關隔。此關若通也。到處歡相得。〔輯要〕

關内有織女。關外有牛郎。此關若通也。相将入洞房。〔徵義・補註〕

原注

天の氣は下降を欲し、地氣は上昇するを欲するものでして、下降と上昇は、相合、相和、相生するものであります。木土は火を要し、火金は土を要し、土水は金を要し、金木は水を要するもので、このことは牛郎と織女の関係のように有情なるものです。上下遠く隔たっているとか、前後遠く絶しているとか、あるいは沖刑を被っているとか、あるいは、劫占されているとか、あるいは、一つのものが隔てているとか、それらは皆関ということができます。

こうした隔てているものが、相通じ合うのは、通関することで、願いがかなない、ちょうど牛郎と織女が房に入ることに譬えられるのであります。

任氏増注

「通関」とは、引通・尅制の神のことです。所謂、陰陽二用、神妙なること氣が交わるにあるものです。天の氣は下降し、地の氣は上昇し、天干の氣は動にして専、地支の氣は静にして雑、ゆえに地は運って推移し、天の氣はこれに従い、天の氣は転旋し、地はこれに応じるものです。天の氣は上で動いて、人元これは応じて、人元は下で動じて、天の氣これに従うのです。ですから、陰が陽に勝りますと止まりますし、陽が陰に勝りますと住となるのです。これを、天地交泰、干支有情、左右不背と謂い、陰陽生育して相通ずるのです。例えば、殺重なるは喜印、殺露また印露、殺蔵また印蔵となるのは、顕然として通達するものです。もし原局無印でしたなら、歳運印に逢えば通ずることとなり、あるいは暗会明合するも通ずるものです。局内に印があって、財星が損壊を被るとしても、官星が財を化し生印するとか、あるいは比劫が制財して、財が壊印するを解くとか、合して無力化するとか、冲開・冲壊するとか、合去せしむ、合化する、尅去するとかして、前後・上下、通じ合い、歳運これらに逢うはもっとも佳とするものです。

例えば、年に印、時に殺があるとか、干に殺、支に印があるとかして、前後遠くあるとか、上下隔たっているとか、あるいは、その間に間神の忌があるとかするのは、これ原局においては殺印が通じないもので、必ず運歳にて暗冲暗会するとか、間神の忌むところのものを尅制すべきです。冲なれば冲し、合なれば合し、相尅の勢を引通せしめるなら、この関は通じるものです。所謂、琴が子期に遇う、馬が伯楽に逢う、名を欲するものが望みの地位を得られる、利益を欲するものが馬鹿儲けするようなものです。年に一度の牽牛と織女の相逢う七夕にも譬えられ、その願いを達することができる意と言えます。殺印で説明しましたが、食傷、財官も同様に論ずることができます。

〔420〕

癸	酉	**大運**	庚申
甲	子	癸亥	己未
丁	卯	壬戌	戊午
丙	午	辛酉	

この造は天干地支共に、殺が生印し、印が生身し、時に帰禄し、もっとも妙とするのは、四冲となって、反って四助となっている点です。金は水を見て木を剋さずして生水し、水は木を見て火を剋さずして生木し、阻節するもの、隔てるものなく、日主弱中変旺、大運水に逢えばよく生木することとなり、金に逢えばよく生水して、印綬を傷付けず、若くして官吏試験に合格して、観察とまでなった所以です。

〔421〕

戊	寅	**大運**	丁卯
癸	亥	甲子	戊辰
丁	未	乙丑	己巳
辛	亥	丙寅	

本造は、癸水旺じ、貼身して相剋するを、戊土が合去することによって反って身を幇けているものです。月支亥水は本来殺を助けるものですが、年支寅と合來生身、寅は遠く隔たってはいるものの、反って近くなっているのです。

時支の亥は、未と会し、難をもって恩となしているのです。

一來一去、情協して、一往一会、通関して阻むものがなく、科甲連登し、宮廷に出仕する位階となったのです。

〔422〕

戊 辰　**大運**　己未
乙 卯　丙辰　庚申
辛 丑　丁巳　辛酉
丁 酉　戊午

これ春金、氣弱く、時柱の殺は緊尅し、年に印綬あるも遠く隔たって通じません。さらに、また印は旺木の尅にあい壊印されており、戊土でなくては金は生化できないのです。しかも日支丑土があり、卯木の壊を被ってもいて、この局内、通の理がないのです。中運南方殺地、大変苦労し努力しましたが、何ら報われなかったのです。しかし、一たび庚申運に交入するや、奇遇を得て、陝西に行き、軍功を建て、辛酉に及ぶ二十年、仕は副将となったのです。

金の尅木によって幇身し、印が化殺して、生身する、「通」となったがゆえであります。

〔423〕

己 巳　**大運**　癸亥
丁 卯　丙寅　壬戌
辛 卯　乙丑　辛酉
乙 未　甲子

これも春金で虚弱、木火当権し、年印月殺、通とはならず、時支未土また卯と会して化木して、生殺の情あるのみとなり、日主を生輔する意ありません。しかも運途は一路無金、ただ水木のみで、滋殺の根源です。ゆえに、祖業破敗し、何ら成すことなく、亥運に至って、会木し、生殺、死亡したのです。

通関には、二様の意義があります。

一つは、兩神成象をなす場合の通関であります。勢力がほぼ均しくても、必ずその氣を引通しなければなりませんし、一が強く、一が弱いようなら、必ず、その兩者を調和させなければならないのです。例えば、

○官殺旺じ、日主弱ければ、印を用として、通関とする。

○日主強で、財星軽ければ、食傷用として、通関せしむ。

のように、通関を用とするのです。もし原局に、通関の神がなかったなら、運程中に通関するものに遇いましたならば、まさにその志を遂げることができるのです。

この一点が通関の神であり、精神の所在するところです。この点、後の「震兌坎離」の節を参照にしてください。これを體用の対立とするのです。

もう一つは、用神の間にあるものです。氣勢対峙して、兩神が駢立《へんりつ》するが如きのような場合、並用はできません。また、一去一留することもできない場合、必ず、通関の神をもって調和するのです。例えば、

○官と傷が並立するような場合、必ず、用財、通関せしむるものです。

○財と印が交差するような場合、必ず、用官殺、通関せしむべきです。

○財が劫刃に逢うような場合、必ず、用食傷、通関せしむべきです。

○梟印が奪食するような場合、必ず、劫を恩星とし、通関の用とす。

これら、八字に類するもの、見やすくありませんので、以下に例をもって示します。

〔424〕

己	**未**	**大運**	
丁	**卯**	35才癸亥	65才庚申
丁	**巳**	45才壬戌	
庚	**子**	55才辛酉	

李經羲の命造です。月令印綬で透財、財印交差しています。官殺を用神とし、運行癸亥、壬の二十年、開府に専心、戊運に至り、光復の政変に逢い、退職。庚申運、丙寅年に死す。寿六十八。この造は普通食神生財とか、財滋弱殺を用とし勝ちですが、皆誤りです。食神をもって用とするなら、どうして戊運、隠退することになったのでしょうか。財殺を用とするなら、辛酉、庚申運は最盛期であったはずで、死亡するなどあり得ないのです。このように、用神の間を知らないのは、千里の誤りを犯すこととなるのです。

〔260〕

戊	**寅**	**大運**	
庚	**申**	11才壬戌	41才乙丑
己	**丑**	21才癸亥	
甲	**子**	31才甲子	

これは、官傷交差です。己土日元と官は相合、その情密切でして、また、互換得貴。官を用としない訳にはいかないものですし、庚金月令の氣を受けて透干し、傷官を用としない訳には行かないのです。しかし、官傷並用できませんし、一去一留ともなりませんので、用財もってこれを和せしめるしかないのです。「性情篇」に論じられている、「水奔而性柔者。全金木之神」とはこのことです。運行亥、甲子の十五年、部曹となり、文によって知遇を得て、一司の長となりましたが、乙丑運の後、傷官暗旺、落職しました。

〔425〕

辛 酉	大運	
戊 戌	35才甲午	65才辛卯
丙 午	45才癸巳	
庚 寅	55才壬辰	

これは、閻錫山の尊翁・閻子明の命造です。陽刃逢財、必ず食神をもって転枢なければならないものです。しかし、戊土乗令透干するも、戊は燥土、旺火がこれを生じ、不能生金。運壬辰、辛に至って潤土生金し、父は子をもって貴となったもので、食神透出するもの力を得たゆえです。卯運に死亡しました。

〔426〕

丙 子	大運	33才己亥
乙 未	3才丙申	
甲 寅	13才丁酉	
壬 申	23才戊戌	

これは小児の造です。梟印奪食、劫をもって恩星、用としなければなりません。木運最も美で、土運も制梟護食でよろしいのです。火運に行くは、木を帯びないことには悪いと言えます。必ず水火の争いを起こすからであります。

考玄解註

「關内有織女。關外有牛郎。此關若通也。相邀入洞房。」この文章も、前の文学的形容と同じように、堅苦しい理論を人事に託して、韻を含めた漢詩として奇麗に表現したものです。この見事なる原文を、

「兩神本相通。中間有關隔。此關若通也。到處歡相得。」

などと誠に拙劣極まる文に改ざんし、しかも、「兩神成象格」の自説を合理化しようとしている『滴天髓』と称している書があります。それは『滴天髓』の原文の真義を理解できていないのみではなく、「兩神成象格」などという格局はないにも拘わらず、これを合理化しようとして、後学の人を誤らせる許されざることを犯しているのです。

この原文は、漢詩的形容表現であるために、誠に多角的内容を含んでもいるのです。

つまり、「織女」と「牛郎」とは何か？　これが「相邀」るに「䦨」が邪魔をしている。この「䦨」が「通」ずるということは、原局でのことと、運歳との冲剋合による、の二面がある。そのいずれの場合も喜となる。しかし、それが喜となるということは、反対に忌となることもある、ということもある訳です。

「通」ということは、木と土の間に火があったり、巡って来たりすると、木火土と流通し、火と金に土があったり来たりすると流通し、他も剋傷し合うものの間に「媒」となるものがあったり来たりすると流通する「通」となります。「始終」という点から見ると、「通」ということは、三行が流通するということになり、これが喜となることを言っているのです。原局での喜となることは、前の文の「兩意情通中有媒」のところで理解したことで、原局で「情通」せんとしても「離間」するところのものがあって、これが「䦨」となっているのであるから、この「䦨若通」とは、運歳の干支によって、「䦨」となるものが去となることで、「相通」となって、喜となることを言っているのです。

つまり、去となるという定義がない以上、この『滴天髓』の原文は成立しないという虚論なのです。既に

「基礎理論」の初歩的段階で、冲の情が専一であれば冲去して無作用となる、尅の情、合の情も専一であれば、尅去し、合去して無作用となる、という定義を理解しましたので、ここの『滴天髓』の文は成立することになるのです。

ところが原注も任氏増注も徐氏補註も、去の理論、定義が解っていなかったために、ここの『滴天髓』の原文も、前の「兩意情通中有媒」もその真義が理解されない註となっているのです。

挙例中でよく去ということが言われてもおりますが、大変曖昧なご都合主義的使われ方をしていて、一方だけが去るように解されているのです。一方だけが去となることはなく、冲となるもの同士、尅となるもの同士、合となるもの同士、の二干・二支同士が無作用となるのですから、それが結果的に「相邀入洞房」の喜となる以上、共に去となるもの同士が忌であることが最も望ましいのです。たとえ去となる運歳の干や支が喜であるとしても、結果的に相対的に喜のほうが大であるなら、「相邀入洞房」となる、と解すればよいのです。

原局の一干や一支が去となって、「相邀入洞房」となるということは、日干を主としての喜忌であるのですから、日干が喜となるものに接近する、日干にとって喜となるものが日干に接近する、という「接近理論」の定義が成立するのです。つまり、干も支もある〝エネルギー〟であって、ある八字の分子構造のそれぞれの位置は変動はしないが、その一つ、もしくは二つが無作用となってなきに等しくなれば、分子構造の中で〝エネルギー〟が移動・接近することになるのです。

かくて、日干が接近し、あるいは喜が日干に接近して喜となるということは、年の干か支が日干にとって喜神であるからこそであり、「闘」となるものが、月干、月支、日支、時支のいずれかで忌神である、ということになるのです。このことは、年柱は日干にとって無情である、という原則ともなることです。つまり、月柱が「闘」であると定義付けてよろしく、「織女」とは日干のことであり、「牛郎」とは喜となる年干か年支である、という定義となるのです。しかしながら、去となり接近することが必ずしも喜とはならず、逆に忌となることも忘れてはならないのです。

この〝エネルギー〟の「接近理論」はまた、貫通して接近する「貫通理論」にもなるのです。つまり、日干が干合して不化である場合、何らかの変化がないとするなら、合ということがない、ということになるので、何らかの変化がなければならないのです。日干が合して化するなら、日干が変化するが、妬合する場合は化の条件があっても不化であるから、不化ということは妬合と同じことであるから、日干でない干が二つあること、つまり倍力化する変化が生ずる、とする理論が成立するのです。つまり、相手の干が陽干であるなら、尅の関係からして貫通して、時柱のほうか、月柱のほうに「接近」する、ということの〝エネルギー〟理論となるのです。これも「接近」ということになるのです。

しかし、干合して日干が陽干であれば、倍力となる陰干では、陰陽の理、干の特性よりして貫通不能で、倍力の陰干との尅の関係となるのみです。

以上のことを、図示して説明しますとあまりにも長くなりますので、省略しますが、よくよくこれらのことを理会してください。以上のことは、「構造論」として大変重要なことです。

〔420〕

癸酉　**大運**　庚申

甲子　　　癸亥　己未

丁卯　　　壬戌　戊午

丙午　　　辛酉

丁日子月水旺に生まれ透癸する「正官格」か「偏官格」です。調候急を要するのに、時柱丙午の調候と幇身は有力・有情にして、子午卯酉の四正揃い、冲尅合なく、年支酉は日干に無情な財であって、この酉金は、年干癸水、月支子水を生水し、年干癸水は月干を滋木培木し、月支子水は月干甲と、日支卯木を滋木し、月干滋木された甲は嫡母として丁火を助身し、日支の滋木された卯は日干と時柱の火を助火しております。水旺・木相・火死令ではあるが、日干強となり、無土ですので、用神庚と取るしかありません。喜神土金、忌神木火、閑神水となります。

しかし、用神蔵する酉に日干は無情、つまり「關」は月柱であるが、年干癸が丁と尅去すれば、癸水が閑神であり、丁火忌神であることから、財の喜大となる「相邀入洞房」の理に合致することになります。しかし、月干の甲が去となることも、四正揃っているので、子も卯も午も去となることなく、「關内有織女」、日干丁は、「關外」の酉の「牛郎」あるとも、「此關若通」ということは丁火以外にないのです。

確かに「始終」はありますが、喜忌という点から見ますと、金の喜は閑の水を生じ、閑の水は忌の木を生じ、強化された忌の木は忌の火を助火し、土に通ずることなく、忌で終わっている点、あまり良好とは言えません。喜となる洩秀の食傷の土が命中に微根すらなく、用神の酉金財に通ずるもの、つまり、一般的に言われる「通關」の土がないことが最大の欠点となるのです。洩秀となる、才能発揮する食傷がないということは、強い支の辰・戌がなく、粘り強い丑土もないことになって、必ず欠ける点があるものです。喜用運を巡っても無土では、才能発揮に難があり、また、個性的でないということから、周囲からはあまり期待はされないものの、ある程度は出世はするものです。

任氏増注では、「通関」となる食傷の土について一言も触れず、『滴天髓』で言われている「關」が何であるかも全く触れずして、単に四行の「始終」のみしか言っていないのです。「始終」は既に論じられたことであるのみではなく、単に「始終」さえあればどんな「始終」でも良好であるとは限らない、ということは解註した重要点でもありました。つまり、挙例の不適切というよりも、『滴天髓』の理解の不足から、命理の誤りへと繋がる註となっているのです。「牛郎」を知らず「關」が何であるかも、「此關若通」ということが、運歳で「通」となる、ということさえも理解されてはいないのです。

〔421〕

戊寅
癸亥
丁未
辛亥

大運
甲子　乙丑　丙寅　丁卯　戊辰　己巳　庚午

丁日亥月水旺・火死令の生まれで「正官格」か「傷官格」です。天干合尅転々とし、結果として、戊癸干合、去となるところを寅亥合にて、天地徳合となって不去、年月支も個有の支となり、調候丙火寅中にあるものの、日干の根となるのに全く無情の印・劫となっています。

年柱戊寅の殺印相生の戊土は制水はしても水塞とまではならず、亥中蔵甲にて、寅木が亥中甲を強化、未中乙丁、時支亥中戊甲壬、丁火は尅辛もしなければならず、多少制水はされてはいても、有力なる癸水から傷丁もされて、未中己土にも洩らさなければならず、日干弱となります。用神は嫡母の甲、喜神木火、忌神土金水となりますが、丁火の特性である、「衰而不窮」を頼むのみです。

ここで、「關」は月柱ではあるものの、日支未が丑と冲去しますと、年支の寅の喜は日干に接近して有情となり、「此關若通也。相邀入洞房。」となります。丑以外は「此關若通也。」とはなりません。

第一運甲子水旺運、寅亥に根ある大運干嫡母の甲は、よく滋木して、喜の傾向性。

第二運乙丑、丑未冲去して、「相邀入洞房。」の喜大の傾向性となり、
第三運丙寅、第四運丁卯、喜用の運にて、一路順風、向上発展目覚ましく、つまり、この喜用運中、食傷の土あることで、食傷は喜の才能能力発揮して、財の喜とも、官殺の喜の作用ともなっていく第四運なのです。

しかし、
第五運戊辰は食傷の才能能力発揮が忌とはなりますが、前運までの喜の後遺・累積と、丁火の特性、用神の甲木も不傷ですので、大忌となるほどのことはありません。

第六運己巳火旺運、日干の根となり、やや喜の傾向性となる。第七運庚午も多少の喜続きます。

〔422〕

戊辰	**大運**	己未
乙卯	丙辰	庚申
辛丑	丁巳	辛酉
丁酉	戊午	

辛日卯月木旺に生まれ、乙透出する「正財格」か「偏財格」です。年柱丑酉金局半会し、三辛一庚となる根は日干に有情・有力ですが、年柱戊辰の印無情にて、日干弱となります。用神は、財の旺木を制する庚とすれば、財に任ずることができ、喜神土金、忌神水木火となります。

しかし、陰干弱きを恐れない辛金、囚令とはいえ、丑酉金局半会の根あるので、それほどの弱とはならないのです。甲木によって甲戊尅去となれば、移動・接近して、日干辛金に印の辰土が有情となり、「此關若通也。相邀入洞房。」ということになります。

第一運丙辰、丙火助丁し、辰酉合で丑酉金局半会が解け、喜忌参半の傾向性。

第二運丁巳、火旺運、巳酉丑金局全くして、喜の傾向性。

第三運戊午、丁火の根旺じ、火旺の午は丑酉金局半会を解いて、制金し、戊土の印あるも、やや忌の傾向性。

第四運己未、助身の喜の傾向性ある運となり、

第五運庚申、日干転強となって喜の傾向性。

第六運辛酉、同様に日干強となり、この二運は喜神水木火、忌神土金となります。金はそれほどの忌とはならないので、喜の傾向性ある運となります。

〔423〕

己巳	**大運**		癸亥
丁卯	丙寅		壬戌
辛卯	乙丑		辛酉
乙未	甲子		

辛日卯月木旺に生まれ、卯未木局半会し、年干己土印は日干に無情。また申酉金がない透丁乙する「仮の従財格」となるもので、用神甲、喜神木火土、忌神土金となります。第五運壬戌までは、仮従の喜用運にて、喜の傾向性。第六運辛酉金旺運は、「正財格」か「偏財格」に変化し、喜神土金、忌神水木火となります。

〔424〕

己 未	大運	
丁 卯	5才丙寅	35才癸亥
丁 巳	15才乙丑	45才壬戌
庚 子	25才甲子	55才辛酉
		65才庚申

丁日卯月木旺に生まれる「偏印格」か「印綬格」です。未卯木局半会して、月干に透丁し、日支巳、日干強となり、用神は制印の庚、喜神土金水、忌神木火となります。しかし、丁火の特性、「旺而不烈」です。

第五運壬戌まで、一応は忌となりますが、それほどの忌とはならず、水旺運はむしろ喜の傾向性さえあります。

続く、第六運辛酉、第七運庚申の金旺運は喜の傾向性。

この例も、「闕」「織女」「牛郎」「此闕若通也」の例ではありません。

徐氏解命中で、〈食神生財とか、財滋弱殺を用とし勝ち〉は誤りであるとして知られている事象のみで、〈官殺をもって用神とし、運行癸亥、壬の二十年、関府に専心〉と言っております。そもそもが、大運を前後五年ずつに分断すること自体が誤りであるし、〈癸亥、壬〉は十五年間です。こんなことはどうでもよいのですが、官殺を用神とするのは日干強となるのを制することを主とするもので、第四運癸亥、大運干癸水は丁火から生土された己土より制癸され、去とはならないものの、木旺の木局半会を滋木し、印を強化し、亥は情不専にて、亥中戊甲壬の壬水が生甲し、壬水また卯未木局半会を生木する一面、巳中丙火を制丙もすることで、やや喜の作用がない訳ではありません。しかし、官殺を用神とすることは、財滋弱殺も喜となるし、透庚し、丁火煅庚となっている日干強ですから、食傷の土も生庚して喜となる理であり、食傷も財も忌であって、官殺のみが、喜用となるような命は、古来より一造たりともないのです。

また、〈光復の政変に逢い、退職〉と言っていることは、革命の動乱期の一大政変は、個人の力で左右できないもので、動乱期にあっては、大した命でない者が大変出世もすれば、死ぬような命でないものが、暗殺されたり、処刑されたりするものです。これと同じように政変によって、〈退職〉することは日常茶飯事のように行われもしているのです。当然この後、反対派から圧力がかかり、冷遇され、攻撃されもすることになります。そうした前歴がある以上、たとえ、第六運辛酉が喜神運であっても、喜の作用がないのは当然なのです。

〝命が時代環境より優先する〟ことなど絶対にないのです。つまり、環境の中での命運である、ということを知るべきです。このことは、審察の重要なる、史的視点なのです。

さらに、大体においてですが、約65才を過ぎたなら、その死亡の理を運歳で理由付けるのは無理があることも知っておくべきです。しかもこの命、不遇運の十数年という、肉体的精神的環境下、第七運庚申、大忌の丙寅年、用神の二庚を剋金し、金旺の申も、木旺の未卯木局半会と寅中甲と、日支の巳から、剋傷されて死亡したことも不思議ではありません。用神、財の用奪うべからず、と古来より言われていることでもあって、これが、官殺を用神とすべきであることと全く関係ないことです。つまり、知っている事象から、用神を取ったものでしかないのです。こうしたことから徐氏の言っていることは、支離滅裂となり、合理性は一片もない、ということになるのです。

官殺を用神とする命にして、財を忌とする命など一造たりともないのが原則です。しかし、財を喜としても、大運にて財の方を全くするとか、局を全くして忌となることはあるにはあります。この命は、用神庚の財で庚申運、本来は喜の傾向性であるにもかかわらず、一大動乱期の政変によって不遇冷遇の十数年、大忌の丙寅年に死亡したのは、用神被傷、尋常ではなく、喜運中に大忌の流年に死亡する例の一例ともなるのです。大忌となる干支の組み合せは、丙午、これは、47才で、大運壬戌運中の丙午年、壬水は制丙午火ともなれば、壬戌の湿土晦光、庚申運の丙寅とは比すべくもない流年です。

　徐氏は、事象からして、戌を忌のように言っておりますが、壬戌運の戌であって、戌だけの運などということ自体が大誤大謬なのです。戌卯合にて、未卯木局半会は解け、壬戌にて、また、原局の子水にて、湿土生庚、庚金また生子水と壬、となり、壬水制火ということにもなるので、喜象さえある運です。

　さらに、『滴天髄』のこの原文に対しての命、運が、何が「関」であり、どうしたことが「此関若通也」となるのか、そして「通」となったことから、「相邀入洞房」の喜となったのか、という点は全く説明されてもいないのです。

〔260〕

		大運	
戊	**寅**	1才辛酉	31才甲子
庚	**申**	11才壬戌	41才乙丑
己	**丑**	21才癸亥	51才丙寅
甲	**子**		

己日申月金旺に生まれ、透庚する「傷官格」です。寅申冲去して調候を失い、己甲干合不化にて甲は倍力となり、貫通して、庚金の旺にあい尅甲。丑子合は天地徳合となって、不去にて個有の支。丑子は接近して、年干戊土は日干には無情

ではあるものの、丑土を強化し、間接的に日干を助けることになっているので、日干尅洩交加となっているので、用神は、調候とも化殺して生身ともなり、さらに制金ともなる丙と取りたいところ、冲去して命中になく、たとえあっても、丙庚尅去となって、年干の幇身は有情で、「此闗若通也」となるのです。やむなくの用神戊とし か取れず、喜神火土、忌神金水木となります。しかし、己土の特性を忘れるべきではありません。

第一運辛酉、「金多金光」とは言いましても、金と食傷の忌象を免れません。

第二運壬戌、戌に根あり、やや喜の傾向性。

第三運癸亥、亥子丑北方全の忌の傾向性、戊土と甲木が多少の薬となり、「不畏水狂」である。

第四運甲子、水木強化される。忌の傾向性。

第五運乙丑、忌の傾向性ある運となります。

〔425〕

辛	**酉**	**大運**	
戊	**戌**	5才丁酉	35才甲午
丙	**午**	15才丙申	45才癸巳
庚	**寅**	25才乙未	55才壬辰
			65才辛卯

丙日戌月土旺に生まれ、透戊する「食神格」です。寅午戌火局全くし、休令の丙火強となり、壬水を用神と取りたくても命中にありません。戊土も燥土で不能生金となり、庚をやむなくの用神としか取れず、喜神土金水、忌神木火となります。

第一運丁酉金旺運、丁辛尅去し、接近、丙火は酉金に有情となる、財の喜の傾向性。

第二運丙申、申酉戌西方全くし、午寅火局半会を残す、財の喜の傾向性。

第三運乙未、未午合で火局は解け、燥土不能生金ではあっても、忌ほとんどなく、
第四運甲午、寅午午戌の火局全以上、午酉蔵干の尅により、大運支午は個有の支、甲木は、「虎馬犬郷。甲來焚滅。」ともなれば、火旺の庚金は金溶とさえなる忌の傾向性。

第五運癸巳火旺運、癸戊干合化火する、忌の傾向性。

第六運壬辰運、壬戊尅、壬丙尅の、情不専ですが、戊土尅壬して、壬による制火の効なく、辰の湿土が晦火納火し、湿土生金となる喜の傾向性ある運。

これもまた、「闗内有織女」の例とは言えません。

〔426〕

丙　子	**大運**	
乙　未	3才丙申	33才己亥
甲　寅	13才丁酉	
壬　申	23才戊戌	

甲日未月土旺生まれの「傷官格」です。寅申沖去して、未子接近、調候でもある壬・子は有情なる印となる、陽干の甲木にとって、乙・未中乙は有情であっても無力に近く、土旺の土を疏土しなければなりませんので、用神とは取り難く、喜神は一応水木、忌神は火土金となります。この命では「闗内有織女」の「此闗若通也」とする「相邀入洞房」の例とはなりません。

第一運丙申、丙壬尅去しても、原局年支の子水残り、原局の丙火は大運の申金を制して、甲申殺印相生とな

るので、喜の傾向性。無根ですので、安定性には欠けます。

第二運丁酉、丁壬合去、丙火制酉金して、それほどの忌とならないのは、酉金生子水の化殺となるからです。

第三運戊戌、やや財の忌の傾向性。

第四運己亥、水旺運、蔵甲し、寅申解冲して、喜の傾向性ある運となります。

令上尋眞聚得眞。假神休要亂眞神。眞神得用生平貴。用假終爲碌碌人。〔闡微〕

《令上に眞を尋ねて聚《あつ》まりて眞を得るなれば、假神が眞神を亂《みだ》すを要《もと》むるを休《やめ》しめるべし。眞神用を得るは生平貴にして、假を用とするは終に碌碌たる人なり。》

令上尋眞聚得眞。假神休要亂眞神。眞神得用平生貴。用假終爲碌碌人。〔輯要・徴義・補註〕

原　注

寅月に生まれて木火透るものを、眞聚まる、と言います。金水がこれを乱すを要せず。眞神用を得て、忌神害することがなければ、貴であります。

金水はたけり狂って、用金水するは、金水また令を得ずして、木火とは和さないものですので、碌碌なる平凡な人であります。

任氏増注

「眞」とは、時を得、令に乗じている神です。「假」とは、失時退氣の神であります。用神が提綱にあり、また天干に透出しているのを、聚りて眞を得る、と言うのです。眞神が用を得て、假神が破損せしめないなら、平生貴であります。よしんば、たとえ假神があっても、安頓で良好であるとか、眞神と緊貼していないとか、あるいは、閑神が眞神を合しないとか、假神が合を被って作用がなくなるとか、あるいは、眞と假が遥か隔っていれば害をなさないものです。もし、假神が眞神に緊貼するとか、あるいは相尅相冲するとか、眞神が合されるとか、忌神に暗化するとかするのは、碌碌の庸人であります。

行運が助を得たり、仮を抑え眞を扶けたりしますなら、また功名小遂を得ることができます。身も健康で安んじられもするのです。

ですから、喜神は四正が宜しく、忌神は四絶が宜しいのであります。局内に眞神を看、行運に解神を看るのは、これすなわち、先天が地の紀をなして、地を測る所以であります。

まず、提綱を看て格局を定め、中天が人紀をなしますので、人を範とするのです。次いで人元司令を看て、用神となすのです。後天は天紀をなし、観天をもってしますので、後、天元発露するものを看、格を輔け、用を助けるや否やを見るものです。これ、天地人の三式でありまして、造化の功の成るところです。造化が功成れば、すなわち、富貴の機定まります。しかる後、再び運程の宜忌を定めれば、窮通まことに明確に解るものであります。命理を学ぶ者は、三元の正理を十二分に究めて、その眞假を審らかにし、その宜忌を察し、冲合の良し悪しを究め、歳運の宜否を論ずるなれば、その的中率は誠に大なるものがあります。ですから、種々なる法則は文章や言葉でもって言い表わしはしますが、その妙用はその人にかかっているのであります。

〔168〕

甲子	**大運**		
丙寅	丁卯	辛未	
己丑	戊辰	壬申	
甲子	己巳		

（大運：庚午）

山東劉中堂の造です。己土卑薄で春初に生まれ、寒湿の体であり、その氣は虚弱です。しかし、寅中の甲丙並透して、印・正官は清で、聚まりて眞を得ています。柱中金は現れず、水は木を生じていますので、假神は乱となっていません。さらに喜ぶのは、運走東南印旺の地、ですから、仕は尚書となって、多くの人の尊敬を受け、政道にその才能を発揮したのであります。

〔427〕

壬申	**大運**	丙午
壬寅	癸卯	丁未
丙子	甲辰	戊申
乙未	乙巳	

鐵制軍の造です。殺逞財勢、嫩木逢金、最も寅木を喜ぶ、眞神は当令し、時干に乙木の元神が透っているのです。申寅の冲を病とします。運走南方火地、申金の病を去らし、仕は封疆となって、名声高く、生民の徳を潤し、その才能よく発揮したのであります。

〔428〕

		大運	
庚	申		壬午
戊	寅	己卯	癸未
壬	子	庚辰	甲申
甲	辰	辛巳	

この造は、日干旺地に臨み、会局幇身、弱とはなりません。喜とするのは甲木が時干に透っていて、眞神発露されている点です。嫌うところは年庚申あって、申寅冲剋となり、金は戊土の助にも逢って、言うところの、假乱眞、となっている点です。早く学問の道を志しましたが、試験に合格せず、やっと壬午運に至りまして、庚金を制化し、出仕して県令を補しましたが、申運冲寅、假神得助、死亡しました。

徐氏補註

何を眞假と言うかは、極めて重要な研究課題であります。任氏は、時を得、令に乗ずるものをもって眞神とし、失時退氣のものを、假神としております。果たしてそう決め付けることが正しいと言えましょうか。得時乗令のものをもって眞とするなら、これは月令の神でありますので、こんなにやさしいことはありません。誰にでもすぐ見分けがつきます。どうしてその後の文章に、「眞假參差難辨論」と言われているのでしょうか。原注もまた「假神得令、眞神得局而黨多。不見眞假之跡、或眞假皆得令得助云々。」と言っていることはどう解釈してよいものでしょうか。

用神を取る方法は、まず月令に求め、月令用を取ることできなければ別支に取るものです。命造の中で、月令を用神と取れるものは、十中六、七です。十中六、七もあるものがどうして貴と言えましょうか。

そこで、令上に眞を尋ねるとある、ということを考究しますと、月令の神と眞神とを見分けるということでありよす。日主の需要とするものに合致する眞正の用神であり、十干十二ヵ月中の、喜用の神であります。例えば、春木は火をもって喜神となし、夏木は水を眞神となすものです。秋木は金をもって眞神とし、冬木はまた火をもって眞神とするものです。眞神得用、貴ならざるものはありません。假神は、日干の喜用ではありませんが、四柱の配合上、用と取らざるを得ないものを、假神とするのです。例えば、甲木寅月に生まれて、金水が透り、四柱無火、金水を用とせざるを得ない、しかし、日干の喜ぶところではないのです。

〔67〕

辛亥
庚寅
乙未
己卯

明崇禎の造の如く、金水を用と取らざるを得ず、すなわち、假神が用を得るものであります（『窮通寶鑑評註』を参照してください。）。令上眞を尋ねるとは、眞神が月垣中にあって、得時乗令しているものです。聚とは喜用同宮していることであります。

〔254〕

丁亥
庚戌
己巳
庚午

蒋委員長の命の如く、傷官佩印、火金土同じく戌宮月垣の中に蔵され、聚まっていますので、「聚得眞」です。戌宮丁火を用とし、これが眞神得用であります。

〔322〕

庚　寅
戊　寅
甲　子
丙　寅

また、陳済棠の命造の如く、甲丙戊が月垣寅に聚まって、用丙火で、また、月令眞神得用であって、庚金は假神となります。甲木寅月に生まれ、既に丙火眞神をもって用としていますので、庚金が再び混局するようなことがあってはいけないのです（癸水が蔵支していますので、混局とはなりません）。

おおよそ、眞神が用を得、得時得令していて、貴顕れないことはありません。もしやむを得ず假神を用とするのは、配合美でありましても、終には碌々の人であります。

考玄解註

ここもまた、原注と任氏増注と徐氏補註ではそれぞれ意見を異にしており、どれが正しいのか迷われることと思います。各註を要約しますと、

A、原注

真神とは、月支蔵干が天干に透る用神であって、聚るとは二行のこと。つまり、四正の子午卯酉は一行しかないので聚ることはない、ということになります。

仮神とは用神を尅傷するもの、としておりますが、その仮神が用神となることは矛盾となります。ですから、「假神休要亂眞神」と言われている仮と、「用假終爲碌碌人」と言われている仮とはその意味することが違う、と解さなければならないのです。

B、任氏増注

真神とは、月令を得ている干である。聚とは、その真神が天干に透出するを言う。仮神とは、失令の干で真神を破損せしめるものである、として、その仮神がもし悪い種々な作用をもたらす結果となるなら、「碌々人」である、として、原文の用仮を単に、真神を破損せしめるものとしてのみ解している。とすると、月令を得ない用神は真神ではないことになるので、そうした用神を何と称してよいのかが分からない。しかも、用神を論じているのに、用神とは別の喜神が言われ、さらに〈解神〉ということも言われています。

C、徐氏補註

真神とは、〔善意的に徐氏の言っていることを解すると〕命を良化する緊要なる命中にある一神、真正の用神である、としているまでは良いのですが、春木は火をもって真神、夏木は水をもって真神、とするということは調候的視点が入っていることにより、干をもって論ぜず、五行をもって真神とするというのは、干の特性の無視であります。さらに、秋木は金をもって真神とする、ということになると、調候の視点は無視されて、庚辛いずれでもよく、真神となって、何が基準となるのか訳が分からなくなります。ところが、冬木は火をもって真神とすると、これには調候的視点が入ってもくるし、火も丙丁どちらでも問題としないという干の特性の無視ともなります。

つまり、矛盾だらけである、ということになります。

仮神とは、日干の喜用ではありませんが、用と取らざるを得ないものである、と言われては、この論も、訳が分からなくなり、喜用とならないものを用とする、ということは論理的矛盾でさえあります。

以上、三者三様ですが、どの註も矛盾があってどれが正しいのか混乱してしまいます。ではもう一度、整理することにします。この論は、「基礎理論」として一応理解したところの、

「道有體用。不可以一端論也。要在扶之抑之得其宜。」

と言われている、扶抑の一神を宜しく取ることの発展した論が、真神、仮神であり、すべてはその「宜」にかかっている、と解すべきことになります。ですから、

「令上尋眞」

ということは、あらゆる格局は、月令にかかって分別される、日干と他行の強弱であるから、格局を正しく選定しなければならない、ということを言いながら、喜となるものでさえあれば何でも、用神として「宜」とする、ということではなく、

1、四柱構造の上下・左右・「始終」、生尅制化の中で、

2、その構造を良化する緊要となる大切な一神を、

3、干の特性よりして、

4、沖尅合局方とその解法を見極め、

5、接近する去をも含めて、

6、喜となるものを一神として定めるのが真神である。と解するのが、真義となるのです。つまり、「令上尋眞」とは、月支蔵干中にある用神が真神であると言っているのではなく、月令によって尋ねることであり、格局を正しく取ることであり、月令は旺ずることからして、旺相死囚休によって、日干・四行の強弱の質量を正しく分別して、「衰旺之眞機」を尋ね知り、分別する、ということになるのです。これが、真神得用、であると解すべきです。

ですから、さらにその真神の望ましい条件は、

(イ)、日干に有情なる位置にあり、

(ロ)、天干にも、支中にもその真神があり、

(ハ)、その真神が上下・左右よりして、忌神から尅の関係となるものが少なく、喜となる相生のあるものが流通する。

(ニ)、十干十二支を配して、その真神が尅傷されたり、去となるようなことがない。

なら、「平生貴」の可能性が大であることになるのです。

つまり、「假神休要亂眞神」と言っていることが、右の(ハ)にあり、聚が(イ)(ロ)である、と解することができるのです。

右のように、「眞神」ということを理解できれば、真神として用神と取りたい干がなく、やむなく用神と取らざるを得ないものが仮神である、と言うことが解るのです。

ですから、今までの挙例の解命には、必ず用神を取用し、場合によっては、やむなく用神とする、というように述べてきたのです。当然仮神よりもっと悪いのは、用神取るものない命です。また、命良好にして、用神を取るのに困る上格さえもあるものです。

〔168〕

甲　子　**大運**　庚午

丙　寅　丁卯　辛未

己　丑　戊辰　壬申

甲　子　己巳

己日寅月木旺・土死令の生まれで、透甲丙する「印綬格」か「正官格」です。己甲干合、丑子合の天地徳合で、甲は倍力となり、貫通して丙の印にあい、丙火調候が助身、日干丑に根があるものの、死令の己土ですから、日干弱。用神は化官生身する、調候の丙と取り、喜神火土、忌神金水、閑神木となります。しかし、己土の特性、「不愁木盛。不畏水狂。火少火晦。金多金光。」ということを忘れるべきではないのです。

つまり、丁火は真神ではありませんし、真神得用の丙火が天透地蔵、有情・有力で、この用神丙は、甲から生火されて強化されるものの、年支の子、丑中癸水も、己土の湿によって晦火晦光されてはいない、つまり、乱とはなってはいないのです。

壬水が来て、壬丙尅去となる忌も、年干甲接近して制土されても、寅中蔵丙、また丑土あるので、大忌とはならず。大運火旺に巡る用神運、『四言獨歩』にも言われている「己干用印。官徹名淸。」にも該当するものです。

〔427〕

壬　申　　**大運**　　丙午
壬　寅　　癸卯　　丁未
丙　子　　甲辰　　戊申
乙　未　　乙巳

丙日寅月木旺生まれの「偏印格」です。申寅冲去、子未接近し、二壬年月に透出して子に根あり、生時乙未で、日干丙は無根で弱く、化殺生身の甲木を真神の用神として取るべきですが、冲去して取れず、やむなくの用神乙は仮神、喜神木火、忌神土金、閑神水となります。

第一運癸卯、木旺運、卯未木局半会して喜の傾向性。

第二運甲辰、用神として取りたい甲木が大運干に透出し、申子辰水局の情あって申寅解冲し、辰子水局半会残り、よく生甲乙、寅が納水の薬となり、喜の傾向性。

第三運乙巳、火旺運、巳申合にて申寅解冲し、喜の傾向性。

第四運丙午、火旺運、日干の根旺じるものの、子に通根する年月干二壬が制火し、それほどの喜とはならず。

第五運丁未、前運までの後遺・累積によって、それほど忌となることなく、

第六運戊申、金旺運、戊土制水するも金旺の申金生水し、食傷・財・官の土金水の忌象発する大忌の運。

〔428〕

庚　申　　**大運**　　壬午
戊　寅　　己卯　　癸未
壬　子　　庚辰　　甲申
甲　辰　　辛巳

壬日寅月木旺に生まれ、戊甲透出しておりますので、「偏官格」か「食神格」です。申寅冲去、子辰水局半会、旺令の甲納水、月干戊土が攻身、また湿土となって生金し、さらに子辰水局半会が年月のほうへ接近して年干庚金が水源となるので、日干強となり、用神甲としか

取れず、喜神木火、忌神水木、閑神土となります。

第一運己卯、木旺運、己甲合去し、寅卯辰東方全くして、申・子は個有の支となり、日干弱。喜神金水、忌神木火土と変化しますが、無情である年柱の庚申金が制木して忌とならず。

第二運庚辰、庚甲尅去、申子辰辰水局全以上の情にて、申寅解冲し、子辰辰水局半会以上が残る。戊寅殺印相生でもあり、戊土は日干を攻身して、やや喜の傾向性。

第三運辛巳、巳申合にて申寅解冲し、殺印相生となる戊土は日干を攻身、年柱庚申は日干に無情となって、日干弱。喜神金水、忌神木火土となりますが、一辛金よく化殺、火旺の巳も子辰半会が制火して忌とならず、反って喜の傾向性。

第四運壬午、二壬と子辰半会が制火するが、火旺であり、午火に生じられた戊土が制水するため忌とならず。

第五運癸未、忌とならず。

というように、喜となることが少なくても、忌ともならない運が続くので、言われるところの「碌々の人」なのです。

任氏解命に対し、結果は大変よく似てはいますが、解命は全く違うので、少し評註をしなければならなくなりました。つまり、冲尅合局方とその解法が全く違いますし、上下・左右の理が解っていないのです。『滴天髓』で言われている。
○戊寅殺印相生　○上下・左右　○両意情通中、媒・離間　○関内有織女。関外有牛郎

等の真の義が全く理解されていませんし、

○月令乃提綱之府　○生時帰宿之地

からして、

○衰旺之真機

○中和之正理

が分からないため、

に繋がる。

○扶之抑之得其宜

○令上尋真

などが、真神得用ではないことの結論とはならず、〈仮乱真〉である、としているのです。旺相死囚休を知らなくても、申寅解冲すると殺印相生である戊土が尅壬している点、壬水生甲木、となっている構造くらいは理解してほしいのです。しかも真と仮が言われていますが、前段の「仮」と後段の「仮」の意の分別がないがために、後段の「用假終爲碌碌人」の仮神の意、真義を解し得ず、〈申運冲寅、假神得助〉と原局で申寅冲がないように言っているのです。

時干に透出する甲を全く無視し、甲申運であって、「甲申戊寅。眞爲殺印相生」と『滴天髓』で言われていることさえ忘れているのです。

〔67〕
辛　亥
庚　寅
乙　未
己　卯

〈金水を用と取らざるを得ず、すなわち、假神が用を得る〉と言われていますが、用神とは、命を良化する緊要なる一神であるのに、金水二行である庚辛壬癸の四干とするということは、不合理です。これは本書巻一で解命してあります。

〔254〕
蒋介石の八字は違います。

〔322〕
庚　寅
戊　寅
甲　子
丙　寅

年干庚は二寅の蔵甲を断削するが、日干甲を劈甲はしておりません。戊寅は殺印相生ではあるが、木旺の甲が死令の戊土を制土して、生庚するには有情であっても無力、〈用丙火〉でないのは、丙が来ますと、丙も、庚の作用もなくなり、甲が年支寅にも有情・有力な根あることとなって、忌とさえなるからです。これは、戊をもって用神とすべき、真神得用となるのです。

つまり、戊土は三寅中余気戊土で、戊土来ますと、旺木甲は戊土を制さなければならず、力の消費となって減力し、丙火は生戊土有情となり、戊土生庚金となって、さらに調和よろしくなるからなのです。〈庚金は假神となります〉と言っているのも誤りで、日干が旺強なので、用仮の仮神を用神とする、という「仮」でもないのです。

眞假參差難辨論。不明不暗受迍邅。提綱不與眞神照。暗處尋眞也有眞。〔闡微・徴義〕

《眞假は參差して辨まえ論じ難くんば、不明不暗にて迍邅《とんちゅん》を受く。提綱が眞神を照らさざれば、暗處に眞を尋ねまた眞あらん。》

眞假參差難辨論。不明不暗受邅迍。提綱不與眞神照。暗處尋眞也有眞。〔輯要〕

眞假參差難辨論。不明不暗受遭迍。提綱不與眞神照。暗裏尋眞也有眞。〔補註〕

原　注

眞神が令を得て、假神局を得て多数あるとか、假神が令を得、眞神が局を得て多数あるとかして、眞假の区別が分からない、あるいは、眞假皆令を得て助があるとかして全く勝負がつけ難たいほど入り乱れているものは、その人大禍はないとはいえ、一生停滞して安楽なこと少ないものです。寅月生人、木火が透らず、透金するものを用神とするのは、提綱照らさず、であります。己土の暗邀を得、戊土転生し、地支卯多にて酉が冲し、乙庚暗化、運が西方に行くは、また貴となすか、あるいは発福するものであります。

以上、眞假の一端を言ったまでであります。会局、合神、従化、用神、衰旺の情勢により、才徳とか邪正とか緩急とか生死とか、そうした進退が生ずることは、すべて眞假にあらざるはないものですから、よくよく研究しなければなりません。

任氏増注

氣に眞假があり、眞神が失勢して、假神が局を成すのは、「眞」をもって「假」となし、「假」をもって「眞」となすものであります。氣に前後があって、眞氣がまだ來ないのに、假氣が先に來るのは、「眞」をもって「假」となし、「假」をもって「眞」となすものであります。

例えば、寅月生の人、甲木透らずして戊土が透っていて、年月日時の支に、辰戌未丑の類があるなれば、また用と作すべきですし、あるいは戊土が透らずして金が透るに、年日時支に申があって寅を冲するとか、丑酉が金局を成すとか、あるいは、天干に戊己土が生金するとか、等々は、眞神失勢、假神局を得て、また用と作すべきであります。四柱の眞神不足し、仮氣また虚で、日主「假」を愛して「眞」を憎むなら、歳運が「眞」を抉け「假」を抑えるのがよろしいのです。そうでありますなら、発福することもでき得ましょうが、そうではなく、歳運が「眞」を助け「假」を損ずるようでしたら、凶禍は立ち所に至るものです。これは、実をもって虚を投じ、虚をもって実に乗ずるものと謂うのであり、医者が起死回生の薬をもって人を助けるとともに、そうした薬が人に害を与えることを知らないのに似ています。砒素は人を殺すことは知られていても、砒素が人を救うことを知らないことにも似ています。病氣であるなら薬を飲んで治りもしますが、病氣でないのに薬を飲むのは死ぬようなものです。命の貴賤も一様ではないし、正邪というのも常なきことで、動静の間、眞假の間でないものはないものです。格局にもまた眞假があり、ただ単に用神のみに眞假があるものではないのです。大体において、親の庇護を受け安享で現成の福を得るものは、眞神用を得るものが多いものですし、自らの手で業を興し、家を興し、労碌して安逸少なきものは、假神局を得るものが多いのです。あるいは、眞神が受傷するものもあります。親の恩恵少なく、苦労多いもの、眞神不足するものが多いものです。一生起倒多くして、万事人生険しいもの、假神不足するものが多いものです。細密に究めますと、験ならざるはありません。

〔429〕

乙 酉 **大運**

戊 寅 甲戌 丁丑

壬 午 癸酉 丙子

庚 戌 壬申 乙亥

壬水立春二十二日に生まれ、まさに甲木当権、眞神司令、天干に土金透り、地支戌酉に通根していますので、これを眞神失勢と言いますし、假神得局と言いまして、用神は庚金の化殺です。これ「假」をもって「眞」となるもので、純粋と観るべきものです。支が火局を全くするを忌むとはいえ、尅金灼水、その火が天干に透らないことを喜とします。また戊土の生化あるのもさらに妙で、運走西北、早くして登甲して、仕は封疆になりました。利民済物の志あって、なかなか優れた有徳の人物であります。火局を病として嫌いますので、仕路起倒は免れません。

〔430〕

庚 戌 **大運**

戊 寅 壬午 己卯

癸 未 癸未 庚辰

癸 丑 甲申 辛巳

乙酉

癸水立春二十六日に生まれ、まさに甲木眞神司令して、天干土金並透、地支丑戌に通根、傷官当令とは言いましても、官殺の勢い大変に強く、傷官敵殺、日主洩、敵することはできません。庚金は假神ですが、一は官殺の強暴を化し、一は生身する二用があります。また潤土養金でもあります。中運南方、生殺壊印、奔馳不遇でしたが、甲申に至り、用神得地の西方に転じ、軍功によって、知県となりました。乙酉運はさらに佳、州知事となりましたが、丙運に交入するや、壊庚、死亡しました。

〔431〕

丙子	**大運**	癸卯		
己亥	庚子	甲辰		
辛酉	辛丑	乙巳		
己亥	壬寅			

この造は俗論をもってしますと、寒金喜火、金水傷官喜見官、とし、かつ日主専祿、必ず丙火を用神とするものです。それは、水勢猖狂していること、病は元神が日主を盗む、ものであることを知らないからそのようになるのです。丙火を用とはできません。用神とするは、己土印で、止水して、生金衛火でなくてはならないものです。丙火は亥に絶し、丙火生土せんとしても、丙火は先に水尅を受けていますので、どうして生土できましょうか。己土は反って水の傷を被るもので、眞神無情、假神虚脱、初運庚子辛丑、比劫幇身、親の庇護の福あって衣食大変豊かでしたが、壬運に父と死別、一交寅、東方木地、虚土受傷、祖業を破り、刑妻尅子、いずれかへ出て行って生死不明です。

徐氏補註

眞假参差とは、例えば、庚金七月生まれ、丁火を喜用とするに、丁火不透にして、戊土壬水が透る、すなわち假神令を得るものの如きであります。支が寅午戌巳未が会するのは眞神得局して黨多であります。四柱配合、丁火を用とし、抑として壬水を用とする如きは、「眞假參差難弁論」なのであります。また、例えば、丙火が壬水を喜用とするに、十月に生まれて、壬甲並透、壬を眞神となし、甲を假神となし、地支寅申並見するは、すなわち、眞神假神が皆令を得、助を得て、その勝負を区別できないものです。ですから、その人大禍はないとはいえ、一生滞り事が多くして安楽少ない、と言われるのです。さらに、局の配合に随って、喜少ないのは、碌碌の人とも言われるのです。「提綱不與眞神照」とは、例えば、冬木丙火を喜用とするに、日時の支に寅とか巳を見るもので、眞神が提綱の中にはないとはいえ、眞神用を得るものを言うのです。不照とは、月令の氣を得ざることを謂うのです。眞神は得時乗令するは貴であり、調候、病薬、通関、用を取るに、時令の氣を得ないものは、眞神とはできないものです。ですから、眞神提綱にあるがよろしいのであります。「暗處尋眞」とは、吉神暗蔵の謂いで、干支の中に一字暗蔵されているならば、天地をかえるほどの力量があるものでして、全局の精神はその一字から振起するものですので、この神を眞神と言うのであります。原注にいう、寅月生の人、木火太多、氣洩らして弱、すべて庚辛発水の源を恃む、この庚金が眞神なのです。眞神は必ず月垣得時乗令の神でなくともよいのです。日元需要の神が、我が用となるに適し、成功を輔助するものであれば、すなわち、それは眞神なのです。月令当旺の神には、喜となるもの、忌となるものあり、喜となるものは眞ですが、忌となるものは眞神とはできないのです。

以上申し上げたことは、すなわち、提綱不照、用神月令の中になければ、別柱に眞神を求める、ということで、大変見やすい眞神と、不見の形のものがございます。例えば、王晋の造も「暗裏尋眞」であります。

〔432〕

辛　卯	**大運**	58才甲申
庚　寅	28才丁亥	
丙　戌	38才丙戌	
乙　丑	48才乙酉	

正月丙火、壬水を喜用とするに、眞神が見えません。千金支木で、才印交差貴はどこにあるのでしょうか。すなわち、丑戌は亥子を拱み、壬癸眞神暗蔵を知らなくてはならないものです。財印の氣は水によって通じ、戌から卯に至るまで、連珠夾拱し、氣は北方に聚まり、格局大きくなっているのです。原注に言われているように、巳丑暗激、乙庚暗化、氣西方に転じて、また眞ありとなす。これが不見の形でありまして、よくこの辺のことを細密に究めねばならないのです。

また、次に、「暗裏尋眞」とは、眞正の用神が暗處にあることで、夾拱不見の形のみではなく、暗裏に眞神あるを言っているのです。

〔186〕

甲　申	曾國荃の命造で、夾拱聯珠で、用神は午中丁火官星です。
甲　戌	
庚　辰	
壬　午	

〔48〕

庚　辰

己　卯

丙　申

戊　戌

黄郛の命造で、眞神は月令卯木正印であります。

皆眞神用を得るもので、用神は明處にあり、貴氣は暗處にあって、「暗裡尋眞」ではありません。

考玄解註

ここの文は前の「令上尋眞」以下と、「用假終爲碌碌人」との、「真」と「仮」よりして、さらに複雑混乱させるような表現となっているため、原注・任氏増注・徐氏補註も全く三者三様の混乱矛盾の註となっているのです。「令上尋眞」の解註のところで、私は「真」「仮」ということを、用神となる真神、用神と取らざるを得ない仮神、というように定義付けをしました。

すべて学術的専門用語というものは定義することによって、共通概念の理解の上に立って論述され理解されなくてはならないのですが、その定義付けを註者がしていないために混乱や矛盾が生じてくるのです。「令上尋眞」の前文の考玄解註をよくお読みになれば分かるように、「令上尋眞聚得眞。假神休要亂眞神。」とある「假神」と「眞神得用平生貴。用假終爲碌碌人。」とある中の「用假」とは、同じ仮ではあるが全く違う仮である、と述べましたが、その分別がなされていないことから、この原文の註がさらに混乱した註となっているのです。

ここを解りやすく意訳しますと、

〝月令によって格局を正しく取ることさえ難しい上に、日干や他の四行の強弱の分別もやさしくはなく、上下・左右、「始終」や干の特性による生尅制化の有り様からして、真神を用神とするか、仮神を用神とするかは大変に難しいことなのです。〟

が「眞假參差難弁論」の真義なのです。その「難」の状態を、天干・地支・蔵干を正しく整理することは、迍邅、行くも帰るも決められない、迷いに迷う、と「不明不暗受迍邅」と形容しているのです。しかし、そのように迷っても、

〝月令すなわち提綱の府であるのですから、月支蔵干の人元用事の神に用神を尋ね、もし蔵干中にないならば、他の天干、他の支の蔵干に真神が有るか無いかを尋ねて、命を良化する緊要なる一神を定めるべきなのです。〟

と言っているのが、「提綱不與眞神照。暗處尋眞也有眞。」なのです。

以上のように解することが真義であって、これ以上余計なことを言う必要はないのです。原注、任氏増注、徐氏補註を何回読んでも原文の意が解らなかった方も、右の意訳でここまで理解してきた理論と少しも矛盾することがなく、一貫した理として原文の真義を納得されたことと思います。これが解った以上、今さら原注、任氏増注、徐氏補註を批評することは無益となるので省略します。

しかし、もう一度、原注、任氏増注、徐氏補註を読まれることにより、何が重要なことであるか、ということが解ると思います。

〔429〕

乙　酉
戊　寅
壬　午
庚　戌

大運

丁丑	甲戌
丙子	癸酉
乙亥	壬申

壬日寅月木旺に生まれ、乙戊透出しておりますので「偏官格」か「食神格」となります。寅午戌の相令の火局を全くして、年月干に乙戊透って、日干無根、また年支酉は無情な位置の印ですが、時干の庚の印が日干に近貼しているため、仮従ともできない普通格局なのです。

相令の寅午戌火局全が「病」ですので、「薬」として壬水を用神とするのが真神ですが、壬水がありませんので、仮神の庚金を用神とするしか方法がないのです。喜神は金水、忌神木火、閑神土となります。

任氏の解命は、用語の混乱であり、〈眞神司令〉は全くおかしいことです。月令を得ているものを真神と敢えて言う必要もありませんし、用神の真神と仮神を定める際に、真に命を良化する緊要な一神、という意の場合を何と言うのか、他の用語はないのです。

つまり、〈用神は庚金〉こそは、真に取りたい用神ではない、ということの分別さえなされていないのです。何も〈「假」をもって「眞」となる〉必要など全くありません。ましてやこの命をもって、〈純粋と観るべきもの〉がないとは言えません。

ただ、大運は北方運を巡るのが喜となるもので、第三運まではよいのですが、第四運甲戌、寅午戌の火局全以上となり、洩身の甲が大忌である上に、甲生火局全以上で、用神庚は金熔とさえなる大凶の運であることを知るべきです。

〔430〕

		大運	
庚	戌	8才己卯	48才癸未
戊	寅	18才庚辰	58才甲申
癸	未	28才辛巳	68才乙酉
癸	丑	38才壬午	78才丙戌

癸日寅月木旺に生まれ、未丑冲去して日干無根となり、戊癸干合戊土倍力となって日干癸水を貫通、年干庚金は日干に無情な印であるため、「仮の従勢格」となります。生地、生日によっては調候必要です。丙火は丙庚剋去となるので、真神得用とはならず、甲木も庚から剋され、戊土を制しもするので、仮神である戊を用神としか取れません。喜神一応木火土、忌神金、閑神水となります。未丑解冲する大運は「正官格」となり、喜神金水、忌神木火土に変化することになります。

第二運庚辰、辰戌未丑四庫が揃って、未丑冲去が原局に戻る「正官格」。

第五運癸未、未丑解冲する「正官格」。

第六運甲申、金旺運であるが、申寅冲去するので仮従のままとなります。

〈傷官敵殺〉と言っておりますが、戊寅殺印相生、と『滴天髄』で言っていることを忘れてもいれば、地支の一干が天干を剋傷できない上下であることも無視しており、戊癸干合も無視しています。さらに左右をも忘れて年干の庚を〈假神ですが、………一は生身する二用があります。〉として、〈甲申に至り、用神得地の西方に転じ、軍功によって、知県〉と言っておりますが、ここでも申寅冲去を無視してもいるのです。つまり、格局を間違えては用神は用神ではないと暗に『滴天髄』が言っている謬を犯しているのです。もうこれだけ謬の上に謬を重ねておりますので、解命しても無意味とは思いますが、〈立春二十六日に生まれ〉とあることを信用しますと、立運約８才余りとなるので、第八運丙戌は78才以降となります。丙庚尅去し、金旺・土旺にかかわらず、土多金埋となって格局変化し、「真の従勢格」となるということを記憶しておいてください。しかも78才の長寿ですから、命理的に死亡の理を追求することは、不適切ともなります。78才を過ぎましたなら、いつ死亡しても不思議ではありません。

〔431〕

丙	**子**	**大運**	癸卯
己	**亥**	庚子	甲辰
辛	**酉**	辛丑	乙巳
己	**亥**	壬寅	

辛日亥月水旺に生まれる「印綬格」です。調候丙火急を要するのに年干に透出し、丙火生己土ともなっていますので、月干己土もやや燥となって制水の功も多少はあり、己土生日干、また時干己土も生身し、日支酉に座していますので、休令の辛金はやや強となります。用神は納水する甲と取り、一応喜神水木、忌神土金、閑神火となります。

第一運庚子、水旺運、庚丙尅去して調候を失い、金寒水冷、池塘氷結となる忌運。

第二運辛丑、辛丙合は水旺運四年は化水し、土旺運六年は辛丙合去して、いずれも調候を失い、亥亥子丑の北方全以上の金寒水冷、池塘氷結にて水多土流、水多金沈の大忌となり、この運中死亡しても不思議ではありません。この運、全く無事ということはないでしょうが、無事とするなら、

第三運壬寅、壬丙尅去するも、寅中蔵丙の調候あって、喜の傾向性に転じはするものの、前運の後遺・累積の忌は多大です。

第四運癸卯、木旺運も喜の傾向性。

第五運甲辰、乙巳運も喜の傾向性となる。

辛金の特性、金白水清を喜ぶものです。

任氏、〈この造は俗論をもってしますと〉ともっともらしいことを言っておりますが、丙火が調候であることも知らず、かつ、丙火が月干の己土をやや燥とすることも知らず、亥中の甲が生丙することも知らず、燥となった月干己土が少しは制水する理も知らず、亥と亥は無情な左右であり、天干に壬水不透であるのに〈水勢猖狂〉などとも言い、辛金が酉に坐し、〝壬癸の淘洗を喜ぶ〟といった干の特性を忘れ、洩が病となる申子辰水局・亥子丑北方全であるなら、干の特性として、戊土でなければ「薬」とならないことさえも知らずして、〈用神とするは、己土印で、止水して、生金衛火〉と言っているのです。どうして〈丙火は先に水尅を受け〉ていると言えましょうか。第一、下から上を尅すことはできないのが上下の原則ですし、尅の関係となることと、実際に尅することは全く違うのです。

第二に、仮に支に午があって、尅火されるとしても、調候の功はある、調候はあくまで調候という「天道」の理なのです。さらに、〈丙火は亥に絶し、丙火生土〉できないともし、己土を用神とするも〈水の傷を被る〉から、〈眞神無情〉と言っているのです。己土が日干に近貼していて〈無情〉、生辛しないという命理があるのでしょうか。無情という用語はここで使われるべきではないのです。後の〈假神虚脱〉とあることから、〈真神無情〉と言っているのは無力という意に善意に解するためには、「有情無情」という用語の定義に反することになるのです。

〔432〕

辛	**卯**	**大運**	38才丙戌	生時干支の誤りです。生時乙丑となっておりますが、私の
庚	**寅**	8才己丑	48才乙酉	写し違いではありません。丙日は己丑刻となりますので、己
丙	**戌**	18才戊子	58才甲申	丑刻として解命します。
己	**丑**	28才丁亥		

丙日寅月木旺・火相令に生まれ透己する「食神格」です。月干の庚は囚令にして丙火から剋されて、制木する能なく、日干丙火の根ありませんが、戌・己丑への洩身に耐えられるので、用神は生金する己土の真神を用神とします。喜神は土金水、忌神は木火となります。

どうして〈壬水を喜用とする〉のでしょうか。壬水にとって庚は大したことはなくても辛金生水して、水また寅卯木旺を生木するのに、用神とすることができましょうか。しかも、〈亥子を拱み〉と言っておりますが、ないものをあるようにすることは絶対に許されないのです。

このことは、『滴天髓』で「影響遥繫既爲虚」と言われているのを全面的に否定することになります。〈不見の形〉は謬論でしかありません。つまり、この命が不遇にして凶事象が現実に多々あったとするなら、この命をして、不見の形で、寅卯は辰巳へと進気となるので、日干が旺強に過ぎて凶となった、とこじつけることにもなるのです。

運歳論

休咎係乎運。尤係乎歳。戦冲視其孰降。和好視其孰切。〔闡微・補註〕

《休咎は運に係わる。もっとも歳に係わる。戦冲そのいずれが降るかを視、和好そのいずれが切なるかを視よ。》

休咎係乎運。尤係乎歳。衝戰視其孰降。和好視其孰切。〔輯要〕

休咎係乎運。亦係乎歳。戰冲視其孰降。和好視其孰切。〔徴義〕

原　注

日主は譬えて言いますと我が身のようなものです。局中の神は譬えて言いますと、人に引従する舟や馬のようなものです。大運は譬えて言いますと、行く先々の土地のようなものです。ですから地支を重んずるのですが、干の伴わない地支は一つもありません。太歳は行く所の先で逢う人にも譬えられますので、天干を重んずるのですが、地支を伴わない天干もありません。まず第一に日主を明らかにして七字を配合、その軽重をはかり、何運に行くのが喜であるか、何運に行くのが忌であるかを見究めることが肝要なのです。例えば、甲日としますと、氣機をもってすると春と看、人心をもってすると仁と看、物理をもってすると木と看、大体氣機を看ることで他のことはその中に含まれてはいるものと言えます。その甲が、庚辛・申酉字に面するのは、春であるのに秋に行くようなもので、その生々の機を断伐するようなものです。また喜と不喜を見るに、甲を生じたり、甲を伐ったりするの地に運が行るのが喜であるか不喜であるかを看て、その休咎を断ずるものです。太歳は一年でして、休咎がすぐさま顕れるものです。

かくて、「戰冲」「和好」の勢いを詳細に知るなれば、その喜と不喜、休咎のあり方が一目瞭然となるものであります。

任氏増注

富貴は格局において定まるとはいえ、窮通は実に運途に係わるもので、「命好不如運好」と言われる所以のものであります。日主を我が身としますと、局中の喜神・用神は我が用とすることのできる人で、運は我が行く先の土地ですから、運は地支を重んずるもので、天干が背かないことが必要です。天干地支が相生・相扶するを美とし、一運は十年を看るものですから、決して上下五年ずつに分断してはいけないことで、蓋頭截脚をもって云々してはならないものです。上下分断するなれば、その吉凶は決してはっきり知ることはできないものです。

もし仮に木運を喜とするなれば、第一に甲寅・乙卯を喜び、次に甲辰・乙亥・壬寅・癸卯を喜ぶものであります。また仮に火運を喜ぶのであったなら、第一に丙午・丁未を喜び、次に丙寅・丁卯・丙戌・丁巳を喜ぶのです。同様に、土運を喜ぶのでしたなら、第一に戊午・己未・戊戌・己巳を喜び、次に戊辰・己丑です。金運を喜ぶのは、第一に庚申・辛酉です、第二が戊申・己酉・庚辰・辛巳です。水運なら、第一に壬子・癸亥、第二が壬申・癸酉・辛亥・庚子です。

天干が地支を生ずるのは宜しいし、そのお蔭は厚いものです。地支が天干を生ずるは、氣を洩らすことなのです。

何を「蓋頭」と言うかと言いますと、例えば木運を喜とするのに、庚寅・辛卯に遇うとか、火運を喜とするに、壬午・癸巳に遇うとか、土運を喜とするに、甲戌・甲辰・乙丑・乙未に遇うとか、金運を喜とするに、丙申・丁酉に遇うとか、水運を喜とするに戊子・己亥に遇うようなことを言います。

何を「截脚」と言うかと言いますと、例えば木運を喜とするに、甲申・乙酉・乙丑・乙巳に遇う、火運を喜とするに、丙子・丁丑・丙申・丁酉・丁亥に遇う、土運を喜とするに、戊寅・己卯・戊子・己酉・戊申に遇う、金運を喜とするに、庚午・辛亥・庚寅・辛卯・庚子に遇う、水運を喜とするに、壬寅・癸卯・壬午・癸未・壬戌・癸巳に遇うようなものを言います。

「蓋干頭」、支を喜び、運は支を重んじますので、吉凶半減し、「截脚」、干を喜ぶ、支は干を載きませんので、十年皆悪いのです。仮に木運を喜とするに、庚寅・辛卯に遇うのは、庚辛は凶ですが、金は寅卯に絶し、無根ですので、十分の凶があっても半減します。もし原局天干に丙丁が透露していましたなら、丙丁回制を得ますので、またその半を減じ、さらに再び太歳丙丁に逢えば、庚辛を制して凶がなくなるものです。寅卯は本來は吉運なのですが、蓋頭の庚辛の尅によりまして、十分の吉があっても半減します。しかし、原局に地支申酉あって冲するなら、吉はなく反対に凶となるものであります。

また、木運を喜ぶに、甲申・乙酉に遇うのは、木は申酉に絶地ですから、「不載」と言うのです。ですから甲乙運吉ならず、原局にまた庚辛透露するとか、太歳庚辛の干頭にあるとかしますと、必ず間違いなく凶でありま す。十年皆凶の所以です。原局天干に壬癸が透るとか、太歳干頭壬癸なれば、洩金生木して和平であって凶はありません。ですから運吉に逢ってもその吉が現れないし、運凶に逢ってもその凶を見ないのは、蓋頭截脚のゆえであります。

太歳は一年の否泰を管するので、遇うところの人のようなもので、天干をもって重しとします。しかしながら、地支も究めなくてはいけません。最も凶であるのは、天尅地冲、歳運冲尅です。日支旺相でも凶は疑いなく、日支休囚するなら必ず凶咎にかかります。

「日犯歳君」は、日主旺相なら咎はありませんが、日主休囚するなら必ず凶となります。「歳君日犯」また同様です。

ですから太歳は大運との係わり合いを無視しては論じられないのです。例えば、木の吉に逢う運に、歳木に逢うは反って凶なる場合があるのです。要は「戦冲不和」のゆえであります。このように詳しく見ていきましたなら、その吉凶は必ずはっきりするもので間違いありません。

〔433〕

庚　辰　　**大運**　　辛卯
丁　亥　　戊子　　壬辰
庚　辰　　己丑　　癸巳
丁　丑　　庚寅

庚辰日元、亥月に生まれ、天干丁火並透、辰亥皆甲乙を蔵し用火。初運戊子・己丑、晦火生金、希望すること達せられず、庚運丙午年、庚は寅支截脚、天干兩丁、一庚に敵するに足り、また丙午年、庚金を尅尽し、この年に登科。丁未年また連捷して、副知県となる。寅運宦資豊厚、辛卯運、截脚、原局の丁火回尅、仕は郡守、壬辰運、水が水庫に坐し、壬申年、丙丁共に傷付き死亡しました。

〔434〕

乙　未　　**大運**　　甲申
戊　子　　丁亥　　癸未
庚　辰　　丙戌　　壬午
丁　丑　　乙酉

庚辰日元、子月生、未土は子水を破害、天干木火、皆辰未の余氣を得る、用木生火とするものです。丙運入学、癸酉年、乙運に行き、癸は戊と干合し化火。酉は丁火の長生、乙酉截脚の木で、木ではなく実は金です。癸酉年、水は金生に逢うし、また冬令、どうして合して化火できましょう。必ず丁火を尅すること疑問の余地ありません。酉は純金、火の死地、陰火酉に長生の説は俗伝の謬です。その年の辛酉月、局中の木火皆傷付き、不測の災いにあって死亡しました。

〔435〕

戊　子　　**大運**　　己未
乙　卯　　丙辰　　庚申
丙　寅　　丁巳　　辛酉
丁　酉　　戊午

丙寅日元、卯月に生まれ、木火並旺、土金皆傷、水また休囚。幼年、丙辰、丁巳運、遺業消磨。戊午、己未運、燥土は生金、洩火することできず、経営万金の赤字を出して逃げ出しましたが、一たび庚申、辛酉運に変わるや、二十年、財を発すること十余万。

〔436〕

丙　申　　**大運**　　丁酉
癸　巳　　甲午　　戊戌
丙　午　　乙未　　己亥
甲　午　　丙申

丙午日元、巳月午時に生、群比争財、癸水も乾き、初運甲午運、刃劫猖狂、父母早く亡くなりました。乙未運、助刃、家業敗尽す。丙申、丁酉運に交わるも、火が蓋頭し、かつ局中巳午が金を回尅して、貧乏の極となる。戊戌運に至ってやや良くはなるでしょう。

徐氏補註

富貴は命に係わり、窮通は運に係わる、ということは、不易の論であります。「戦冲」「和好」の理は、原注、任氏増注に詳しく論じられていますので、今さらこと新しく申し上げることはありません。運歳はやさしく言い尽くすことはでき難いものです。原命はわずか八つの字、これが種々様々な係わり合いの複雑さの後、大運を加えて、十個の字の変化となり、さらに流年を加えますと、十二字の変化となります。原命は、五十一万八千四百の命造をなし、加うるに二箇六十乗としますと、大変な数になり、さらに小限、行年があり、その変化知ることはできません。最近の命学を論ずる人、運を論ずるに、わずかに喜用旺地、生助冲尅をもってしています。原命喜用が清透しているものに対しては、確かにこの法を用いることはできますが、原局有病であるとか、閑神錯雑しているなら、それらの法を適用し尽くせないのです。例えば、

〔437〕

戊 子	**大運**	49才丁卯
壬 戌	19才甲子	
甲 寅	29才乙丑	
庚 午	39才丙寅	

九秋甲木、支寅午戌火局、木性枯焦、必ず用壬、破火、潤木を用となすべきですが、壬癸運、天干戊土回尅、亥、子運、地支水火交戦、佩印にして印地を行くことができないのです。天干必ず甲乙木をもって、去病することが美なのです。地支寅卯、上を去らすことはできす、反って洩水、助火。丙運虚栄、地支丑運湿土、晦火、蓄水、潤木を佳となすものです。喜用が水にあるなら北方が宜しいのです。大体のことを論じるがよく、細かくこれを論じましたなら、必ず相合すること難しい点が生ずるものです。これがその一例であります。

「構造論」の大要を述べ、次いで「運歳論」へと展開していく構成が順序正しいこととなるのです。この原文は次の文と一緒にまとめて論ずるのが正しいのですが、分論され註されておりますので、それに従うことにします。

実はここで、原文で、大運と流年の休咎・吉凶・喜忌・善悪を論じているのですが、前のところで何回か述べましたことを、重ねて述べて置かなければならない理があります。それは原注で言われ、任氏増注も徐氏補註もそれに従っている、

日干を身主、その人自身に譬え、他の八字をその人に率いられている、馬や船の如くしている、またその譬えに関連するものとして、大運干支を行く先々の場所に譬え、流年干支をその先々での逢う人に譬えている、という点です。この譬えはあくまで譬えですから、善意に解してその意の本質を正しく理解すればよいようなものですが、実はその曖昧さのゆえに今までの命理に大きな混乱、誤解を招いてきたといった点があったのです。つまり、「基礎理論」としての定義に戻らねばならない次のような重要な視点があるのです。

○四柱八字はその人の〝生命エネルギー〟である。

○日干は、その〝生命エネルギー〟の中心核であって、八字の生尅制化の有り様の良し悪しは日干の中心核にとって、喜となるか忌となるかである。

○その分子構造となる干の位置や支の位置について言いますと、年干や年支が、月干や月支を飛び越して、日干や日支とか、時干や時支に直接的生尅制化の関係を及ぼすことはない。

○日干、その他の四行の強弱の分別の基は、月令が旺じていることの、旺相死囚休の循環律によるものである。

○旺相死囚休が循環律であるということから、個々の命によって、大運の違い、順逆の違いの大運干支が月柱から導き出されるものであるから、大運は客観的時間ではなく、個に内包された〝生命エネルギー〟である。

つまり、原局の八字と大運の二字は〝生命エネルギー〟であるという定義を理解しなければならないのです。ですから、

○流年干支は、個のものではなく、万人共通の客観的時間の大単位である。

という定義となることから、具体的な種々なる事象というものは、客観的時間の過程で日常的なこととして具象化し生起継続されていく、ということになるのです。『滴天髄』の最大の欠点と言えば、以上の点が明確にされていなかったため、大運を客観的時間とし、「休咎係乎運。尤係乎歳。」といった表現となっているのです。

この「基礎理論」である、右の定義が理解されましたなら、譬えなどは全く必要のないことになり、誤解や曖昧さは一切なくなるのです。

つまり、大運は客観的時間ではないことから、休咎・吉凶・喜忌・善悪の傾向性でしかない、ということです。ですから、「休咎係乎運」と言っているのであり、客観的・現実的時間の継続である時間の大単位の流年干支によって具象化されていく、という意味で、「尤係乎歳」と言い、原局・大運・流年の干支の、冲剋合局方、その解法、生尅制化の有り様による、「戰沖神其孰降。和好視其孰切。」から、結論となる喜忌を知らなければ

ならない、と言っている、五行流通の間で、喜がどのように強化されているか、忌がどのように強化されているかの「始終」である、と理解することが、『滴天髄』の不足するところを補っての、命理の真義なのです。

以上が正しく理解されましたなら、原注、任氏増注、徐氏補註を評註することは全く無駄なことになりますので、省略します。

また、任氏増注で言っている〈蓋頭截脚〉などは、干の特性、生尅制化と冲尅合局方とその解法が分かり、「始終」を見れば、その中にすべて含まれていることですので、全く無視して当然のことになるのです。

〔433〕

庚　辰	**大運**	辛卯	庚日亥月水旺に生まれる「偏印格」か「偏財格」か「食神格」です。
丁　亥	戊子	壬辰	調候急を要するのに一丙もない、金寒水冷、池塘氷結の下格。年柱の
庚　辰	己丑	癸巳	庚の幇身も、湿土凍土である辰の印も日干に無情ではあるが、日支辰
丁　丑	庚寅		と時支丑に生金の情はあっても、日干無根に等しく、日干は弱で、用

神取るものなく、喜神一応土金、忌神水木、閑神火となりますが、調候ない限り喜の作用発しません。用神取れないのは、辰中戊土を取っても、大運戊土が巡ると土多となって埋金の憂いあることと、比肩庚を取っても、水多をさらに助長してしまうためです。

第一運戊子、水旺運、調候なく、亥子丑北方全を戊土が制水はするものの、池塘氷結、金寒水冷、忌の傾向性ある運。

第二運己丑、調候なく喜とならず、
第三運庚寅、木旺運、せっかくの調候丙が寅亥合去するものの、喜の大運干庚あって、やや喜の傾向性。

第四運辛卯、木旺運、卯亥木局半会しても、調候なく、忌の傾向性。

第五運壬辰、壬水制二丁、湿土生金の喜の傾向性。

第六運癸巳、調候運ではあるが、巳亥冲去によって、喜の傾向性。

〔434〕

乙　未	**大運**	甲申
戊　子	丁亥	癸未
庚　辰	丙戌	壬午
丁　丑	乙酉	

庚日子月水旺に生まれる「食神格」か「傷官格」です。調候急を要するのに、無丙、金寒水冷、池塘氷結の下格です。子辰水局半会、戊土制水し、生庚もする。また時支に丑の印あり、年支未は日干に無情であるが、日干強となり、制土する甲を用神と取りたくもなく、やむなく壬水を用神としか取れません。喜神は水木、忌神土金、閑神火とするものの、調候ない限り、喜用ありません。

第一運丁亥、水旺運、亥子丑北方全、戊土制水が「薬」となるものの調候なく忌の傾向性。

第二運丙戌、丙火調候、化殺生身となって、辰戌未丑四土揃う忌大の傾向性あり、
第三運乙酉、第四運甲申、調候なく金旺の忌の傾向性。

第六運壬午、調候運にて生気発するものの、前運まで忌の傾向性続いての後遺・累積あって、突然良化する

ことを期待はできません。

〔435〕

戊　子　**大運**

乙　卯　丙辰　庚申

丙　寅　丁巳　辛酉

丁　酉　戊午　己未

丙日卯月木旺・火相令にて透乙する「偏印格」か「印綬格」です。寅中蔵丙、日干強にて、用神やむなく戊と取り、喜神土金、忌神木火、閑神水となるのです。

第一運丙辰、第二運丁巳、共に忌神運。

第三運戊午、火生戊土となるものの、戊土制子水となり、それほどの喜とはならず。

第四運己未、己乙尅去、未卯木局半会して、年干戊土日干に有情ですが、印強化され喜忌参半の傾向性。

第五運庚申は喜の傾向性となり、第六運辛酉は喜の傾向性。

〔436〕

丙　申　**大運**

癸　巳　甲午　丁酉

丙　午　乙未　戊戌

甲　午　丙申　己亥

丙日巳月火旺に生まれる「建禄格」です。調候となる申は巳と合去して調候を失い、用神取るものなく、甲木炎上の憂いさえあり、喜神は土金、忌神木火、閑神水となります。

第一運甲午、火旺の三午揃い、大忌。

第二運乙未、巳午午未南方全以上、調候申支が原局に戻るも大忌。

大忌が二運も続いて、この運中に死亡もあり得ます。この運を無事に過ごし得たとしても、第三運丙申、第四運丁酉、財困と金の疾病重いことになります。

〔437〕

		大運	
戊	子		39才丙寅
壬	戌	9才癸亥	49才丁卯
甲	寅	19才甲子	
庚	午	29才乙丑	

甲日戌月金旺に生まれ、調候丙火必要なるに、寅午戌火局全くし、透庚、戊壬尅去して、甲庚接近し、従することできない「正官格」です。「病」に対する「薬」子水は不及で、日干弱。用神は制火するとともに化殺生身となる壬、真神得用で、喜神水木、忌神火土金となります。


第一運癸亥、水旺運、癸戊合にて戊壬解尅し、亥寅合にて火局解けて全支個有の支となり、喜の傾向性。

第二運甲子、子午冲にて火局解けて喜の傾向性。

第三運乙丑、丑子合去して用神を失う、忌の傾向性。

第四運丙寅、寅寅午戌火局全以上となり、透丙する大忌の運となります。


徐氏〈大体のことを論じるがよく、細かくこれを論じましたなら、必ず相合すること難しい点が生ずるものです。〉と言っておりますが、完璧に生年月日時正確で正しいものであれば、あらゆる事象は必ず、理論通りとなるものです。実証必ず伴うものであるからこそ「理論」と言えるのであって、〈これを細かく論じましたなら、必ず〉事実・実証と〈相合しない〉のは、理論に必ず誤りがあるからです。例えば、冲尅合局方の一つでも間違え、解法を見落としたなら、全く事象と一致しないものですし、仮従となるのを、普通格局としたりするなら、全く事象と符合しないのです。あるいは格局を正しく選定しましても、用神が真神か仮神か、喜忌閑神がどうなるかを間違えても、事象と一致するわけがないし、不見の形、などと言っている限り、事象は一致するものではないのです。干の特性を無視しても、事象と一致しないものです。少しでも、矛盾や不合理がありましたなら、それはもはや理論ではないのです。

何爲戰。何爲沖。何謂和。何謂好。〔徵義〕

《何を戰となすか。何を沖となすか。何を和と謂うか。何を好と謂うか。》

何謂戰。何謂衝。何謂和。何謂好。〔輯要〕

何爲戰。何爲沖。何爲和。何爲好。〔闡微〕

何謂戰。何謂沖。何謂和。何謂好。〔補註〕

原　注

例えば、丙運庚年を「運伐歳」と言います。日主が庚を喜ぶなら、丙が降参するのが宜しいことで、戊丙が原局にあれば吉です。日主丙を喜ぶものなら、歳が運に降らず、戊己が和せしむるを妙とします。例えば、庚が寅・午に坐すなら、丙の力量大となって、歳運降らざるを得なく、降りるということは、禍がないということなのです。庚運が丙年、これを「歳伐運」と言います。日主庚を喜ぶなら、戊己が原局にあって丙を和せしめるなら吉。日主丙を喜ぶなら、運は歳を降ろさず、戊己があって丙を洩らし庚を助けてはいけないのです。庚が寅・午に坐するようでしたなら、丙の力量大となって、運は歳を自然と降ろして患なきを保つものです。

子運午年、これを「運冲歳」と言います。日主が子を喜ぶなら、子を助けることが宜しいし、また年の干頭に午を制する神があるなら宜しいが、午が党多するとか、年の干頭に戊甲がありますと必ず凶であります。午運子年を「歳冲運」と言い、日主が午を喜ぶのに、子が党多するとか、干頭に子を助ける神があれば必ず凶。日主が子を喜ぶなら、午の党少で、干頭に子を助けるものあれば必ず吉です。午が重く子が軽いなら、歳は降りませんので咎ないものです。

乙運庚年、庚運乙年の如きを和と言います。日主金を喜ぶなら吉ですが、木を喜ぶのでしたなら吉ではありません。子運丑年、丑運子年、日主土を喜ぶのでしたなら吉ですが、水を喜ぶのでしたなら吉ではありません。

庚運辛年、辛運庚年、申運酉年、酉運申年を好とします。日主陽を喜ぶなら、庚と申が陽となり、陰を喜ぶなら、辛と酉が好です。

任氏増注

「戦」とは尅のことです。丙運庚年を「運尅歳」と言い、日主庚を喜ぶなら、丙が子・辰に坐するとか、庚が申・辰に坐するとか、または局中戊己があって丙を洩らすとか、壬癸があって丙を尅するとかするのは吉です。しかし丙が午・寅に坐するとか、原局水土の制化がなければ必ず凶です。庚運丙年の如きを、「歳尅運」と言い、日主庚を喜ぶなら凶、丙を喜ぶなら吉です。庚を喜ぶなら、庚が申・辰に坐するとか、丙が子・辰に坐するとか、原局水土に逢って制化するなら吉で、この反対は必ず凶となります。丙を喜ぶ場合は、これより類推できることと思います。

「沖」は破で、子運午年の如きを、「運沖歳」と言い、日主子を喜ぶなら、干頭に庚壬があるとか、午の干頭に甲丙があれば咎はないものです。しかし、子の干頭に丙戊があるとか、午の干頭に庚壬があるとかするは、咎あります。日主午を喜ぶに子の干頭に甲戊があるとか、午の干頭に甲丙があるとかするなら吉。しかし、子の干頭に庚壬、午の干頭に甲丙あるは凶です。午運子年、「歳沖運」と言い、日主午を喜ぶなら、午の干頭に丙戊あるとか、子の干頭に甲丙あるなら吉ですが、午の干頭に丙戊あるとか、子の干頭に庚壬あるとかすれば凶です。他は類推できましょう。

「和」とは合のことです。乙運庚年、庚運乙年、合して化す、金を喜ぶなら吉、合して不化なら反って羈絆となし、日主の喜を顧みないのは吉ではありません。庚を喜ぶ場合も同じです。木を喜ぶものでも同じです。金を喜ぶなら、金得地し、乙木無根、合化するを美とするものです。子丑の合は不化なれば尅水、水を喜ぶものなら吉ではありません。

「好」とは類が同じものです。庚運申年、辛運酉年を真好とするもので、支祿旺じ、木氣に帰垣、家室に安住できるようなものです。庚運辛年、辛運庚年を天干の助ですので、朋友の扶けのようなものです、旺運に通根することが第一に重要なことでして、運無根の如きはその勢い衰えて依付するの情なきものですから、「好」とは言えないのです。

〔438〕

辛　卯　　**大運**
甲　午　　癸巳　　庚寅
丙　辰　　壬辰　　己丑
庚　寅　　辛卯　　戊子

丙火午月の生、旺刃当権、支全寅卯辰、庚辛不通根。初交癸巳・壬辰運、金は生助に逢い、家業繁栄、辛卯運、金截脚して、刑喪破耗、家業十中八九敗れ、庚運、丙寅年尅妻。庚は寅支の截脚、丙寅年「歳尅運」。また庚絶丙生、局中制化の神なく、甲午月、木は火勢に従って、凶禍続き、疾を得て死亡しました。

〔439〕

辛　卯　　**大運**
甲　午　　癸巳　　庚寅
乙　卯　　壬辰　　己丑
乙　酉　　辛卯　　戊子

乙木午月の生、卯酉緊冲日祿、月干甲木午絶地。五行無水、夏火洩氣、傷官用劫、忌むところは金。初運癸巳・壬辰運、印透生扶し、平順の境。辛卯運辛酉年、卯酉冲して刑喪尅破。庚運丙寅年、庚金の忌を丙が尅去し、局中土水なく、入科し、希望がでました。

徐氏補註

「戰冲」とは、冲がなければ初めて戦と言うもので、申運に寅年、午年に遇うが如きもまた、その氣が相戦するものです。しかし「戦冲」必ず凶とするものではありません。「和好」必ずしも美とはならないことと同じです。必ず原局の喜忌よりして推察すべきです。そして、月建をもってこれをはかるべきであります。すなわち、吉凶を何の月かで大略見てよろしいのです（この説は、高澹園君の発明によるところで、神殺中の喪門・弔客の義です。このことをつけ加えて置きます。徐樂吾）。

原局格局を重んじ、格局は、財官印食、五行生尅の代名詞です。運歳は神殺を重んず。神殺は数の代名詞です。数とは、甲己九、乙庚八、丙辛七、丁壬六、戊癸五、子午九、丑未八、寅申七、卯酉六、辰戌五、巳亥四です。参伍錯綜し、変化を生じます。神殺は干支より起きるので、数に起きるのです。吉神は百二十五、凶神は百二十、合計二百四十五。吉凶は、戦闘降伏、刑冲破合の関係に外ならず、神殺が運を逐うのと歳を逐うのと同じではないのです。まず原命の有無を見るべきもので、「原有原無」と言われるところですし、「吉会凶会」の説あるところです。今の命を論ずる人、わずかに順逆の大概を知り得て、古人の記載せるものによっていますが、神殺に従って見ることができることを知らないのです。萬育吾氏は、おおよその運を推し計るには、生年太歳と運の生尅により看るべきで、生尅が既に定まった後には、諸神殺を参考するなら、吉凶ははっきりと判るものです、と言っているのです。古人は昔に既にこのように言っているのです。生尅の二字は、格局、用神、扶喜、去病を包含する各種の看法で、まず生尅を論じ格局が定まったなら、神殺をもって休咎を定むるを、論命の一定の法則とするものです。古書に神殺は、専ら納音・神殺をもってし、五行の生尅を忘れましたので、謬論百出して、論断も事実とは合致しなくなったのです。それで後の人は、神殺は吉凶には関係ないとしてしまったので、過ぎたるは及ばざるが如しで、その一を失ってしまったのです。神殺は数の符号で、会合刑冲、変化を起こして、神殺となるのです。温和なるは吉神で、猛烈なるは凶殺となすのです。書に「鬼なくしては造化をなすことできず、殺なければどうして身を安んじていられようか。」とも言われています。大体貴命は、多く凶殺を帯び、切に吉神を見るを不可とする、を吉となすと言うのです。凶神を見るは凶をなすと言い、吉神と凶神は、数目の配合変化の情状でないものはなく、用が吉となるか凶となるかは、別の一問題なのです。例えば、八字中、財官印食を吉、梟傷劫刃を凶とするものではなく、吉凶は配合にあるもので、名称それ自体にあるのではないもので、神殺もこれと同じなのです。これは各人の運用にあるもので、熟極の後、自ら神悟し、変化の妙は、一心に出づるもので、命の理微は、たやすくは言えないものです。五行生尅の変化、わずかに命理の基礎であり、推算の初歩でしかありません。

考玄解註

この原文は、前述しましたように分けて別論すべきものではなく、前文に続いてまとめて一文とすべき内容なのです。この文は「基礎理論」の、冲尅合の去と化、方局を含めての、冲尅合局方とその解法によって、原局・大運の〝生命エネルギー〟に、客観的時間の大単位の流年干支が加わって、結果として、吉となるか凶となるか、またそれがどの程度のものであり、どのような事象となるかは、「事象論」にいって理解できることを暗に言っているのです。

ところがこの文を前の文と分けて、ここだけを註したために、原注では、〈丙運庚年午を「運伐歳」と言います。日主が庚を喜ぶなら、丙が降参するのがよろしいことで、戊丙が原局にあれば吉です。〉

と誠に単純に、三干だけの関係の中で、吉凶を結論付ける結果となって、原局の他の三干、月令の支と他の三支、大運の支は何が旺じているか、流年の支が何であるか、など全く関係なく、吉凶を片づける暴論とさえなっているのです。もっともらしく言っている後の論も、任氏増注の論もすべて暴論であり、命理ではありません。『滴天髓』の作者は微塵もそのような暴論などを考えてはいないのは、先に「方法論」を述べているところで、

「配合干支仔細詳。定人禍福與災祥。」

と、原局・四柱八字、大運干支、流年干支を「細詳」すべきである、と言っているのです。

原注、任氏増注共に大謬であり、徐氏補註に至っては、事象を見るのは神殺にある、などと言い、『滴天髓』で神殺など一片の価値もないことが言われていることを、徐氏は否定してもいるのです。

『滴天髓』の作者は、本来なら、「基礎理論」の、

「陽支動且強。速達顯災祥。」

以下のところで、冲剋合の理がよく理解されたことと思われるが、それでも杞憂と老婆心から、運歳の看法の結論として、

「何爲戰。何爲冲。何謂和。何謂好。」
と述べているのです。原注、任氏増注、徐氏補註は、すべて杞憂通りの註となっているのです。

〔438〕

辛卯	**大運**		
甲午	癸巳	庚寅	
丙辰	壬辰	己丑	
庚寅	辛卯	戊子	

丙日午月火旺に生まれ、日支辰が晦火納火する湿土であるのが、寅卯辰の東方全くし、湿土ではなくなり、蔵干二乙、生火することになります。調候となる壬水なく、寅卯辰の東方を全くして月干に透甲し、日干月令を得て、印重々であり、官殺一点もない「従旺格」となるものです。これは従格のところで述べた任氏が言っている「従強格」では、財がないことが条件ですが、財があっても官殺がないのは「従旺格」とすべきである、と述べた格に当たります。任氏の言うようですと、「従強格」とならないと、「建禄格」か「陽刃格」となるわけで、用神は庚、喜神は土金水、忌神木火となるのです。しかしこれは「従旺格」ゆえ、用神は真神得用の丙、喜神木火土金となって、忌神なく、閑神水となるのです。水旺運は破格となります。しかし、調候と湿土ない限り、喜は期し得られません。

第一運癸巳、火旺運にて癸水は化殺生身、忌少。

第二運壬辰、寅卯辰辰東方全以上となり、壬水は庚辛が水源となって、化殺生身する、調候あるも破格とならず、喜多大の傾向性。

第三運辛卯、寅卯卯辰の東方全以上にて、調候なく、喜とならぬ運。
第四運庚寅、寅寅卯辰の東方全以上で、前運と変わらず、
第五運己丑、湿土が調候的役割を果たし、生金生財の大喜の傾向性ある運になりますが、
第六運戊子、水旺運で破格となり、死亡。
これは運歳の看法の例としては誠に不適切です。
任氏解命、〈金は生助に逢い、家業繁栄〉と言っている点からみますと、「建禄格」か「陽刃格」としているようです。一応用喜忌は前述しましたが、実は普通格局としますと、火旺・土相・金死・水囚・木休令にて、火旺の丙火から死令の庚は尅金され、むしろ熔とさえなり、東方全が「病」ともなっても、庚金は倒木の「薬」ともならず、辛金は干の特性よりして、甲・卯によって金缺となり、庚金も辛金も全く用をなさない凶格となってしまい、２才癸巳年、３才甲午年、必死、となるものです。百歩譲って第一運癸巳まで寿あったとしても、癸水の特性は制火制木どころではなく、滋木培木するのみで、しかも火旺運、炎上の丙火猛烈の上に、さらに「猛」となったなら、どうなるかを考えれば、寿保ち続けるはずがないことは誰にでも解ることです。
第二運壬辰とて、寅卯辰辰の東方全以上となり、壬水は一応庚辛から生水される調候としても、制火に向かわず、滋木培木の化殺生身の大凶の理。つまり、水火が忌である原局にさらに木火大強となって、庚辛金は耐えられるものではないのです。任氏は〈截脚〉を言っておりますが、冲尅合局方とその解法により、その生尅制化の有り様よりして、原局、大運、流年干支の「始終」を見て、五行がどこでどう断節するか、流通して喜

が強化されるか、忌が強化されるかを分別することによって、流年の喜忌の有り様が分かるはずなのです。しかもその流年というものは、それまでの運歳の累積の上での流年なのです。もちろん、この四柱八字の命、普通格局とするなら、第一運癸巳の運中に必ず死亡しているもので、「従旺格」であるからこそ、喜神木火土金、忌神なく、閑神水となり、寿あるものなのです。「従旺格」であるなら、第四運庚寅の満齢35才丙寅年の死亡はあり得ないことです。

〔439〕

	大運	
辛卯		庚寅
甲午	癸巳	己丑
乙卯	壬辰	戊子
乙酉	辛卯	

乙日午月火旺に生まれる「傷官格」か「食神格」です。調候癸水を必要とするのに水一点もなく、卯酉冲去して、午卯接近し、年支卯は日干の根となり、月干に透甲する藤蘿繋甲。日干強となり、用神丙、喜神火土金、忌神水木。しかし調候がない限り、喜は喜の作用を発しません。

第一運癸巳、調候癸水、大運干に透出して滋木する火旺運にて、喜となる傾向性多大。

第二運壬辰、辰酉合にて卯酉解冲し、壬水は調候と見るべきであり、生木と同時に制火もし、辰の湿土は晦火晦光することになりますが、午火が去となるということではありません。この「始終」を見ますと、忌の水が制火し、火力減ずるも、喜とする土を、火生土と生じ、喜の財の土はまた、喜の金を生じはするものの、酉金はせいぜい卯を剋するくらいでしかなく、辛金は甲に歯が立たないので、せいぜい火土の喜象があるくらいの傾向性ある運。

第三運辛卯、調候なく、二卯一酉の冲で、卯酉解冲する木旺運。これは木多金缺とさえなって、金の忌象と比劫の木の忌象とが続発します。つまり、木多の忌が金の忌象を発生させる傾向性となる。

第四運庚寅、また調候なく、寅午火局半会するに、火の忌、洩身太過の食傷の忌の上に、庚金はまた、尅木もないわけではなく、火上の庚の忌さえあり得る運。

第五運己丑、丑酉金局半会の情にて卯酉解冲し全支個有の支で、湿土が調候的となり、癸水も生木し、木火土金水木と五行の「始終」流通して、ほぼ調和よろしくなり、比劫、食傷、財、官殺の喜象さえ生じてくる傾向性の運。

第六運戊子、水旺運、子午卯酉の四正が揃い、全支が個有の支となる調候運ですが、用神を制する、また生木する忌神運となります。

前にも、一、二の例で述べたことですが、格局および用喜忌が決まりましたら、

○十干を配し、喜忌がどうなるかを見る。

○十二支を配して、喜忌がどうなるかを見る。

○忌となる干支の組み合わせ、喜となる干支の組み合わせを見る。

○どのような大忌となる干支が大運に来るか、もし来ないなら、大忌の干支の流年がいかなる大運中に巡る

かを検討する。その原局、大運、流年の「始終」を観る。
○喜となる干支の組み合わせが大運中に来るか否かを観る。

これが、運歳の喜忌を観る要法であります。

これが分からないことには、事象など解らないのです。

格局を間違える、用喜忌を間違えるなどは、もはや初学に劣るものです。挙例の辛卯・甲午・乙卯・乙酉の命、藤蘿繫甲を忘却して、〈傷官用劫〉と用神を間違えるなど、何のための『滴天髓』なのでしょうか。干の特性、辛金がどうして〈忌むところ〉なのでしょう。卯酉冲去して、どうして〈忌むところ〉となるのでしょうか。仮に去を見落としたとしても、一支の酉が、天干の乙を尅傷する理はないこと、左右・上下で理解したことではなかったのでしょうか。このことはまた、「兩意情通中有媒」のところでも言われたことではないのでしょうか。

何處起根源。流到何方住。機括此中求。知來亦知去。〔闡微・徵義・補註〕

《いずこに根源起こりて、流れ到《いた》りて何方に住《と》まるや、機括この中に求むれば、來たるを知りて、また去るを知る。》

何處起根源。流向何方住。機括此中求。知來亦知去。〔輯要〕

原　注

当令する当令しないにかかわらず、命中の最多最旺するものを取って論ずるものです。それを「源頭」とし、祖宗となすべきであります。この「源頭」を看、「何方」に流れて行くかを見るに、喜ぶところの神の方であるなれば、よきことそこにあるのです。例えば、辛酉・癸巳・戊申・丁巳、の如き命造であるなら、火をもって源頭として、金水の方に流れて行くのですから、佳とし、富貴最となす所以であります。しかし、火に始まって木地に流れて行くが如きは、氣を洩らし乱となすもので、よき方に流れて行かないのは、中間に阻害があるものです。

その阻害がいかなる神であるかを見ることによって、その休咎を断ずることができます。流れ住《と》まるのが如何なる地かを知るなら、その地位如何を知り得るものです。例えば、癸丑・壬戌・癸丑・壬子、土をもって源頭とし、止まるところが水であるが如き命、ただ一人の子息を得るのみで、戌中の火土の氣が引助して、僧となった所以であります。

任氏増注

「源頭」とは、四柱中の旺神であります。財、官、印綬、食傷、比劫にかかわりなく、最も強い神を「源頭」とするものであります。流通宜しく生化宜しきを美とするものです。例えば、比劫に起こりまして、財官に止まるは喜となしますし、あるいは、財官に起こり、比劫に止まるは忌となすものです。ちょうど山川が脈に発し、龍に來る如きものです。大父母の氣を認めて、尊星を看る、真子息の氣を認めて、主星を看る、方交媾の氣を認めて、胎伏星を看る、胎育の氣を認めて、胎息星を看る、化殺為権の氣を認めて、解星を看る、絶處逢生の氣を認めて、恩星を看る、源の氣の勢いを認め、流の氣の情を認めるものですので、「源頭流住」の地は、山川の結穴のところでありますので、よく究めなければならないのです。

「源頭阻節」のところとは、「來龍破損隔絶」の意であります。その「源頭流止」の地がどうなっているかを看ることとは、誰が興り誰が替わるかを知ることができ、その阻節の神が何神であるかを看れば、その何が吉で、何が凶であるかを知ることができるものです。例えば、「源頭」が年月にあって食印〔とありますが、食神の誤植〕、住まるが月時〔日時のミス〕で財官であるのは、上は祖、父の恩恵を十二分に受け、下は児孫の福を享けるものであります。しかし、年月財官に「源頭」起こり、日時傷劫に住まるようでしたなら、祖業は破敗し、刑妻尅子となるものです。「源頭」日時の財官に起こり、年月食印に住まるは、当人は祖父に負けぬくらいの発展をするし、児孫も立業するものであります。あるいは、日時財官に起こり、年月傷劫に住まるは、祖業享け難く、自ら業を起こす。年に官印が流れて住まるのは、その祖上が清高であることを知り得ますし、年月傷劫に流れ住まるは、祖上寒微であったことを知り得ます。月財官に流れ住まるは、その父母創業せるを知り得、傷劫は父母破敗、日時財官食印に流れ住まるは、必ず白手成家、あるいは妻賢子貴ですし、日時傷劫梟刃の者は必ず妻陋子劣、あるいは妻によって禍を招く、家を破り辱を受くるものです。そしてこれらのことは、日主の喜忌によって断ずることが必要なことで、そのようにして看てゆきますと適中しないことはないものであります。

「源頭」よりして流れ住まらない地、阻節・隔絶の神が偏正印綬でありましたなら、長上の人よりの禍があり、柱中財星が印を制しますなら、妻賢の助があり、比劫が化するなら、兄弟の扶けを得るものです。阻節が比劫でありましたなら、必ず兄弟の累に遭い、あるいは不和。もし柱中官が制するなら、必ず賢貴の人の解、助けを得ます。食傷が化するようでしたなら、子や姪の助けを得ます。阻節が財でしたなら、必ず妻妾の禍があり、柱中比劫が制するなら、必ず兄弟の助けを得ますし、あるいは兄弟の愛敬があります。官星が化するなら、賢貴の助けを得ます。阻節が食傷でしたなら、必ず子孫の累を受け、柱中印綬がこれを制するなら、必ず長上のお蔭を受けるとか、引き立てを受けるものです。財星が化するなら、必ず美妻を得るとか、女性多才多能であるとかするものです。阻節が官殺でしたなら、必ず官刑の禍に逢い、食傷の制があるなら、子姪の力を得ますし、印綬が化すなら、長上の助けを得ます。これも用神の宜忌を看て論ずるなら、確応あるものです。

「源頭」から流れ住まるところが官星で、日主の用神でありますなら、名あがり貴顕れる者十中八九です。財星が用神でしたなら、大利発財する者十中八九です。印星で用神でしたなら、文筆高く清高な者十中八九です。食傷が用神でしたなら、財子兩美、十中八九です。

日主が官星を忌となすに流れ住まるは、官の禍、破産する者であります。財を忌神となすに流れ住まるは、財を失い、身を敗る者あります。印を忌となすに住まるは、文書ごとで失敗、殃いを受ける者があります。食傷を忌、子孫の累を受くるとか、絶家する者とかあります。これが源流の正理の窮極であり、俗書の謬論とは全く異なるものです。

〔440〕

辛　酉　大運　丙申

庚　子　己亥　乙未

丙　寅　戊戌　甲午

癸　巳　丁酉

これは金を「源頭」としまして、寅木に流れ至るものであります。印綬生身さらに妙とします。巳時得祿、財また生に逢い、官星透露し、清にして精神あるものです。中和純粋で、起こるところもまた佳で、文官から仕は通政に至り、一生険なく、名利双輝。

〔441〕

辛　丑　大運　己丑

癸　巳　壬辰　戊子

戊　申　辛卯　丁亥

丙　辰　庚寅

これは火を「源頭」として、水方に流れ至るものです。さらに妙なのは、月時火の源で、皆流通するもので、金水帰局、富百万となった所以です。貴は二品に至り、一生険なく、まことに恵まれた、五福聚まるの佳美の造です。

〔442〕

辛　卯　大運　丁亥

辛　卯　庚寅　丙戌

丙　子　己丑　乙酉

甲　午　戊子

これは木を「源頭」とし、五行無土で、流れて金に至ることはできません。財官また隔絶、冲して生化の情なく、初運庚寅運、父祖の福を受け、己丑運、洩火生金し、財福集まりましたが、戊子運、土虚水旺、暗に木神を助け、刑耗多端、丁亥運、剋金会木、家破れ、死亡しました。

〔443〕

庚　寅　　**大運**　　丙戌
壬　午　　癸未　　丁亥
戊　午　　甲申　　戊子
丁　巳　　乙酉

これは火を「源頭」とし、年支寅木が阻節、月干壬水がこれを隔て て、金に流れが行きません。初運土金の地、「阻節」の神を沖化し、大 変幸慶に恵まれましたが、丙戌運に一たび交わりますと、火局を成し、 梟神奪食、破耗異常、一妻二妾四子を尅したのです。丁亥運、干支皆 合し、木に化し、貧乏にして孤苦、髪を削って僧となりました。

およそ、富貴なる者で源頭に従わないものは一人もありません。その貴賤を分かつのは、全局中の一字で定まるものです。濁氣を去らして喜神となすのは、貴ならざれば富み、清氣を去らして忌神となすものは、貧ならざれば賤となるものです。学ぶ人、よろしく審らかに察すべきであります。

徐氏補註

「源流」とは、四柱生化して息《や》まず、五行周流して滞りなきことです。どこを起源とするか、順に相生し、いずこに至り住まるかです。その中とは、肝心重要なる点、用神の所在であります。前に「干支篇」で論じた「始其所始。終其所終。」は、情和氣協の極軌であり、四柱の始終周流して滞ることなく、相互いに衛護するは、一種純粋の精神を具有しているもので、こうした命は、なかなか得やすいものではありません。多くの命は、運程金水を利するものは、木火を利せず、格局は一方に偏っているものです。あるいは、わずかに一路のみ行くに可、というのが多いのです。衛護・救應の神があるのはまことに妙で、東南西北、利一ならずとはいえ、均しく行きて可なるものが最であり、次いで三方に巡って佳というもの、貴ならざるはありません。

〔168〕

甲子	**大運**		54才壬申
丙寅	24才己巳		
己丑	34才庚午		
甲子	44才辛未		

これは前清の劉鏞の命造です。年支子水を起源として、水木火土、順流して行き、丙火に至りて肝心重要な点とし、印をもって化官するを用となすものです。もっとも妙なのは、日主丑に臨んで、丑中金水を暗蔵し、水木から起こして來たるに、重ねて水木と去って行くことです。運行東南、木火得地、比劫に行り、官星回尅あり、金運では、丙火回尅、壬運には、甲木引化があります。ゆえに翰苑から出で、太平の宰相となったもので、一生宦海無波。

〔444〕

甲子	**大運**		51才癸酉
丁卯	21才庚午		
己亥	31才辛未		
戊辰	41才壬申		

これは前新疆の都督、楊増新の命造です。これも年支水を起源として、水木火土と、順に五行を流通し、亥卯合殺留官。丁火を肝心重要なる点とし、丁火化殺を用となすものです。前清より新疆に位し、都督を継任し、十余年辺隅から動きませんで

した。福沢厚いのですが、惜しいことには氣勢身で止まり、後継なきを欠憾となす、ということになるのであります。

考玄解註

原注では、〈当令する当令しないとかにかかわらず、命中の最多最旺するものを〉〈源頭〉として、この源頭が〈「何方」に流れて行くかを〉と言って、次の八字を挙げ、

〔445〕
辛　酉
癸　巳
戊　申
丁　巳

〈火をもって源頭とし〉〈金水の方へ流れて行くのですから、佳とし、富貴最となす〉と言っているのですが、これは大変な問題で、『滴天髓』の作者がこのような例をもって、「根源」とか「流到」の例とする訳がないのです。つまり、「天道」の調候を無視する訳がなく、冲尅合方局とその解法も知っておりますので、戊癸干合の情専一なので化火し、戊は丙となり、癸は丁となります。支は結果として申巳合去、酉巳金局半会の情あるも火旺ゆえ金局不成、「仮の化火格」となり、調候のない下格となります。火が最多最強となることは確かではありますが、土性支なく、余気の土から〈金水〉の方へ流れるから〈富貴〉と断定するほど、『滴天髓』の作者はいい加減ではありません。

つまり、「休咎係乎運。尤係乎歳。」と、旺相死囚休の循環律である大運と、客観的時間の大単位である流年をいう理は分明できなかったとは言っても、事象は運歳に発生するということは、誤りなく熟知していたので

すから、原局のみで〈富貴〉と断定をする訳がないのです。
「休咎係乎運」ですので、立運不明ですが、第一運壬辰、第二運辛卯、第三運庚寅の「此中」に「機括」を求めると、
第一運壬辰は「建禄格」となり、調候壬水、辛金生水し、湿土辰は晦火して、酉金を生じ、大喜の傾向性となりますが、
第二運辛卯は、辛丁尅去して、木旺の卯は生火して喜の傾向性ですが、調候壬水なく、それほどの喜とはならないし、
第三運庚寅も木旺・火相令の寅中甲丙、また火を助火し、湿土生金するものありませんが、喜の傾向性となります。やはり調候なく、それほどの喜とはならないことになります。
第四運己丑、己癸尅にて癸戊解合し、原由の干に戻り「偏印格」か「食神格」となり、巳酉丑金局全くして申巳解合し、日干無根で食傷太過する忌の傾向性となります。
どの運中の流年にて審察したのかわかりませんが、審察の時点までの過去を知る、つまり、「知去」過去を知り、そして審察年以降の流年の喜忌から、それ以降の大運の喜忌の有り様を「知來」すべきである、と『滴天髓』が言っているのである、と解すべきなのです。
つまり、「源」とは原局・八字であり、「流」とは運歳のことであるとして、「休咎係乎運。尤係乎歳。」であって、審察時点での、過去と現在、さらに将来と「此中求」とすべきである、と解するのが真義なのです。原

注も任氏増注も、『滴天髓』が先に「始終」を論じているのに、ここの原文が同じようなことを言っているような註となっているのは、「此中求」と「知來」「知去」の文を無視した点に起因しているのです。

徐氏補註では確かに「始終」との間違いを言わんとした意のみは解りはしますが、明快な結論に展開されてはいないのです。

任氏増注では、原局のみで、あれこれと色々な事象を並べ立てておりますが、事象は運歳の経過の運程で、流年において事象となって現れることを全く無視した論となっているのです。

〔440〕

辛	**酉**	**大運**	丙申
庚	**子**	己亥	乙未
丙	**寅**	戊戌	甲午
癸	**巳**	丁酉	

丙日子月水旺に生まれる「偏官格」か「正官格」です。丙火猛烈とは言いましても、死令の丙、旺令の子と癸は月支と時干にあって無情なのはよいのですが、癸水丙困とさせます。また、癸水生寅中甲、甲生丙となり、巳に根あっても、月干の庚を制し切れません。日干やや弱となるので、用神甲、喜神木火、忌神土金水とはなりますが、日干太弱と言うほどではありません。

土金はそれほどの忌とはなりませんが、官殺である壬癸の水、亥子水は忌、つまり、壬子・壬申・癸亥は忌大となります。

任氏解命では、「始終」と「源流」とが全く同じことになっています。大運の喜忌一切言及せずして、「源流」の原局〈佳〉ゆえに〈文官から……名利双輝。〉と言っているのです。〈俗書の謬論とは全く異なる〉のが、大運を観ないこと、つまり『滴天髄』の「休咎係乎運、尤係乎歳。」も謬論である、との証明の一例としているのでしょうか。

〔441〕

辛	**丑**	**大運**		己丑
癸	**巳**		壬辰	戊子
戊	**申**		辛卯	丁亥
丙	**辰**		庚寅	

戊日巳月火旺生、癸戊干合火旺ゆえに化火し、巳申合は天地徳合で不去、個有の支となり、調候申中庚生壬にて適切。官殺である壬水あるため「化火格」成立とはならず、「建禄格」となり、用神は洩秀の戊、喜神土金水、忌神木火となります。しかし、

第四運己丑は己癸尅あって癸戊干合を解き、日干は戊土に戻って、「偏印格」となり、喜神は金水、忌神は火土、閑神木。さらに、第五運戊子も同じく癸戊干合を解いて、「偏印格」となり、喜神金水、忌神火土、閑神木となります。

〔442〕

辛	**卯**	**大運**		丁亥
辛	**卯**		庚寅	丙戌
丙	**子**		己丑	乙酉
甲	**午**		戊子	

丙日卯月木旺に生まれる「偏印格」か「印綬格」です。辛丙干合し、辛金倍力、地支は子午冲去して、二卯が接近。日干無根となりますが、強となり、用神やむなく辛金としか取るものなく、喜神土金、忌神木火、閑神水となります。

第一運庚寅、寅午火局半会の情にて、子午解冲し、丙火尅庚する木旺運、忌大となり、
第二運己丑、己甲干合は水旺運の前四年間は合去、土旺運の後六年間は化土し、甲は戊となります。子午解冲して、合去するにしても、化土するにしても喜大の傾向性の運。
第三運戊子、水旺運、戊甲尅去して、支は二子一午両冲にて子午解冲し、忌大。
第四運丁亥、亥卯卯木局半会以上は、忌大となります。

〔443〕

庚 寅	**大運**		丙戌
壬 午	癸未		丁亥
戊 午	甲申		戊子
丁 巳	乙酉		

戊日午月火旺生の「偏印格」か「印綬格」です。寅午火局半会し、日支午、時柱丁巳、調候壬水、水源庚あり、このような場合、戊土制壬して調候なしと見てはなりません。調候はあくまで調候ですが、印の火太過の「病」としての「薬」とはならないのです。日干無根、印太過の忌。用神やむなく壬とも取れないのは、日干無根で弱となり、喜神は土のみとなるからです。


第一運癸未、巳午午未南方全以上の大忌、火土の疾病多くして、虚弱体質でもあり、智力発達にも難があります。

第二運甲申、第三運乙酉、忌大。

第四運丙戌、寅午午戌火局全以上となり、必死。

〔168〕

甲子	**大運**		
丙寅	4才丁卯	34才庚午	
己丑	14才戊辰	44才辛未	
甲子	24才己巳	54才壬申	

己日寅月木旺・土死令の甲分野生まれの「正官格」です。日時干の己甲干合不化にて甲木倍力、貫通して丙に逢い、丑子の合は天地徳合にて、丑土に有情な根、用神は「己干用印。官徹名清。」の丙、喜神火土、忌神金水、閑神木となり、一路喜用運を巡り、大運の忌は原局が救応する。原局の「始終」よろしく、「源清」、「流清」、まさに佳美となるものです。

この原局を「源」とし、大運を「流」とすることから、次の「位相論」につながる「清濁」が、「源清」「源濁」「源半清半濁」から「流清」「流濁」「流半清半濁」等々の分類ともなるのです。

〔444〕

甲子	**大運**		
丁卯	1才戊辰	31才辛未	
己亥	11才己巳	41才壬申	
戊辰	21才庚午	51才癸酉	

己日卯月木旺・土死令に生まれる「偏官格」です。卯亥木局半会し透甲、また辰中乙木に有気、最強の源頭は木で、日干は弱、化官殺生身する月干の丁を用神とし、喜神火土、忌神金水木となります。木火土と順旋して、金が阻節となり、水が隔絶となっています。官殺旺強にて、制殺する金がないのですから、後嗣ないことになります。調候というよりも干の特性として己土卯月、甲の疏土、と癸水潤を要

します。卯月陽気漸く盛んとなり、丙の暖を必要としません。ただ丙丁の印は、福沢厚くするということは、化殺生身して五行流通させることにもなるからです。こうした場合の水は、壬よりも癸がより有力で、壬水富貴やや軽しと言えるものです。

造化起於元。亦止於貞。再肇貞元之會。胚胎嗣續之機。〔闡微〕

《造化は元において起こり、また貞において止まる。再び貞元の會を肇め、嗣の續《つづ》くの機を胚胎《はいたい》す。》

造化生生不息機。貞元往復運誰知。有人識得其中數。貞下開元是處宜。〔輯要〕

造化起於元。亦止於貞。再造貞元之會。胚胎嗣續之機。〔徴義〕

造化始於元。亦始於貞。再造貞元之會。胚胎嗣續之機。〔補註〕

原注

三元には貞元があるもので、八字をもってしますと、年を元とし、月を亨とし、日を利とし、時を貞とするものです。年月吉なるは、前半生が吉、日時吉なるは後半生が吉なのです。大運をもって看ますと、初めの十五年を元とし、次の十五年を亨、中の十五年を利、後の十五年を貞とし、元亨運吉なるは前半生吉、利貞運吉なるは後半生吉、皆貞元の道であります。そこに貞元の妙が存在するのです。絶處逢生たるのみならず、北が尽きることは東來るの意で、人の寿終わるに至るものです。しかし既に終わった後、運行喜ぶところあるなれば、その家必ず興るものです。忌むところであれば、その家必ず替わるものです。けだし、父を貞として、子を元とする、貞の下、元が起こるの妙があるものなのです。生々息《や》まざる変化の機微あることを特に重視すべきです。

任氏増注

貞元の理は、河図洛書に示されているところです。すなわち、先天後天の卦の易です。先天の卦、乾南、坤北、ゆえに西北多山、崑崙を山の祖となし、東南多水、大海は水の帰するところ、水は山より出で、山は水を見れば止め、九河瀉地、汪洋澎湃の勢いを極め、その源に遡れば、皆星宿です。五岳、峻険の形、その本を窮めれば、皆崑崙にあり、人に祖あり父あることと同じ、色々に分派してはいても、皆一脈から出ているに外ならないのです。ですから、一陰坤の初に生じ、一陽乾の始めに生じ、日の体を離、月の体を坎とするのも貞元の理なのです。納甲の象は、八卦に出づるものですから、乾を父、坤を母、震を長男とするは、乾父の体を継ぎ、坤母の兆に因るのです。ですから、太陰は毎月二十八、初二に至って、魄が尽き、純黒の象を坤とするものので、坤は貞の意です。初三光明三分、一陽初生じ、震は象、震の元の兆であります。初八上絃、光明六分、兌の象、亨の理です。十八日月盈ちて欠けること三分、巽の象、利の義です。これが貞元の道で、循環の理でありります。盛極まりて衰、否極まりて泰とはこの意であります。本節の主旨は、人がこの世に生を受け、運の吉なるは昌ん、運の凶なるは敗れ、寿終わった後までも、その吉凶は行運にあって、子孫の興替を知ることができるのです。これは造化の定まるところといえども、数の逃れることのできないところです。このことをよく知り考えて、因果の律あることを悟って、己《おの》れを正しく持ち、子孫に凶をもたらさぬよう恥を知った生き方をすべきであります。

徐氏補註

貞元とは、生旺死絶、絶してまた生じる、循環してやまざることであります。元亨利貞《げんこうりてい》は、貞元亨利、造化の機微、一家一族の興るも、立業せる者の命と、その末代子孫の命造とは、始終相応するものです。例えば、明の太宗の命造、戊辰・壬戌・丁丑・丁未、土局開基し、明の思宗・崇禎帝〔毅宗〕の命造に至りますと、辛亥・庚寅・乙未・己卯、の木局を成して、明の命運が終わりを告げたのです。清の太宗の命造は壬辰・辛亥・辛亥・丙申、水局開基、宣統帝の命造に至って、丙午・庚寅・壬午・壬寅、火局従財、清の命運、終わりを告げたのです。一代の興亡もまた、その中に命があるものです。合肥李氏の興るも、その始めは李文忠の、癸未・甲寅・乙亥・己卯、曲直仁寿格にあり、その孫の李國杰命造に至るや、辛巳・辛丑・庚申・辛巳、金局にて襲爵は終わっているのです。一家の興亡も貞元の理が在るのです。

これは封建制度の家を主とする大家族主義、世襲制時代のことです。現代は個人を主となしますので、このことは当てはめられません。死んだ後の世代の興衰は、いささか合理的ではなく、人の人生はその生から貞が始まるものと考えるべきです。身後の運は、命運を論じる範囲にあるものではなく、無責任な放談にしか過ぎません。

考玄解註

ここの文、『滴天髓補註』には、

「造化始於元。亦始於貞。再造貞元之會。胚胎嗣續之機。」

とあり、『滴天髓輯要』には、

「造化生生不息機。貞元往復運誰知。有人識得其中數。貞下開元是處宜。」

とありますが、初めに掲げた、『滴天髓闡微』の原文が、『滴天髓』の作者の真であると思われます。『輯要』の文は、誠に近代的表現で、文章として感心できません。が、意味するところはまことに単調一面的でありますが、全くの誤りとは言えませんので、まあよろしいかと思います。

「元亨利貞」は、生々変化して息《や》まざることですので、原注、任氏増注のように、四柱八字、大運とも解せますし、生旺墓絶とも解せます。ただ、徐氏の言っているように、時代の変化と共に、封建的家族制度の死後を「元亨利貞」とすることは、不適当だとは言えますが、因果律それ自体は否定できないものであり、物理的因果律と同時に運命的因果律があるもので、「積善之家有餘慶。積悪之家有餘殃。」ということは、事実がそうである以上、否定することはできません。道徳観は時代と共に少しずつ変わっているとはいえ、人間の本質に根差した善悪の価値判断は、それほど変わらないものです。任氏の註の終わりの部分をそのまま訳したのでは、誠に不明瞭な意味となりますので、意のあるところを体して、私なりに意訳いたしました。

また、「数」とよく言われますが、この数を単純に一、二、三の数と誤解され、我田引水で数字論を展開される人がいますが、数には、運命、理論、方法論、技術、変化、差異という意味も含まれているのであります。

位相論

一清到底有精神。管取生平富貴眞。澄濁求清清得去。時來寒谷也回春。〔闡微〕

《一たび清くして底に到りて精神あれば、生平富貴眞なるを管取する。濁を澄ませて清きを求め清に去《ゆ》くを得れば、時來たりて寒谷にも春が回《めぐ》るものなり。》

一清到底有清神。管取平生富貴眞。澄濁求清清得去。時來寒谷也生春。〔輯要〕

一清到底有精神。管取生平富貴眞。澄濁求清清得去。時來寒谷也回春。〔徵義〕

一清到底有精神。管取平生富貴眞。澄濁求清清得淨。時來寒谷也回春。〔補註〕

原　注

「清」はただ一氣成局しているだけではありません。例えば、「正官格」が成局するのは、身旺なれば財があって、財生官する、身弱であれば印があって、官化印して生身する、共に傷官、七殺が混じないことでありま す。またたとえ、比肩、食神、財、殺、印綬が雑じっていましても、皆順序よくところを得て、安頓であるなら、これも「清」です。また、閑神があって局を破らないのも「清奇」と言えるものです。「清」であって、

「精神」があることが必要なのです。枯弱をなさないならば佳であります。「濁」とは、五行並出の謂いではありません。例えば、「正官格」の如く、身弱であるのに殺が混ずるとか、身弱なのに財が混ずるとか、食神と財が混ずるとか、あるいは印があっても、弱い日主を扶身せずして、財と相尅するとか、等々、こうしたことを「濁」と言うのであります。しかし、一神がところを得て、行運にその「濁」となるところを掃うとか、その濁氣を冲して無力化するのは、「澄濁以求心清」とし、皆富貴の命であります。

任氏増注

命の最も難しいところのものは、「清濁」の二字であります。この章の重要なるところは、「澄濁求清」の四字であります。「清」にして、氣あるのは、精神貫足しているものですが、「清」にして、無氣なのは、精神枯槁しているものです。精神枯槁《ここう》するは、邪氣が入り、邪氣が入れば、清氣散じますし、清氣散ずれば、貧ならざれば賤であります。「清濁」は、命の八字あれば必ずあるものでして、正官にのみ清濁があるのではなく、すべての命に「清濁」はあるものです。「正官格」を例に取って理解の便に供しますと、次のように言えるのです。

○「正官格」で身弱有印

財を忌み、財が現れないならば、「清」。

(イ)、しかし、仮に財があっても、「濁」と決め着けるは不可です。すなわち、四柱の組織状勢を看て言うべきであります。例えば、財と官が近貼し、官と印が近貼し、印と日主が近貼するなら、財は生官し、生官された官は生印し、印はまた生身して、印の源流が長い、と言えるので、こうした造は、「清」です。行運が再びその印綬を助けるなら、自然富貴となります。

(ロ)、無財だからとて、必ずしも「清」とは言えず、その情勢をよく看なければならない。

・印星、無氣。

・官印、不通。

・印太旺で日主枯弱で印の生を受け切れない。

・官星、貼日し、印星遠隔。

以上の如きは「濁」であります。行運また財官に逢うのは、貧ならざれば夭です。

○「正官格」で身旺喜財

印を忌み、印の次は傷官。

(イ)、傷官と財が近貼し、財と官が近貼し、官と比肩が近貼する。このようなのは、官が害を受けず、官の源頭長いのですから、「清」であります。行運財官地に行けば、名利双全。

(ロ)、傷官と財が遠隔、傷官と官が近貼して財が傷を化せしめないのは、「濁」である。行運再び傷官の地に行くは、貧ならざれば夭であります。

(ハ)、傷官が天干にあり、財星が地支にあるなら、天干財運をもってこれを解く、傷官が地支にあり、財星が天干にあるなら、地支財運をもってこれを通ぜしめる如きは、大運によって「清」を得るものです。

(ニ)、財官が緊貼していても、財神が絆神によって合、または閑神によって劫占されるに、歳運がその合神を冲するとか、劫占の閑神を制するとかするのも、「澄濁求清」と言える。

以上、正官をもって説明しましたが、八格は皆このように、「清濁」を論じることができます。

結論的に申しますと、喜神は地を得、生に逢うが宜しいし、日主に近貼するのが宜しいのです。忌神は失勢臨絶が宜しいし、日主と遠隔なるが美であるのです。日主印を喜ぶなら、印が貼身するとか、印が日支にある、坐下にあるのが宜しいのでして、これを日主の「精神」と言うのです。官星が貼印、あるいは、坐下官星であるのは、印綬の「精神」と言うのです。他は類推してください。

〔446〕

	大運	
癸酉		庚申
甲子	癸亥	己未
丙寅	壬戌	戊午
乙未	辛酉	

丙火子月に生まれ、寅の長生に坐し、印透根深、弱中の旺、官星当令、透って生財〔生財は生印の誤植〕。所謂、「一清到底有精神」であります。さらに妙は、源流悖らず純粋、金水運中、登科発甲。惜しむらくは、火土運、文官にて老いたのです。

〔447〕

	大運	
甲子		庚午
丙寅	丁卯	辛未
己亥	戊辰	壬申
辛未	己巳	

春土亥に坐し、財官太旺、最も喜ぶは印が生に逢い、財蔵生官し、印綬の元神が旺じて、氣が生時に貫き、日主の氣は薄弱ではないことです。さらに妙は連珠生化していることですし、運途また悖らない点です。ですから、名利を得て要職に就いたのです。

〔448〕

癸未　　大運
甲子　　癸亥　己未　庚申
丙寅　　壬戌　戊午
丁酉　　辛酉

前の癸酉年生の造と大同小異と言えます。前造は、官が財地に坐し、本造は官が傷地に坐し、子と未が隣接し、ただ天干の官が受剋するだけとはなっていないのです。すなわち、地支の官もまた傷付き、さらに嫌うは劫財丁が財地にあることです。所謂、「財劫官傷」で、早く官吏試験を受けるともなかなか合格しませんでした。辛酉、庚申運、干支が皆財であり、財運家業は豊かでしたが、一たび己未運に交わるや、傷妻剋子、火災に遭い、家業大破したのです。窮通は運によることが如実に分かるものです。

徐氏補註

任氏が、命の最も弁別するのが難しいものは、「清濁」の二字である、と言っているのは、誠に最もなことであります。本書を何回も読み返して見ましても、「清濁」を本当に理解するということは、なかなか難しいと言えます。

「清」ということは、一氣生成することではありません。四位純全であるということで、「清濁」の関鍵は配合にあるのです。干支が順粋であり、上下・左右が情和氣協していることです。このことは、「干支総論」で論じてあります。四柱の配合適宜であって、用神がその需要に合致するなれば、局勢清純ならざるものはないのです。配合宜しくなく、用神需要に合致しなければ、偏枯雑乱となるものです。

「一清到底」とは、年月日が清純の条件に合し、時上混乱するのは、「源清流濁」ですし、月日時が清純な条件に合し、年上混乱するは、「源濁流清」で、そうしたものではなく、全局が清純であること、これを「一清到底」と言うのです。「一清到底」であるとは、一種の精神が具わっていることにもなり、富貴寿夭の徴をなすものです。

「澄濁求清」とは、全局混乱はしてはいるが、一、二点吉神があり、転じめぐる力量があって、全局の「濁」を転旋して「清」にせしむるものを言い、これもまた一種の精神具わるものであります。

「寒谷回春」とは、氣候調和の謂いです。金水傷官が官を喜ぶのみならず、水木土金が冬令に生まれるは皆調候を需要するものでして、時上に一点陽和の氣を得るは、「寒谷回春」となすもので、これまた一種の精神を具有するものです。

「澄濁求清」は徹底を要し、「寒谷回春」は運程にて地を得るを要するものでして、そのようであれば、また富貴寿考の徴となすものであります。八字中、一種清純の精神を具有する命造の例を少し挙げておきます。

〔2〕 **庚申**　**大運**

庚辰　27才癸未　57才丙戌

戊辰　37才甲申

戊午　47才乙酉

これは、前清の董誥の命造です。土金傷官、戊土乗令、さらに時上の午印生身。庚金は建祿申を得ています。全局一つとして閑神はありません。「一清到底」です。申辰拱合、湿土生金、用神は庚にあります。戊土の氣旺じていますので、洩秀の美となします。運行西方、まさに三十余年にわたり。太平宰相、一生宦海無波。

〔449〕

丁　巳　　大運
壬　子　　21才己酉　51才丙午
辛　巳　　31才戊申
丁　酉　　41才丁未

これは、前清の熊學鵬の命造です。金水傷官、官を見るを喜ぶものです。本造丁壬合を作し、子巳また合をなします(戊癸合)。巳酉拱会辛金、時上また丁火透っています。水暖金温で、「一清到底」する造です。傷官用劫、運行土金の地、何回か廣西の巡撫使となり、仕路輝いたものです。

〔450〕

甲　辰　　大運
甲　戌　　31才戊寅　61才辛巳
戊　子　　41才己卯
甲　寅　　51才庚辰

これは遜清郵伝部尚書、盛宣懐の命造です。三甲並透、辰戌沖、秋季に生まれ、土燥木凋となるを、妙なるは戊子にあります。日元財に臨み、天地相合し、子水は潤土し、生木して、全局が皆活きています。全局の精神、この一点の子にあり、これが「澄濁求清」と言われるところです。財が日支にあり、枢紐となっているのです。戊子が財の建祿を夾み、子寅が天乙貴人を夾むは余事です。

〔332〕

壬　申　　大運
癸　丑　　27才丙辰　57才己未
乙　丑　　37才丁巳
辛　巳　　47才戊午

これは、遜清の上海道の某氏の命造です。乙木十二月丑月に生まれ、丑中の辛癸並透して、金寒水冷、妙は時支の巳火にあり、「寒谷回春」となるものです。一路東南の陽暖の地を行き、寒木向陽。金水の氣は皆活き活きとし、運程直上するも当然で、富貴兼ねて、かつ福寿の徴となします。

考玄解註

「一清到底」の、「一」は、ひとたび、で、もっぱら、であり、まったく、すべて、混じりっ気なしの意です。「清」は「濁」の反対語で、水の澄んで汚れていないこと、奇麗なことです。意味は誠に単純で解りやすいのですが、任氏、徐氏が口を揃えて言っているように、命理学上の「清濁」ということは大変難しい要素を含んでいる、四柱構造上の配合の良し悪しを言うのです。「到底」とは、詰まるところ、とどの詰まり、つまり最終的なところで、命造をあれこれの角度から検討・勘案・思索した結果の意です。

原注は、「清」を具体的に説明するため、「正官格」を例に取って、これを身強と身弱の二面から説き、「清」に対する、反対の「濁」をも説明しています。そして原注が、「縦有比肩食神財煞印綬雜之、皆循序得所、有安頓、或作閑神、不來破局。」と簡単に言っていることを、任氏増注では、貼をもって具体的に説明しております。しかしながら、「正官格」を例に取って日干を強と弱に二分類して、一見細かく「清」と「濁」を説明しておりますが、実はいくらこのように説明しましても、「清」「濁」を決めることは容易ではないのです。

この「清」「濁」ということは、ある一人の人間の、社会的地位、財の多寡、寿命の長短という「位相」の高・中・低へつながる、包括的結論なのです。ですから「清」と言いましても、そこには無限と言ってよいほどの段階差があり、「濁」と言っても無限の段階差があるものとしての、「清」「濁」であることを認識しておかなければならないのです。この世に一人として同じ命運の人は存在しないのに、大きく二分するのですから、許容範囲での「清」と認められる「清」、「濁」と認められる条件の中の「濁」、といった程度の「清」「濁」なのです。

ではその「清」「濁」の条件および視点はどういうことか、と言いますと、ここまで述べてきました『滴天髓』原文、考玄解註のすべてである、ということになるのであって、単純に「正官格」の場合はどうであるか、といったような単純なことではないのです。

『滴天髓』で述べていることはすべて結論として「清」「濁」であるとした上で、「清」とする条件を摘記して行くと、一応次のようになるのです。この条件の前提条件として、

○格局が正しく取れる。

○用神が正しく取れる。

○喜神、忌神、閑神が正しく取れる。

ということの上に立っての「清」の条件なのです。格局を誤ったり、用神、喜神、忌神、閑神がいい加減では、「清」も「濁」もあったものではありません。「清」が解れば、「濁」も左の一応の条件によって解るはずです。

また、格局の如何にかかわらず、

○調候必要なる月であるなら、適切なる調候がある。

ということが、「清」であることの第一の重要条件となります。

以降は、普通格局において、

○干の特性をも含めて、その生尅制化が太過も不及も甚だしくならない。

○太過するものが「病」であるなら、適切な位置に適切なる「薬」がある。
○日干が陽であるなら、日干があまりにも極弱とはならない。
○干と干との相関関係が、良好な干が日干に近貼している。
○用神が真神得用にして有情・有力である。
○上下・左右・「始終」が良好である。
といったことが、原局の「清」となる条件および視点となるもので、これらの条件が完璧にすべて満たされるということは誠に稀なことです。

これを、別の視点から言いますと、
○忌が重い干支が少なければ少ないほど、原局は「清」に近い。
ということにもなるのです。

この「清」となる条件が少なければ少ないほど、「濁」となるものです。ですから、「濁」の内、最も「濁」となるものは、
○調候なく、印太過して「薬」なく、日干最弱となる場合。
○食傷・財・官殺が太過して、仮従とさえなれない場合。
ということになるのです。

以上が原局の「清濁」ですから、これを「源清」「源半清半濁」「源半濁半清」「源濁」とおおまかに表示することによって、解命の正否の度合いも分かることになるのです。

次に大運（歳を含む）にも「清」「濁」があるもので、
○喜用の大運干支を巡る。
○大運干支に救応がある。
のが「清」の条件となります。初運より二、三旬、多少の忌があっても、後運が「清」となるのを、「流前濁後清」と言うことができるのです。
以上大要を述べましたが、『滴天髄』のすべて、また、考玄解註すべてが「清」「濁」の条件であるのです。

〔446〕

癸　酉	**大運**	
甲　子	癸亥	己未
丙　寅	壬戌	戊午
乙　未	辛酉	丁巳
	庚申	丙辰

丙日子月水旺・火死令の「偏官格」か「正官格」です。丙火猛烈の特性あるので、子月寒冷の候とはいえ、調候そのものは不要です。月干甲、時干乙が日干に近貼して透出し、日支寅蔵干戊丙甲で、甲の根が生丙はするものの、日干弱。用神甲、喜神一応木火、忌神一応土金、閑神水とする、真神得用にして、有情・有力なるものです。「始終」は、金水木火土と流通し、佳ですので、「源清」と言えるものです。

十干を配してみますと、
○甲乙は喜、
○丙は幇身の喜、丁は丁癸剋去しても、忌とはならず。
○戊己土は、甲乙木が制土して、それほどの忌とならず。

○庚辛の財は、丙火制財するので力減じ、やや忌。
○壬癸は化殺生身して、忌とならず。
十二支を配してみますと、
○寅・卯は喜。
○辰は、甲木が疏土するので、洩身のやや忌。
○巳は、巳酉金局半会するので、やや忌。
○午は、午子冲去はしないものの、それほどの喜とならず。
○未は、甲乙木制土しはするが、やや忌。
○申は、やや忌。
○酉は、甲乙木を制財しなければならないので、やや忌。
○戌は、甲木疏土はするが、洩身のやや忌。
○亥は、寅亥合去して、印も日干も無根となるも、それほどの忌とはならず。
○子・丑は、化殺生身して、それほどの忌とはならず。
以上のように、十干十二支を配してみますと、大忌となる干支の組み合わせはなく、やや忌の干支は、庚申・庚戌・庚辰・辛亥・辛酉・戊辰・戊戌くらいしかないことになります。つまり、大運大忌とする運一運もなく、第三運辛酉、第四運庚申の二運、やや忌となるくらいであって、この二運中、土金の流年に小忌生ずるくらいですので、「流清」と言うべきです。

しかし、大運、喜用の運を巡りませんので、大発して、社会的地位一流とも、財利多大ともなり得ませんが、中流の上となりはします。しかし、寿は長いもので、丁巳運、丙辰運まで寿はあり得るのです。

〔447〕

甲	子	**大運**
丙	寅	丁卯　辛未
己	亥	戊辰　壬申
辛	未	己巳

庚午

己日寅月木旺に生まれ、甲丙が年月干に透出する「印綬格」か「正官格」です。調候丙火は月干に透出して、調候と助身。寅亥合去し、子・未接近。日干は未に根あっても、辛金に洩らし、辛金生子水、死令の土であり、弱となります。用神丙、喜神火土、忌神金水、閑神木となるものです。己土の特性にて「源清」と言えはします。

十干十二支を配しますと、忌とする干は、用神丙火が合去・尅去する辛・壬は大忌、辰で辰子水局半会の忌となります。しかし丑で北方全となりましても、甲・寅の納水が「薬」となるので、忌とはなりません。つまり、前造は、やや忌の干支でしたが、本造は、大忌となる干支、壬辰・壬申・庚辰・辛丑・辛酉・戊辰・己丑、となり、やや忌となるのは、戊申・戊子であり、前造より劣る「清」となります。

第二運戊辰、戊甲尅去して、辰子の水局半会の「病」に「薬」なく、忌やや重いものがあり、

第三運己巳、火旺運、己甲合去しても、巳亥冲にて寅亥解合して、喜大の傾向性。

第四運庚午、火旺運、丙火尅庚し、甲木生午火となり、子午冲あるも去とならず、甲が生午火することによ

り、冲の情は軽く、喜の傾向性ある運となります。

つまり、「己干用印。官徹名清。」が南方の用神運を巡るので、甲の喜象、印の喜象によって、制財の喜へともつながって、辛金の食神の才能発揮が喜の作用となるのです。つまり、「始終」を見ますと、火旺の喜が有力となって、生己土し、己土は洩秀の辛金を生じ、金は生子水して、子がまた生甲し、甲木は生午火の喜用を有力にさせているのです。これが「何處起根源。流到何方住。」の間にあって、「機括此中求。」である、己巳運、庚午運なのです。

第五運辛未、辛丙合去して、用神去となり、未支喜ではあるものの、子によって湿土となり、時干辛金を生じて、やや忌の傾向性となります。

以上により、「源清」に近いものの、「流清中濁」と言えるのです。社会的地位は、前造より高く、財利もこれに伴いはしますが、寿は長いとは言えないのです。すべて、己土の特性を無視してはならないのです。

〔448〕

癸未	**大運**	
甲子	癸亥	庚申
丙寅	壬戌	己未
丁酉	辛酉	戊午

丙日子月水旺・火死令生まれの「偏官格」か「正官格」です。調候不要、日干丙火は寅に甲生丙の印と比の根が有情で、かつ、月干甲が近貼して透出するも、陰干の丁火は幇身に無力。丙火は時支の酉金財を制さなければならず、水旺の官殺にも任じなくてはなりませんので、日干弱、用神甲、喜神木火、忌神土金、閑神水となります。「始終」は、

水木火土金となり、日干弱であるのに金の忌に終わるのは、あまり良好とは言えません。

〔2〕

庚　申
庚　辰
戊　辰
戊　午

大運

4才辛巳	34才甲申
14才壬午	44才乙酉
24才癸未	54才丙戌

戊日辰月土旺に生まれる「建禄格」です。土旺・金相・水死・木囚・火休令で、旺令の戊土は二辰に根あり、時干陽干の戊土幇身は有力・有情で、時支午火も二戊を生土するに有情・有力。湿土辰は二庚を生金するとはいえ、日干戊土は十分に洩に耐えられますので、日干強、用神は癸、喜神金水木、忌神火土となるものです。

「始終」は、金水から囚令の辰中乙木、乙木生午、午火生戊となり、一応五行流通することになります。これも一応「源清」とは言えます。

十干十二支を配して忌となる干支は、丙午・丙戌・丙寅、となるくらいで多くはなりません。

第一運辛巳、巳申合去する一忌一喜を去らしても、忌とならず、洩秀の辛金にて喜の傾向性とさえなり、

第二運壬午、壬戊尅と二庚一申、さらに辰中癸水にて、壬水は忌の旺火午を制し、生戊の力を甚だしく減じさせる、財の喜の傾向性となり、

第三運癸未、未午合去しても、むしろ喜の傾向性。

第四運甲申、殺印相生の甲木は二庚から制され、攻身とならず喜の傾向性。

第五運乙酉、洩秀の喜の傾向性。

第六運丙戌、午に根ある丙火尅二庚、日干戌中にも戊あって、生戊土太過する忌の傾向性大。この運中忌とする流年は、56才丙辰、58才戊午、59才己未となります。

よって、一応「流清」となります。

〔449〕

丁	巳	**大運**	
壬	子	1才辛亥	41才丁未
辛	巳	11才庚戌	51才丙午
丁	酉	21才己酉	31才戊申

辛日子月水旺に生まれる「食神格」か「傷官格」です。丁壬合去して、辛丁接近、調候やや不及ですが、年支巳中に丙あり、巳酉は金局半会となり、辛金の特性、〝壬癸の淘洗を喜ぶ〟に、水旺の壬癸水あり、金白水清の象の壬を用神とし、喜神水木火、忌神土金となります。

十干十二支を配してみますと、大忌となる干支、それほど多くはありません。しかも、丁壬解合して原局に戻りますと、喜忌変化することがあります。「源清」です。
第一運辛亥、用神運である水旺、亥中甲あって、食傷生財、喜の傾向性となり、
第二運庚戌、丁火煅庚、湿土となって生金するものの、それほどの忌とならず、
第三運己酉、やや忌の傾向性とはなりますが、金白水清の象。
第四運戊申、戊壬尅にて丁壬解合し、喜神土金、忌神水木火となる喜の傾向性ある運。

第五運丁未、丁辛尅、丁壬合の情不専、未土は湿土となって生金する、喜忌参半の傾向性ある運。

第六運丙午、午子冲は午酉蔵干の尅あって冲去せず、大運干丙火は年支巳にも通根し、日干を攻身する、やや忌の傾向性ある運となります。

よって「流清」となります。

〔450〕

		大運	
甲	辰		31才戊寅
甲	戌	1才乙亥	41才己卯
戊	子	11才丙子	51才庚辰
甲	寅	21才丁丑	61才辛巳

戊日戌月土旺に生まれる「建禄格」です。辰戌冲去し、子寅接近して、寅中丙火調候は適切であり、戊寅殺印相生。子水生甲し、月時二甲から攻身疏土され、日干弱、用神丙、喜神一応火土、忌神一応金水木となります。土旺ですので、一甲で十分なのに三甲あるので、「源半清半濁」となります。

辰戌解冲するのは、卯・酉・戌・子の四支です。

第一運乙亥、水旺運、亥寅合去して忌の傾向性。

第二運丙子、水旺運、辰戌解冲して、喜の傾向性ある運。

第三運丁丑、丑子合去し、むしろ丁火の喜の傾向性。

第四運戊寅、木旺運、戊寅殺印相生にて喜の傾向性。

第五運己卯、寅卯辰東方全くするも、戊土旺じての根有力にて、それほどの忌とはならず、第六運庚辰、湿土生庚の忌が忌の甲を制し、辰に有情な根あって、喜の傾向性となります。

第七運辛巳、火旺運、用神運にて喜の傾向性ある運となります。

「流清」と言えるものです。

徐氏解命、「清」のように理由付けしておりますが、全く違います。〈全局の精神、この一点の子〉にあるのではなく、戊寅殺印相生となるとすれば、調候となる丙火にあるものです。

〔332〕

		大運	
壬	申		37才丁巳
癸	丑	7才甲寅	47才戊午
乙	丑	17才乙卯	57才己未
辛	巳	27才丙辰	

乙日丑月水旺に生まれ、壬癸透出する「偏印格」です。調候二丙必要とするのに、時支巳中に丙火あっても、位置が悪く不及であり、年干壬水、水旺ですので、「通根透癸。冲天奔地。」となる水多の「病」に、「薬」なく、辛金尅乙となるとともに、丑中の癸水の水源ともなる。日干無根、「源濁」の凶命となるのです。

つまり、

1、調候不及。

2、水多木漂にて無薬。

3、日干無根。

4、辛金水源となり攻身。

5、用神取るものなく、

6、喜神木、他はすべて忌。

となって、陰干弱きを恐れずとはいえ、右のように悪条件が重なっては、凶命と言わざるを得ないのです。忌となる干支が大変多過ぎるのです。

立運前、1才癸酉年、巳酉丑丑の金局全以上にて調候失う、この年死亡しても不思議ではありません。2才甲戌も忌、3才乙亥も忌、4才丙子も、5才丁丑も大忌が続く夭凶命です。「源濁流濁」の極です。

徐氏の大誤は、〈「寒谷回春」とは、氣候調和の謂いです。〉としている点です。「寒谷回春」とは、大運喜用の運に巡って、原局の忌が、作用として喜の作用を発する、佳美の運を言うのです。

滿盤濁氣令人苦。一局清枯也苦人。半濁半清猶是可。多成多敗度晨昏。〔闡微・徴義〕

《滿盤濁氣は人をして苦しめ、一局清枯なるもまた人を苦しめる。半濁半清はなおこれ可なるも、多成多敗にして晨昏《しんこん》〔早朝と晩〕をわたる。》

滿盤濁氣令人苦。一局清枯也苦人。半濁半清無去取。多成多敗度晨昏。〔輯要〕

滿盤濁氣令人苦。一局清枯也苦人。半濁半清尤自可。多成多敗度晨昏。〔補註〕

原注

四柱八字中に清氣の出るところをよくよく注意して探さなければなりませんし、行運中にその濁氣を去らせないかをも考慮しなければなりません。もし、原局清氣なく、行運濁氣を去らすことできないならば、必ずこうした人は貧賤であります。「清」であるとしても精神があって神妙であることが必要でして、枯弱無氣であって行運もまたその氣を生ずることなければ、清苦の人であります。濁氣が去るに難、清氣もまた真ではなく、行運が清氣に遇わなければ、また濁氣は脱け切れないこととなり、成敗一ならずとはいえ、それがその人の平生であります。

任氏増注

「濁」は、四柱混雑していることの謂いであります。正神が勢いを失っている、邪氣が権に乗っている、これは氣の「濁」であります。提鋼が破壊されて、格を別に求めねばならないのは、格の「濁」であります。官が旺じて印を喜とするに、財星壊印するは、財の「濁」であります。官が衰えているので財を喜とするのに、比劫争財するは、比劫の「濁」であります。財旺じ劫を喜ぶに、官星制劫するは、官の「濁」であります。財が軽いので食傷を喜ぶに、印綬当権するは、印の「濁」であります。身強で殺が浅いのに、食傷が勢いを得るのは、食傷の「濁」であります。このように、その用とするものを分け、名利得失を、六親の宜忌を断じましたならば、験なきことはありません。

そして、「濁」と「清枯」は、斟酌して然るべきであります。「清中濁」をして、「清中枯」とさせるはいけません。「濁」は、成敗一ならず、険阻なること多くても、行運によっては得るところあり、濁氣が掃除されたなら、発展の機会もあるものです。また行運安頓の地でなければ、困苦するのみではありません。

「清枯」はそうはいかないのです。その「清枯」とは、日主無根の謂いだけではありません。日主有氣であるが、用神無氣なるものです。「枯」とは比が弱いことではなく、無根で朽ちるものです。もし滋助の郷に遇っても、発し生ずることはできません。弱とは有根でも嫩であることです。これを扶けるなれば発し、助ければ旺じます。「根在苗先」のことです。およそ、命の日主「枯」なる者は、貧にあらざれば夭ですし、用神「枯」なる者、貧にあらざれば孤であります。「清」にして精神あるなら、必ずいつかは発するものですが、偏枯無氣なる者は、孤貧と断ずることができます。満盤濁氣なれば運を必ず看るべきで、「抑濁扶清」するなら発福するものです。

〔451〕

乙亥	**大運**	丙子
庚辰	己卯	乙亥
戊戌	戊寅	甲戌
丁巳	丁丑	

戊戌日元で、辰月巳時に生まれ、木は退氣となって、土が乗権し、しかも印綬重々。官を用とせんとしても庚金と合し壊され、用食とせんとしても、また従化せず、火は剋金し、用財としかできないのです。また巳時遥冲になっているし、当令せず、庚金生助水源も「貪合忘生」、かつ、遥隔にして無情、起到一ならざる所以であります。幸いにして財官余氣あって、乙亥運に至り、財官を補い起こして、小康を得ました。

〔452〕

癸　亥
己　未
丙　午
己　丑

大運
戊午　甲寅
丁巳　癸丑
丙辰　乙卯

火長夏令、旺論をもってすべきですが、土旺ですので、火氣はやや退いて、しかも重々の傷官洩氣、丑は湿土で、丙火の光を晦くしてしまい、旺は変じて弱となり、濁氣当権し、清氣失勢しています。さらに三十年火土運、半生起倒多端。乙卯、甲寅運に至りまして、木は厚土を疏土して、濁氣を掃除し、日元を生扶して、官星を衛護することとなり、仕も向上し、財を得たのです。

〔453〕

丁　卯
丁　未
庚　午
己　卯

大運
丙午　癸卯
乙巳　壬寅
甲辰　辛丑

ちょっと見ると、財生官、官生印、印生身となって、清美のようですが、午未南方、火烈土焦、脆金たらしめ、不能生金。かつ木は火勢に従って、また壊印し、生化の情がなく、「清枯」でなくて何でしょうか。しかも運走東南を嫌い、一生遂すことなく、所謂、明月清風を誰と共にせん、高山流水の音知る人ぞ少なし、です。

徐氏補註

「順遂精粋」を「清」となし、「乖悖混亂」を「濁」となすものです。日主が時に逢わざる生まれ、用神もまた時に乗ぜず令を得ず、四柱配合、需要に合致せず、互いに無駄なる尅合をして衛護するの情がない、こうした一連のことを皆「濁」と謂うのです。

「枯」は、氣勢偏枯して、喜神、用神が無情で、生育の意がないことでして、任氏増注に詳しく説明されているところであります。「濁」にして配合宜しきを得ず、枯れるは氣勢偏勝に由る、偏枯の象は「淸」に類しているものであります。もっとよくこれを見ますに、有情無情の別とも言えるのです。

「淸」は有情で、有情であるから精神があります。「枯」は無情で、無情ですから精神がありません。大体命造の「濁」なるは、平凡凡庸の人でしかなく、ただ佳運に交入したなら、野草が春明の候に花咲くようなものです。つまり、欣々向栄となるの意であります。八字枯れる者は、運途が一路良好でなくてはならず、運の助がなければ、夭折にあらざれば貧賤、孤苦の命となるものです。「淸」にして枯れるものあり、「濁」にして枯れるものあり、と言えます。「濁」にして枯れるは、もう救いようがなく、終身困苦の命でしかありません。例証に見る通りです。

「半濁半淸」とは、八字配合に欠陥あって、需要の条件に合致していないことです。つまり、透出するをよしとするに透出せず、蔵するがよいのに蔵せず、といったものです。所謂、濁中に「淸」あるもの、淸中に「濁」あるもの、と言うことができます。こうした命というものは、この社会で大多数を占めているもので、「滔々天下皆是」であります。

本当に、「順遂精粋」の造というものは、誠に少ないものです。「多成多敗」とは、成敗が栄辱に関係ないことを言っているのです。

〔364〕

癸巳	大運	
庚申	3才己未	33才丙辰
甲申	13才戊午	
壬申	23才丁巳	

甲木無根、庚金乗令し、重々の殺あって、殺印相生し、無根にして有根ですから、従格とはなりません。用神は、ただ巳中の丙戊を取るのみですが、申巳合して、吉神合して損ずる。これを「濁」と謂うのです。運程は一路火土ですので、十全十美の運と言えます。このような佳運となりますが、一収租賑房で止まったのは、原命劣っているからです。もし、金水運にでも行くようでしたなら、みじめなものです。

〔454〕

甲子	**大運**	51才癸未
丁丑	21才庚辰	
辛丑	31才辛巳	
己丑	41才壬午	

辛金十二月丑月に生まれ、己辛並透、天地覆載して、有情です。土凍金寒、陽和の氣を喜ぶに、木火無根ですし、丁火であって丙火ではありません。甲木丁を生ずとはいえ、頽勢を挽回するには力足りず、これを「半清半濁」と謂うのです。丙丁は同じ火ではありますが、用としては同じではなく、氣候の調和には、丙火でなくてはならないのです。煅冶するには丁火でなくてはならないのです。これは陰干陽干の性質が異なることによるものです（「傷官見官節」の彭剛直公の造を参照してください）。この人は一生、寒儒で、運行南方ですので、多少良好を得たに過ぎません。

〔185〕

癸亥	**大運**	
壬戌	24才己未	54才丙辰
癸丑	34才戊午	
癸亥	44才丁巳	

四柱皆水、月垣戌宮、戊土乗令し、丁火蔵庫、財官を用としない訳にはいきません。「清」と言わない訳にもいきません。しかし、癸水旺極で、しかも無印、官星乗令するも不透。財生官、才蔵庫、配合の上で、護衛生育の意は少なく、「半清半濁」となるものです。火運、一省の視学となって各県の間を奔走するに過ぎず、大して恵まれた生活とは言えないのも道理であります。

〔455〕

甲午	**大運**	51才壬申
丙寅	21才己巳	
丙午	31才庚午	
丁酉	41才辛未	

丙火寅月に生まれ、寅中の甲丙並透し、寅午会局、氣勢は不清とはなさず、時上正財を用とします。ただし、四柱無土で午中己土不透、火金無情であって、運程土運のみを美とします。金を見るは比劫争財となり、水を見るは、水火激戦となります。もし、酉金がなければ、格は「炎上格」となり、失時にても氣勢清澄となります。しかし、酉金がありますので、用としない訳にはいかず、これを、「清」にして偏枯と言うのです。地支に卯字がありましたなら、酉を冲去して、「炎上格」を成します。徐士浩の造である、己亥・丁卯・己酉・壬午は、卯冲午破、丁壬合、「强衆敵寡」となし、去病、貴となす。ゆえに、支は、冲をもって重となすのです。

考玄解註

この文は、前の文と切り離すべきではないものを、切り離して、原注、任氏増注、徐氏補註としたため、反って複雑にしたばかりではなく、「清濁」の中に、「清枯」があるようにさえしているのです。もし「枯」ということがあるとするなれば、「枯」と反照となる用語があるべきですが、そのような対照語はないのですから、「清枯」は「濁」の範疇に入るものとしてよろしいのです。むしろ前述しましたように「清」の中に無限の段階差があり、「濁」の中にも無限の段階差がある、と理解することのほうが重要なことです。

前の考玄解註で、「清」の条件・視点の一応を要訳してあるところを、よくよく理解していただけば、およその「清」「濁」を「源」と「流」として分別できるはずです。従って、この文を別に註する必要はないとさえ言えるのです。

任氏の〈氣の「濁」〉とか、〈格の「濁」〉であるとかの分類の視点も、生尅名の「濁」という視点も全く無用なことなのです。

〔451〕

乙	亥	**大運**	
庚	辰	丙子	
戊	戌	己卯	乙亥
丁	巳	戊寅	甲戌
		丁丑	

〈土が乗権し〉と言っていることを信用しますと、戊日辰月土旺生の「建禄格」です。乙庚合去し、辰戌冲去し、日干無根となりますが、亥接近しましても、生時丁巳ですので、日干は強。用神は、甲木疏土して、万物を育生せしめる甲と取りたいのですが、日干に近貼して、

時柱丁巳の化殺生身となるものがあるので、甲木は用神として取れず、やむなくの仮神壬を用神と取るしかないのです。喜神は一応金水、忌神火土、閑神木となります。二干と二支が去となり、土旺であるのに疏土の甲が用をなさず、死令の壬水の仮神しか用神と取れない、乙庚解合しても、それほどの佳とはならない。辰戌解冲すると日干さらに旺強となって、奪財の忌とさえなる、忌となる干支は誠に多い等々からして、「源半濁」とすべきことになります。

第一運己卯、木旺運、己乙尅にて乙庚解合して原局に戻り、卯亥木局半会、卯戌合の情不専で、辰戌解冲しませんが、大運干己土は生庚して、原局相令の庚は尅乙し、尅卯とさえなり、去とならない卯は巳火・丁火を生じて、化殺生身し、やや忌とさえなります。

第二運戊寅、寅亥合去して、用神の壬水を失い、財と比劫の戊土の忌の傾向性。

第三運丁丑、戊土の根あることとなる比劫の忌、丁の助身の忌、奪財の忌の傾向性。

第四運丙子、子辰水局半会にて辰戌解冲して、全支個有の支。丙火生戊土して、また奪財の忌の傾向性。

第五運乙亥、水旺運、乙庚解合して、亥巳冲去。日干戊土無根の上に巳火が去となり、湿土生庚金の喜が一支の亥水を生水し、亥中甲を生じることによって、「始終」良好となる喜大の傾向性となります。しかし、前運までの忌の後遺・累積によって、突然変異はなく、この運中徐々に良化し、

第六運甲戌、辰戌解冲して、亥中に有気の甲ある大運干甲木は、一辰二戌を疏土開墾する、日干戊土への攻身はないが、喜の傾向性ある運となります。二運が喜となるので、「流前濁後清」と言うことができる、「時來

寒谷回春」の二運にある、となるのです。

任氏増注を評註してください。

〔452〕

癸　亥	大運	乙卯
己　未	戊午	甲寅
丙　午	丁巳	癸丑
己　丑	丙辰	

〈土旺ですので〉とあることを信用しますと、丙日未月土旺に生まれる「傷官格」です。癸己尅去し、未午合去して、亥丑接近。日干無根となり、土旺の己土に洩身耐えられず、亥中の甲の印を制傷・生身の用神とします。真神得用となるもので、喜は木火、忌は土金水となるものです。日干無根、傷官太過となる「源濁小清」とするものです。

「源半濁半清」と言ってもよろしいでしょう。「濁」のほうが「清」より重いのです。忌となる干支が大変多いのは、印の甲乙が日干に近貼していないことによります。

第一運戊午、戊癸合にて癸己解尅し、未午解合して、日干有根となるも、甲木の印無情となって、食傷太過の忌の傾向性となります。

第二運丁巳、丁癸尅にて癸己解尅し、巳午未の南方全となって、喜の傾向性ある運となります。

第三運丙辰、大運に丙透出しても、無根の丙火は忌の傷官に晦火晦光され、忌の傾向性。

第四運乙卯、木旺運、亥卯未木局全の情にて未午解合し、卯亥木局半会となって、日干を強化。喜の傾向性。

第五運甲寅、木旺の甲木制傷・生身となり、丙火は寅に有気となって、この二運、「寒谷回春」となる大喜の傾向性。つまり、「流前濁後清」となるものです。

〔453〕

丁　卯	**大運**	癸卯
丁　未	丙午	壬寅
庚　午	乙巳	辛丑
己　卯	甲辰	

一六八七年八月一日卯刻がこの四柱にて、土旺生にして立運約8才です。しかし、一七四七年七月十八日卯刻もこの四柱で、これですと火旺生にて立運3才5ケ月となります。このように、土旺か火旺かが分からなければ解命できないと言ってもよいくらいです。土旺では、燥湿という点にも考慮しなければなりません。調候壬水がないことには未は燥土となり、時干己土も燥土、燥土不能生金となります。火旺でしたなら、調候水源の庚辛金有情である壬水が必要となるのに、他に庚辛金なく、壬水もない、死令の日干庚となり、二丁旺火透出、午火日支にあり、火炎土燥、焦土脆《ぜい》金。しかし印ある以上、日干いくら弱となっても、従することはできない「正官格」です。用神用をなさず、喜神土金としても、調候がない限り、喜の作用ない、夭凶命となり、「濁」の「濁」にして、第一運丙午中に必死となるものです。

土旺の生としても、「印綬格」ではありますが、調候のない燥土不能生金の「濁」となり、火旺より少しはましな程度の「濁」です。第一運丙午中に死亡することもあれば、仮に無事過ごし得たとしても、第二運乙巳火旺運、巳午未南方全くし、乙・二卯が助火となっては、この運必死となる「流濁」です。同じく夭凶命となるのです。

任氏増注の解命、〈午未南方〉と言うべきではありません。また卯木が〈壊印〉と言うべきではありません。時干己土は午火から生土され、時支卯が天干己土を〈壊印〉はできない理です。〈清枯〉と言うことは、「濁」ではなく、「清中に日干無根無気である枯」ということになるのですから、「清」の条件が一点もない以上、「濁」と言うべきです。しかも、相当寿あるように、美辞麗句をもって不遇をかこっているように言っておりますが、生家環境劣悪にして困窮、知能は低く、多病多疾、金の大病あって、第二運乙巳、無事に過ごし得る訳がないのです。

〔364〕

癸	**巳**	**大運**	
庚	**申**	3才己未	33才丙辰
甲	**申**	13才戊午	
壬	**申**	23才丁巳	

甲日申月金旺・木死令、壬分野生の「偏印格」です。調候丙火が必要であるのに、年支巳中丙火あっても、巳申合となり、天干庚金生癸水となっていますので、巳申合は化水し、調候はなくなって、申中蔵二壬、巳中蔵二癸となります。日時支二申中壬水あって、時干壬水、相令の水太過の大忌となり、用神取るものなく、喜神木のみ、月干旺令の庚金が死令の甲に近貼して攻身し、夭凶命となる「濁」です。「源濁」「流濁」の甚だしいもので、第一運己未でなければ、第二運戊午中に死亡しても全く不思議ではありません。

徐氏解命、〈用神は、ただ巳中の丙戊〉〈申巳合して、吉神合して損ずる〉と言っておりますが、天干の合で、日干以外の合は、化するか去となるかのいずれかであると同様に、支合も化するか去るかのいずれかなのです。〈損ずる〉とは一体どういうことか全く不明です。しかも、日干弱の甚だしいものが、どうして二神の戊丙を用神に取ることができるのでしょうか。

「衰旺之眞機」を知るべきであり、「中和之正理」を識別することによって、「道有體用。不可以一端論也。要在扶之抑之得其宜。」とある、普通格局で日干弱となっているのに、戊土の財と、丙火食神の二神を用神とすることができるのでしょうか。これはもはや命理ではありません。さらにその後に言っていることも支離滅裂です。

〔454〕

甲 子	大運	31才辛巳	
丁 丑	1才戊寅	41才壬午	
辛 丑	11才己卯	51才癸未	
己 丑	21才庚辰		

辛日丑月土旺生の「偏印格」です。丑月生で調候急を要しますが、丙火一点もなく、月干丁火では当然ながら、調候になり得ません。池塘氷結、金寒水冷の下格となります。

子丑合去し、二丑接近し、甲木が二丑を疏土する反面、甲木生丁、丁火生二丑中の己土、時干に透己しておりますし、二丑中に辛金蔵されても生癸水し、申・酉の根がありませんので、これ以上に土太過すると金埋の憂いがあります。用神は〝壬癸の淘洗を喜ぶ〟干の特性から癸、喜神水木、忌神土金、閑神火となり、「源半濁」と言うべきことになります。

第一運戊寅、木旺運、戊甲尅去し、寅中戊丙甲にて、本気甲は、二丑の本気の己土を尅し、それほどの忌とはならず、
第二運己卯、己甲合去し、それほどの忌とならず、共に一、二運喜は小。
第三運庚辰、庚甲尅去し、辰子水局半会にて子丑解合し、全支個有の支となり、土多金埋の忌の傾向性。
第四運辛巳、それほど忌とならず、
第五運壬午、それほどの忌とならず、
となりますので、「流半濁」となるものです。

〔185〕

癸亥
壬戌
癸丑
癸亥

大運
4才辛酉　34才戊午
14才庚申　44才丁巳
24才己未　54才丙辰

癸日戌月土旺・水死令に生まれる「正官格」です。調候丙火なく、死令とはいえ、日干最強、冲天奔地に近い水勢ですが、戌中戊土は天干の水は制し得ませんが、年支日支の水は十分制しているので、生丙につながる甲の洩秀をもって用神とし、喜神木火土、忌神金水となります。「源半濁半清」の命です。調候が一点もないのが「濁」となる一因。死令の水であり、多少の制水もある点が、「濁」とも「清」とも言えないところであり、用神甲が二亥にあって、真神有力。甲生丙の機となる、傷官生財の機となって、やや「清」と言うより、やや「濁」のほうが強いので「半濁半清」となり、濁中に「清」があることになるもの

です。

第一運辛酉、金旺運、酉丑金局半会。日干をさらに強化、大忌の運。

第二運庚申、金旺運も、相当なる忌の傾向性。

第三運己未、未丑冲去、徐々に喜に転じ、
第四運戊午、喜大の傾向性。

第五運丁巳、前運と同様、喜大の傾向性。三十年も喜の傾向性が続き、寿も長いものです。

つまり、「流前濁後清」と言うべきです。

〔455〕

	大運	
甲　午		
丙　寅	1才丁卯	41才辛未
丙　午	11才戊辰	51才壬申
丁　酉	21才己巳	31才庚午

丙日寅月木旺・火相令の生まれで「偏印格」です。寅午火局半会にて透丙丁、火太過の「病」に「薬」の壬水不透。洩秀の湿土もなく、時支酉金は奪財されても、やむなくの用神庚としか取れず、喜神土金水、忌神木火とする、「源濁」の命となります。


第一運丁卯、木旺運、印・比劫と丙火の忌象続出します。

第二運戊辰、戊甲尅去し、辰酉合は午酉蔵干の尅の情あって個有の支、辰の湿土は晦火納火し、生金するため、やや喜の傾向。

第三運己巳、火旺運、己甲合去し、火旺の巳火にて、時支酉は熔金され、奪財となる忌の傾向性。

第四運庚午、火旺運、火太過する大忌の大忌、「流」甚だしく「濁」です。

徐氏解命、〈もし、酉金がなければ、格は「炎上格」となり、失時にても氣勢清澄となります。〉と言っているのは大誤です。火旺月生でない以上、「炎上格」とはならないのです。調候壬がないことが「炎上格」成立の条件となるのですから、「炎上格」は「濁」となる一因を含んでいるのです。

以上にて「運歳論」から「位相論」までを論じ尽くしてきましたので、次に「事象論」となります。

八字索引（巻一～巻四）

乙丑　甲申　甲辰　己巳　〈二七三〉②三四五
癸巳　庚申　甲申　壬申　〈三六四〉③一六二
庚戌　甲申　甲戌　乙丑　〈三七二〉③一八七
癸巳　庚申　甲申　壬申　〈三六四〉③四一一
癸未　庚申　甲申　乙亥　〈五九〇〉④三〇八
己巳　壬申　甲寅　戊辰　〈五九六〉④三二〇
庚戌　乙酉　甲寅　庚午　〈四四〉①二四六
壬午　己酉　甲申　甲子　〈一四五〉②六四
壬辰　己酉　甲申　甲子　〈一四六〉②六五
癸未　辛酉　甲申　丙寅　〈一四七〉②六六
己亥　癸酉　甲辰　丙寅　〈六三〇〉④四〇七
丁亥　庚戌　甲辰　壬申　〈五〉①一〇九
甲申　甲戌　甲寅　甲戌　〈一二二〉②八
甲戌　甲戌　甲寅　甲戌　〈一三〇〉②二三
戊辰　壬戌　甲辰　己巳　〈二七四〉②三四六
己卯　甲戌　甲子　己巳　〈二八七〉②三七九
甲子　甲戌　甲寅　乙亥　〈三四五〉③一一七
戊子　壬戌　甲寅　庚午　〈四三七〉③三五二
癸巳　癸亥　甲寅　壬申　〈一九〉①一九九
壬子　辛亥　甲寅　甲子　〈五三〇〉④一八〇

壬寅　辛亥　甲寅　己巳　〈五三一〉④一八二
丙戌　己亥　甲戌　庚午　〈五六七〉④二六二
癸未　癸亥　甲午　丁卯　〈五七七〉④二九〇
甲子　丙子　甲申　己巳　〈二八八〉②三八〇
壬辰　壬子　甲寅　戊辰　〈三二四〉③六八
壬戌　壬子　甲子　戊辰　〈三二五〉③六九
③二三七
辛酉　庚子　甲子　丙寅　〈三七三〉③一八八
庚寅　戊子　甲寅　丙寅　〈四一三〉③二七四
丁未　癸丑　甲辰　甲戌　〈一八二〉②一六六
丁亥　癸丑　甲子　辛未　〈一八三〉②一六七
甲寅　丁丑　甲戌　己巳　〈二八九〉②三八一
甲午　丁丑　甲午　丙寅　〈二九八〉②四〇二
壬午　癸丑　甲寅　丁卯　〈六一四〉④三五六

◆乙日

丙辰　庚寅　乙卯　丁亥　〈五四〉①二七五
辛亥　庚寅　乙未　己卯　〈六七〉①三〇二
③三二六
癸未　甲寅　乙亥　己卯　〈一一八〉①四三三
戊午　甲寅　乙卯　己卯　〈三五〇〉③一二九

癸巳	壬戌	乙巳	戊寅	〈五六〉	①二七六
甲戌	甲戌	乙卯	丙戌	〈’一三〇〉	②二一三
癸巳	壬戌	乙卯	戊寅	〈五八九〉	④三〇七
庚午	丙戌	乙卯	丁丑	〈五九七〉	④三二一
乙卯	丙戌	乙卯	丁亥	〈六四三〉	④四二二
丙子	己亥	乙丑	壬午	〈一一〉	①一二四
甲寅	乙亥	乙卯	癸未	〈五七〉	①二八〇
甲寅	乙亥	乙卯	庚辰	〈A〉	①二八一
丙子	己亥	乙亥	丙子	〈一一二〉	①四一五
丙子	己亥	乙酉	壬午	〈一三二〉	②二九
壬子	辛亥	乙亥	丙子	〈三九五〉	③二三一
乙丑	丁亥	乙未	己卯	〈四八四〉	④七一
己亥	丙子	乙丑	壬午	〈一三三〉	②三〇
甲申	丙子	乙酉	丙戌	〈三二九〉	③七九
戊寅	甲子	乙亥	甲申	〈三六七〉	③一七二
辛巳	辛丑	乙酉	乙酉	〈二六七〉	②三二一
壬申	癸丑	乙丑	辛巳	〈三三二〉	③八二
					③二七九
					③三九九
丙子	辛丑	乙巳	乙酉	〈四一二〉	③二六七

◆丙日

辛亥	庚寅	丙子	乙未	〈三七〉	①二三四
					②一三五
丁亥	壬寅	丙午	丁酉	〈三九〉	①二三六
丁丑	壬寅	丙申	壬辰	〈二八一〉	②三六〇
壬申	壬寅	丙子	乙未	〈四二七〉	③三二三
					④三三一
辛卯	庚寅	丙戌	己丑	〈四三二〉	③三三九
甲午	丙寅	丙午	丁酉	〈四五五〉	③四一四
丙辰	庚寅	丙午	壬辰	〈四六九〉	④三六
丙辰	庚寅	丙午	癸巳	〈’四六九〉	④三七
乙亥	戊寅	丙子	甲午	〈四七三〉	④五一
辛巳	庚寅	丙辰	己丑	〈四七四〉	④五三
丁亥	壬寅	丙子	丁酉	〈五〇六〉	④一二五
癸酉	甲寅	丙午	癸巳	〈五二六〉	④一七二
甲辰	丙寅	丙寅	壬辰	〈五五一〉	④二二三
癸巳	甲寅	丙戌	庚寅	〈六〇〇〉	④三二四
庚辰	己卯	丙申	戊戌	〈四八〉	①二五一
癸未	乙卯	丙午	辛卯	〈一六四〉	②一二八
丁巳	癸卯	丙辰	癸巳	〈一七一〉	②一三六

癸巳　戊午　丙午　庚寅　〈五〇七〉④一二六
丙戌　甲午　丙午　己丑　〈五一三〉④一四二
辛巳　甲午　丙子　甲午　〈五一四〉④一四四
丙寅　甲午　丙午　己丑　〈五二四〉④一七〇
丁卯　丙午　丙午　庚寅　〈五二五〉④一七一
壬戌　丙午　丙寅　己丑　〈五三四〉④一八八
丙寅　甲午　丙申　壬辰　〈五三八〉④二〇〇
丙申　甲午　丙寅　壬辰　〈五三九〉④二〇一
戊子　戊午　丙辰　戊戌　〈五四〇〉④二〇二
庚戌　壬午　丙子　壬辰　〈六〇三〉④三三七
丁卯　丙午　丙子　壬辰　〈六〇七〉④三四〇
庚戌　壬午　丙寅　己亥　〈六五三〉④四四三
己丑　辛未　丙寅　己丑　〈二二〇〉②二五五
戊申　己未　丙戌　己丑　〈二三一〉②二六八
丙子　乙未　丙辰　乙未　〈二三六〉②二七四
癸酉　己未　丙午　癸巳　〈二四〇〉②二七九
己未　辛未　丙戌　戊戌　〈二九七〉②四〇一
己卯　辛未　丙子　辛卯　〈三六五〉③一七〇
戊戌　己未　丙子　庚寅　〈三九一〉③二二一
己巳　辛未　丙午　丁酉　〈四〇一〉③二四四

癸亥　己未　丙午　己丑　〈四五二〉③四〇九
丙戌　乙未　丙子　甲午　〈五一二〉④一三七
壬寅　丁未　丙申　甲午　〈五五〇〉④二二二
戊戌　己未　丙辰　戊戌　〈六二一〉④三九八
癸丑　己未　丙寅　辛卯　〈六五二〉④四四一
丙戌　丙申　丙申　壬辰　〈A〉①一一五
壬寅　戊申　丙寅　癸巳　〈二八〉①二一三
戊寅　庚申　丙申　丙申　〈三一七〉③三五
丙子　丙申　丙子　丙申　〈三七六〉③一九〇
戊辰　辛酉　丙午　癸巳　〈四九〉①二五九
丁丑　己酉　丙午　己丑　〈一二〇〉①四三四
己巳　癸酉　丙寅　庚寅　〈一五〇〉②七六
戊子　辛酉　丙申　己丑　〈二九三〉②三八六
乙丑　乙酉　丙辰　辛卯　〈四八六〉④七八
辛卯　戊戌　丙辰　己亥　〈二一二〉②二二〇
辛卯　戊戌　丙辰　壬辰　〈二一三〉②二二一
丙午　戊戌　丙午　戊戌　〈三一二〉②四三一
癸丑　壬戌　丙午　庚寅　〈三八三〉③二〇四
辛酉　戊戌　丙午　庚寅　〈四二五〉③三一一
乙丑　丙戌　丙午　庚寅　〈五三三〉④一八七

◆丁日

戊申	丙辰	丁卯	甲辰	〈四〇〇〉③二四三
壬午	甲辰	丁巳	己酉	〈五九一〉④三一〇
丁酉	甲辰	丁巳	丙午	〈，五九一〉④三一一
辛酉	壬辰	丁巳	甲辰	〈六三一〉④四〇八
壬戌	甲辰	丁酉	己酉	〈六五七〉④四四八
丁卯	乙巳	丁卯	乙巳	〈三一一〉②四三一
乙亥	辛巳	丁巳	庚戌	〈三四〇〉③一〇六
壬午	乙巳	丁丑	丙午	〈三六六〉③一七一
癸巳	丁巳	丁卯	丙午	〈三八五〉③二〇六
丁酉	乙巳	丁丑	丙午	〈四〇九〉③二六五
丁未	乙巳	丁酉	癸卯	〈四九三〉④九三
丙辰	癸巳	丁丑	甲辰	〈六三五〉④四一三
丁巳	丙午	丁酉	丙午	〈，C〉①二五八
丁未	丙午	丁巳	丙午	〈D〉①二五八
庚寅	壬午	丁卯	癸卯	〈五〇〉①二六〇
戊申	戊午	丁巳	乙巳	〈二四一〉②二八〇
甲申	庚午	丁亥	壬寅	〈三六一〉③一五九
甲申	庚午	丁亥	癸卯	〈，三六一〉③一六〇
丁丑	丁未	丁酉	丁未	〈一二一〉①四三五
壬申	丁未	丁未	癸卯	〈二〇三〉②二一一

壬申	丁未	丁未	己酉	〈二四八〉②二八八
丁巳	丁未	丁卯	癸卯	〈三八六〉③二〇七
戊辰	己未	丁巳	丙午	〈三九二〉③二二一
丙申	乙未	丁未	庚戌	〈五四九〉④二二〇
己丑	壬申	丁未	丙午	〈一六三〉②一二七
辛未	丙申	丁亥	壬寅	〈三六三〉③一六一
辛巳	丁酉	丁酉	辛丑	〈七八〉①三五九
己未	癸酉	丁巳	丁未	〈一三四〉②三一
				②一三七
庚辰	乙酉	丁丑	乙巳	〈四六三〉④二二
癸未	壬戌	丁未	戊申	〈二一八〉②二二七
丙申	戊戌	丁卯	乙巳	〈二二四〉②二六〇
甲子	甲戌	丁未	甲辰	〈二四九〉②二八九
戊午	壬戌	丁卯	癸卯	〈三八二〉③二〇三
丙寅	戊戌	丁酉	乙巳	〈六〇九〉④三四六
癸丑	壬戌	丁亥	壬寅	〈六五六〉④四四七
己丑	乙亥	丁巳	辛丑	〈一五七〉②八八
癸亥	癸亥	丁卯	癸卯	〈一九四〉②二〇三
戊寅	癸亥	丁未	辛亥	〈四二一〉③三〇五
癸卯	癸亥	丁卯	辛亥	〈四六四〉④二一八

◆戊日

己未　己巳　戊午　乙卯　〈三九六〉③二三一
辛酉　癸巳　戊申　丁巳　〈四四五〉③三七一
辛丑　癸巳　戊申　丙辰　〈四四一〉③三七四
乙未　辛巳　戊戌　丁巳　〈四九七〉④一〇五
戊辰　戊午　戊申　己未　〈八〇〉①三六一
戊子　戊午　戊戌　戊午　〈一二三〉②一〇
戊申　戊午　戊子　戊午　〈一二四〉②一〇
甲申　庚午　戊戌　丙辰　〈一三一〉②二四
戊午　戊午　戊午　甲寅　〈三四八〉③一二二
丁酉　丙午　戊午　乙卯　〈三九七〉③二三二
庚寅　壬午　戊午　丁巳　〈四四三〉③三七五
甲寅　庚午　戊寅　甲寅　〈五四七〉④二一六
己丑　庚午　戊申　癸亥　〈五九八〉④三二二
丁亥　丙午　戊寅　甲寅　〈六一一〉④三四八
庚子　癸未　戊寅　壬子　〈一七三〉②一四一
戊戌　己未　戊戌　丙辰　〈四〇七〉③二五五
丁酉　丁未　戊戌　丁巳　〈五〇〇〉④一〇八
己巳　辛未　戊戌　己未　〈五五九〉④二四五
己酉　辛未　戊辰　壬戌　〈六四一〉④四二〇
丁酉　戊申　戊申　戊午　〈二五三〉②二九三

壬子　戊申　戊戌　辛酉　〈四五八〉④一八
癸丑　庚申　戊午　己未　〈六三九〉④四一八
癸丑　庚申　戊午　丙辰　〈六三九〉④四一九
癸未　庚申　戊戌　己未　〈六四〇〉④四一九
辛卯　丁酉　戊子　戊午　〈二〇〉①二〇〇
丁亥　己酉　戊子　丁巳　〈一四四〉②五六
辛酉　丁酉　戊午　辛酉　〈二二一〉②二五六
戊子　辛酉　戊午　丁巳　〈二二六〉②二六二
癸亥　辛酉　戊申　己未　〈二二八〉②二六五
己未　癸酉　戊戌　庚申　〈二二九〉②二六六
壬戌　己酉　戊戌　乙卯　〈二三七〉②二七六
戊戌　辛酉　戊戌　辛酉　〈三一三〉②四三二
己亥　甲戌　戊寅　丙辰　〈四〇〉①二三七
己巳　甲戌　戊寅　丙辰　〈四一〉①二三七
戊辰　壬戌　戊辰　己巳　〈二七四〉②三四七
甲辰　甲戌　戊子　甲寅　〈四五〇〉③三九八
辛未　戊戌　戊戌　丁巳　〈五六五〉④二六〇
壬辰　辛亥　戊子　癸丑　〈八二〉①三六二
癸酉　癸亥　戊子　丁巳　〈一七四〉②一四二
戊戌　癸亥　戊戌　癸亥　〈三一四〉②四三三

◆己日

③三一〇
④一五〇
戊辰　庚申　己卯　戊辰　〈四八三〉④七〇
丁亥　庚戌　己巳　庚午　〈二五四〉②二九三
③五五
壬午　庚戌　己酉　庚午　〈二五五〉②二九三
③五七
甲子　乙亥　己巳　丁卯　〈二〇九〉②二一七
甲寅　丙子　己酉　己巳　〈三四九〉③一二三
丙寅　庚子　己亥　甲戌　〈三五七〉③一四六
戊戌　甲子　己巳　戊辰　〈五〇八〉④一二七
癸卯　乙丑　己亥　己巳　〈一七六〉②一四四
丙戌　辛丑　己卯　甲子　〈三五八〉③一四七
庚辰　己丑　己亥　壬申　〈五六〇〉④二四五
己丑　丁丑　己亥　乙丑　〈五六六〉④二六一

◆庚日

辛卯　庚寅　庚午　己卯　〈一三〉①一三六
②六八
己酉　丙寅　庚申　庚辰　〈一八八〉②一九七
丙申　庚寅　庚申　辛巳　〈一八九〉②一九八

壬寅　壬寅　庚寅　戊寅　〈二六四〉②三一九
丁卯　壬寅　庚午　丙戌　〈二六六〉②三二一
己亥　丁卯　庚寅　丙子　〈八七〉①三六五
己亥　丁卯　庚申　庚辰　〈一一四〉①四二七
④三三二
己酉　丁卯　庚辰　甲申　〈一一五〉①四二九
乙亥　己卯　庚辰　丁丑　〈一七二〉②一四〇
丙辰　辛卯　庚申　丁丑　〈二〇五〉②二一三
癸酉　乙卯　庚戌　戊寅　〈五六九〉④二六三
甲子　戊辰　庚申　壬午　〈一〇〉①一二二
戊午　丙辰　庚寅　丙戌　〈一九三〉②二〇二
庚辰　庚辰　庚申　庚辰　〈三九三〉③二二九
壬辰　甲辰　庚午　丙戌　〈五五四〉④二三五
乙卯　庚辰　庚申　丁丑　〈六一二〉④三四九
乙巳　辛巳　庚辰　甲申　〈四六七〉④三〇
丁卯　丙午　庚午　己卯　〈一四〉①一三七
壬申　丙午　庚午　庚辰　〈一五四〉②八六
壬午　丙午　庚申　戊寅　〈一五五〉②八七
壬申　丙午　庚午　丙戌　〈一九八〉②二〇七
癸酉　戊午　庚寅　丁丑　〈三五六〉③一四五

癸酉　甲子　庚辰　甲申　〈三九四〉③二三〇
己卯　丙子　庚寅　辛巳　〈四一九〉③二九三
乙未　戊子　庚辰　丁丑　〈四三四〉③三五〇
壬申　壬子　庚辰　丙子　〈五二一〉④一六一
甲子　丙子　庚辰　庚辰　〈五四五〉④二〇六
甲戌　丙子　庚子　丙戌　〈五六三〉④二五八
丁亥　壬子　庚子　辛巳　〈五七三〉④二七七
己亥　丙子　庚子　辛巳　〈五八〇〉④二九二
辛巳　辛丑　庚申　辛巳　〈五五〉①二七五
④一二七
丙辰　辛丑　庚辰　丙子　〈一〇八〉①四〇二
癸卯　乙丑　庚申　丁丑　〈四九二〉④九二
丁未　癸丑　庚子　丁亥　〈六二四〉④四〇〇
丁丑　癸丑　庚子　乙酉　〈六二五〉④四〇二

◆辛日

丁卯　丙寅　辛亥　庚寅　〈二八三〉②三六一
丁卯　壬寅　辛亥　庚寅　〈′二八三〉②三六一
己卯　丙寅　辛亥　庚寅　〈″二八三〉②三六一
甲午　丙寅　辛酉　己丑　〈四六六〉④二九
丙子　庚寅　辛巳　戊子　〈六一〇〉④三四七

壬子　癸卯　辛亥　甲午　〈七〇〉①三二六
辛卯　辛卯　辛卯　辛卯　〈一二五〉②一一
戊辰　乙卯　辛丑　丁酉　〈四二二〉③三〇六
己巳　丁卯　辛卯　乙未　〈四二三〉③三〇七
壬子　甲辰　辛亥　甲午　〈′七〇〉①三二六
戊子　丙辰　辛酉　壬辰　〈二六二〉②三〇一
癸丑　丙辰　辛亥　戊子　〈二九二〉②三八五
己巳　戊辰　辛酉　己亥　〈三二六〉③六九
戊戌　丙辰　辛丑　戊戌　〈三三四〉③九一
丁卯　甲辰　辛亥　癸巳　〈四七〇〉④三八
己丑　戊辰　辛亥　戊戌　〈四八七〉④七九
壬辰　甲辰　辛酉　丁酉　〈六〇一〉④三二五
己卯　庚午　辛卯　甲午　〈八六〉①三六四
庚申　壬午　辛酉　癸巳　〈一一六〉①四三〇
庚申　壬午　辛酉　甲午　〈一一七〉①四三二
丁酉　丙午　辛酉　戊子　〈二一七〉②二二六
丁未　丙午　辛卯　甲午　〈二七二〉②三二七
辛卯　乙未　辛酉　庚寅　〈三七九〉③一九二
戊子　己未　辛亥　戊子　〈五八六〉④二九九
丁酉　戊申　辛丑　己丑　〈四〇六〉③二五五

◆壬日

壬寅	癸卯	壬寅	癸卯	〈B〉②三九六
戊午	乙卯	壬子	庚子	〈二五八〉②二九七
				④一七一
己卯	丁卯	壬午	甲辰	〈二七五〉②三四七
己卯	丁卯	壬午	癸卯	〈二七六〉②三四八
甲辰	丁卯	壬辰	辛亥	〈二九一〉②三八四
戊辰	乙卯	壬寅	甲辰	〈三〇四〉②四〇七
丙子	壬辰	壬申	乙巳	〈八〉①一一六
癸巳	丙辰	壬寅	丙午	〈七一〉①三二七
甲寅	戊辰	壬辰	壬寅	〈二一五〉②二二三
壬申	甲辰	壬寅	癸卯	〈C〉②三九七
壬申	甲辰	壬申	戊申	〈六五五〉④四四六
壬寅	乙巳	壬午	乙巳	〈二七〉①二一二
癸酉	丁巳	壬午	丙午	〈四一一〉③二六六
癸卯	戊午	壬寅	丙午	〈九一〉①三六六
丁亥	丙午	壬寅	己酉	〈一七〇〉②一三二
丁亥	丙午	壬寅	戊申	〈一七〇〉②一三四
戊辰	戊午	壬辰	甲辰	〈一九五〉②二〇三
癸亥	戊午	壬午	己酉	〈二〇七〉②二一六
壬子	丙午	壬子	丙午	〈三七八〉③一九二

癸丑	戊午	壬寅	庚戌	〈五五五〉④二三五
丙辰	乙未	壬午	癸卯	〈九〇〉①三六六
丙午	乙未	壬午	辛亥	〈九六〉①三七一
己巳	辛未	壬午	乙巳	〈一四〇〉②五一
戊午	己未	壬申	辛亥	〈二一一〉②二二〇
丁巳	丁未	壬寅	壬寅	〈二七八〉②三四九
丙辰	乙未	壬辰	甲辰	〈三三〇〉③八〇
己酉	辛未	壬寅	壬寅	〈四七九〉④六五
戊子	庚申	壬寅	辛丑	〈三八〉①二三五
辛巳	丙申	壬寅	庚戌	〈四一八〉③二九〇
癸巳	壬申	壬寅	庚戌	〈'四一八〉③二九二
庚辰	甲申	壬辰	壬寅	〈四七五〉④五四
癸亥	庚申	壬申	甲辰	〈五二二〉④一六七
癸亥	庚申	壬子	丙午	〈五二三〉④一六八
癸亥	庚申	壬子	庚子	〈'五二三〉④一六九
丁丑	戊申	壬戌	庚子	〈五二七〉④一七二
戊申	庚申	壬申	甲辰	〈五九三〉④三一二
壬申	戊申	壬申	戊申	〈六五四〉④四四五
戊戌	辛酉	壬寅	辛丑	〈三三七〉③九二
己亥	癸酉	壬申	戊申	〈五九四〉④三一三

◆癸日

壬午	丙午	癸巳	甲寅	〈二八五〉②三六四
壬申	丙午	癸亥	戊午	〈四五七〉④一二
戊子	戊午	癸酉	戊午	〈六二七〉④四〇四
戊子	戊午	癸酉	壬子	〈A〉④四〇五
戊子	戊午	癸酉	癸丑	〈B〉④四〇五
丙申	乙未	癸酉	癸亥	〈九五〉①三七一
甲寅	辛未	癸亥	戊午	〈二九〇〉②三八二
癸亥	己未	癸亥	己未	〈三一五〉②四三三
丁卯	丁未	癸巳	癸丑	〈五八八〉④三〇〇
甲寅	壬申	癸巳	癸亥	〈一八〉①一九七
戊戌	庚申	癸亥	乙卯	〈一五九〉②九七
辛卯	丙申	癸卯	壬戌	〈一六五〉②一二九
辛卯	丙申	癸卯	甲寅	〈一六六〉②一三〇
辛丑	丙申	癸巳	庚申	〈四六二〉④二一
丁巳	戊申	癸丑	乙卯	〈六二九〉④四〇六
庚辰	乙酉	癸卯	庚申	〈A〉②三三三
				〈三五二〉③一三〇
庚辰	辛酉	癸卯	庚申	〈'A〉②三三三
癸亥	辛酉	癸丑	壬戌	〈五三五〉④一九一
壬辰	己酉	癸卯	乙卯	〈五七八〉④二九一

癸巳	壬戌	癸酉	壬戌	〈一八四〉②一六八
癸亥	壬戌	癸丑	癸亥	〈一八五〉②一六九
				③四一三
丙戌	戊戌	癸巳	壬戌	〈二七七〉②三四八
癸亥	壬戌	癸丑	癸丑	〈五九五〉④三一四
乙酉	丙戌	癸酉	丁巳	〈六一六〉④三五九
壬子	辛亥	癸丑	壬子	〈三〇九〉②四二一
丁丑	辛亥	癸亥	癸亥	〈五三六〉④一九二
癸酉	甲子	癸亥	辛酉	〈四〉①一〇三
己酉	丙子	癸未	戊午	〈九八〉①三八〇
丁酉	壬子	癸亥	壬子	〈三五五〉③一三六
甲申	丙子	癸亥	癸亥	〈三六〇〉③一五八
甲子	丙子	癸亥	乙卯	〈五四八〉④二一六
丁亥	壬子	癸丑	甲寅	〈六四二〉④四二一
甲辰	丁丑	癸亥	癸酉	〈九四〉①三七〇
辛丑	辛丑	癸丑	癸丑	〈一〇五〉①三九七
				②三三三
癸丑	乙丑	癸丑	癸丑	〈三六二〉③一六〇
辛丑	辛丑	癸酉	癸丑	〈四八九〉④八〇

（全七〇二造）

著者略歴

武田考玄

日本命理学会前会長

大正５年12月１日午前８時頃、横浜に生まれる。
早稲田大学政治経済学部卒業。中国に７年間。俳優座、新東宝を経て、ＮＥＴ（現テレビ朝日）開局時より、演出家、プロデューサーとして活躍。脚本も手掛ける一方、中国の古書により、四柱推命学、奇門遁甲学、漢方、家相、姓名学、観相学などを研究。昭和46年、同局を退職後、四柱推命学の通信講座を開講するとともに、多くの人のために実審を行う。昭和49年、日本命理学会設立。

著書に『四柱推命学詳義』（全十巻）『滴天髄和解大全』（全四巻）『造化真髄』（上・中・下巻）『奇門遁甲個別用秘義』『命理姓名学』『２１世紀の家相』他、多数。

滴天髄真義　巻三
限定版

二〇一九年五月三十日　初版第１刷発行

著者　武田考玄
発行者　土屋照子
発行所　秀央社
〒一七七−〇〇四五
東京都練馬区石神井台八−十三−一
ＴＥＬ　〇三−三九二九−三五八一
ＦＡＸ　〇三−三九二九−三三三八
振替　〇〇一四〇−〇−七九六二六
http://www.meirigaku.com
発売元　星雲社
〒一一二−〇〇〇五
東京都文京区水道一−三−三〇
ＴＥＬ　〇三−三八六八−三二七五
ＦＡＸ　〇三−三八六八−六五八八
印刷　モリモト印刷株式会社
函装丁　板谷成雄

考玄命稿集

巻一《現代編》
巻二《明治維新編》

B五判上製
巻一　一五、〇〇〇円＋税
巻二　二〇、〇〇〇円＋税

巻一《現代編》

政治・経済・芸術・学術などの各界の一流人、著名人、また、事件によって名を知られた方、故人となられた方々の命を詳細に解命するとともに、その方の経歴・事跡を大運、流年、年齢順に細かく摘出・説明し、個人を通しての、大正・昭和の現代史とも言える、命稿・命譜の書であり、また、著者の実審や研究成果をも併録した命理学研究の貴重な資となるものであります。

巻二《明治維新編》

本書は、幕末から明治にかけての疾風怒濤の時代に生き、歴史にその名を残した人々の生きざまを追求・解命した命譜であります。

明治を知らずして現代を語ること不可能とさえ言えるもので、その歴史的背景のもとに、個人の生命エネルギーの互換性に照明を当てた大著であります。

命理姓名学

B五判上製
定価二〇、〇〇〇円＋税

『四柱推命姓名学』を発刊してより十七有余年が経過し、この間、生命エネルギー学としての命理学はより高度なものへと向上発展して来ました。それに伴い、命運との関連において、姓名とはいかなるものかを完全に理解する段階に至りました。前著において、「前人未発の書」と申し上げましたが、その点は本書においても同様であり、姓名学における終極の書と言えるものです。

さらに、五百数十人の現代有名人の姓名、命運を無作為に掲げるとともに、「常用漢字表」「人名用漢字表」をも併録、実用性も高く、姓名学を志す者の座右の書となるものと確信いたします。

極意　奇門遁甲玄義

B五判上製
定価二〇、〇〇〇円＋税

太公望、諸葛孔明がこれを用いて百戦百勝したという奇門遁甲の原理・原点から「戦闘の機」の吉凶の方位現象のあり方に至るまで、先賢の業績を踏まえて、詳細かつ平易に、現代的照明のもとにその「玄の義」を論述し尽くし、これを現代の日常生活の種々様々なる目的や期待や願望に、的確に活用出来るように、立向盤作盤法、五層の意義、等々について懇切丁寧に説いたものです。併せて易理的遁甲命理、四柱推命的遁甲命理、紫微斗数的遁甲命理をも徹底的に追究・解明した、遁甲研究家は言うに及ばず、命理学を学ぶ方々にとって、必読の大著であります。

改訂　奇門遁甲個別用秘義

B五判上製
定価二〇、〇〇〇円＋税

本書は、旧来の奇門遁甲の曖昧。不明瞭なる諸点を分析し、その真髄を解明。かつ、気学が奇門遁甲の〝愚かなる息子〟であることを歴史的に明らかにするとともに、時間と空間、すなわち、命理学と遁甲学が不即不離の関係にあることを「エネルギー理論」の元に証明。さらに、奇門遁甲による造命開運法の真髄を一点も秘し隠すことなく公開した前人未発の書であります。また、「九天星歌訣」の解釈は正に白眉たるもの。遁甲家はもとより、すべての命理学の研究家にとって、必読不可欠の書と言えるものであります。

池宮秀湖著作目録

奇門遁甲 万年盤

B五判四分冊
定価一三、〇〇〇円＋税

遁甲盤一〇八〇局をいちいち作盤することは、大変時間のかかる作業ですので、この繁雑さをとり除き、即座に求める盤を引けるようにした、遁甲家必携の書であります。

○凡 例 ○順日盤 ○陰遁局 ○陽遁局

の四分冊からなり、文字通り万年活用できるものであり、遁甲活用に欠かすことのできない一書です。

滴天髄真義 全四巻【限定版】

B五判上製
《全巻一括》
定価五〇、〇〇〇円＋税

命理学の聖典ともいうべき『滴天髄』の優れた点と矛盾点を整理しつつ、著者の到達した「武田理論」によって詳細に解説した命理家必読の大著です。

『滴天髄』の原文をもとに、原註、任註（任鐵樵氏註）、徐註（徐楽吾氏補註）を忠実に和訳し、さらに解註を加え、より体系的に理解できるようまとめてあります。各巻末には、七〇〇造にも及ぶ命造を一覧できる索引を付しております。

色彩分布図による 最新 四柱推命

定価二、〇〇〇円＋税

「武田理論」に色彩分布図で迫る革新的四柱推命の書!!四柱八字と大運によるカルテを作成、それを五色のカラーで塗ることによって、その人の一生の命運の起伏の有り様や、他の人との生命エネルギーの合わせ性、その他が視覚的に理解可能となる、画期的な本です。

運命を切り開くための 四柱推命学入門

定価二、五〇〇円＋税

四柱推命の原点から始まり、ご自分や大切な人の命運を『命運カルテ』に記入し、理解できるまでを懇切丁寧に解説した、独学書的意味合いを含んだ画期的な入門書です。四柱推命学の奥深さに触れるとともに、これからの時代をどう生きていくのか、どう運命を切り開いていくのかの方法を知ることができます。付録に多くの図表や干支暦を満載し、初歩の方でも大変理解しやすくなっています。常に座右をはなすことのできない、人生の医学書です。

奇門遁甲カレンダー

アルバム二冊（陰・陽遁）
本体15，000円＋税
包装送料（別途）

２年目以降において、ケース不要の場合は中身のみ10，000円＋税で購入することができます。
包装送料（別途）

「奇門遁甲カレンダー」は、一年間の万年盤の組み合わせを陰遁（夏至から冬至まで）、陽遁（冬至から翌年の夏至まで）それぞれ一冊ずつ、計二冊のアルバムにまとめたものです。

一日毎に、曜日・祝日とともに、日盤と十二刻の時盤が一頁に掲載されております（下記見本例参照）。

日盤に使用できる盤があれば、一目でその日の時盤を確認することができ、ご自身にとって最高の盤を見つけやすいようになっています。かなりの時間短縮と、遁甲盤を探す上での間違いもなくなり、大変便利で優れたアイテムです。

ご自身やご家族の皆様の命運良化や希望、願望、目的達成における遁甲活用のために、お手元に置かれることをお勧めいたします。

《奇門遁甲カレンダーの見方》

一日毎に、その日の日盤と12刻の時盤が一頁に掲載されていますので、一目でご自身の最高の盤を見つけやすいようになっています。

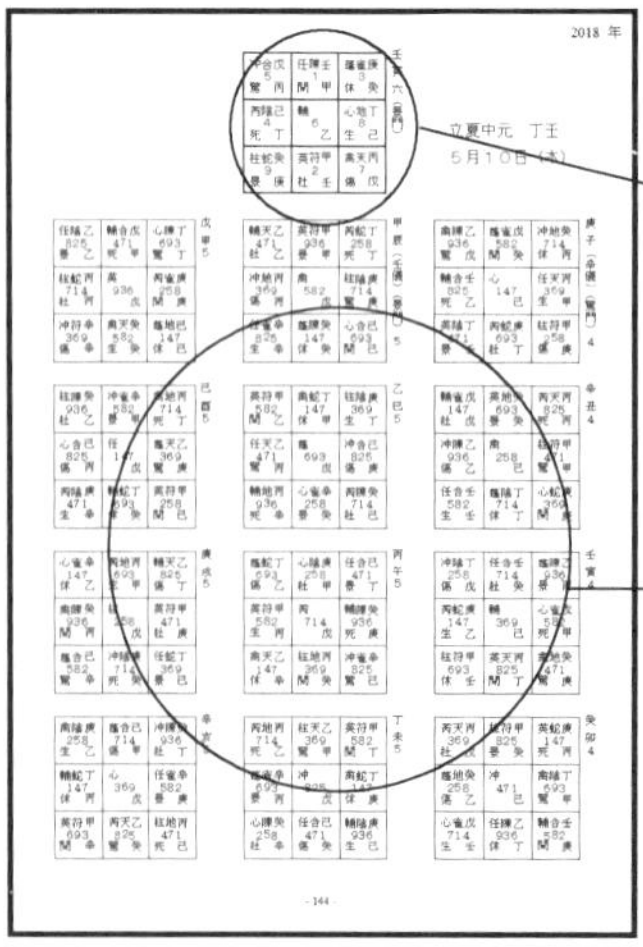

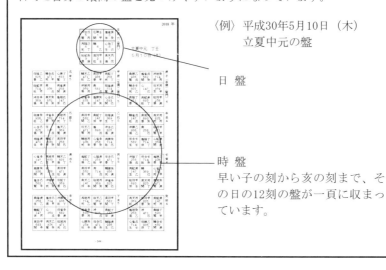

〈例〉平成30年5月10日（木）
立夏中元の盤

日盤

時盤
早い子の刻から亥の刻まで、その日の12刻の盤が一頁に収まっています。

日本命理学会とは

占術としてではなく、あくまでも学術として、科学的方法論に基づき命理学、奇門遁甲学・姓名学・命理学漢方を研究する日本における唯一の学術研究団体です。日本各地および諸外国にも、本部・支部を設置し、真の命理学、奇門遁甲学の向上発展のために寄与し、社会にこれを還元することを目的としております。

当会は、『四柱推命学詳義』『事象論』を修了し、命理学、奇門遁甲学、命理姓名学、漢方等々を学んだ師範・準師範・正会員より成り立っております。また、会誌『天地人』を出刊し、命理学向上発展の一助ともしております。

※師範・準師範・正会員は、必ず期限付きの極印入り身分証明書を所持いたしております。この身分証明書を所持することなく、「日本命理学会」の名を名乗る者が横行しておりますので、ご注意ください。また、ご不審な点がありましたなら、日本命理学会総本部までご照会ください。

日本命理学会総本部
〒177-0045 東京都練馬区石神井台八ー十三ー一
TEL ○三（三五九四）一二一五
FAX ○三（三五九四）一二一五
振替 ○○一○○ー六ー四三六六六

日本命理学会会誌

天地人

年間購読料

年一回（十二月）発行

前納六、○○○円

B五判 本文六十四頁

前会長 武田考玄先生による「古書研究」「病症別・命理学漢方」を連載するとともに、各地区研究会からの「研究会報告」、「奇門遁甲による大気造命」の結果報告、また、師範・準師範・正会員、受講者からの研究発表。命理・遁甲・姓名・命理学漢方等、毎号多くの実造が掲げられ、「武田命理学」を学ぶ同学の士の共同・協力・参画によって成立しているところの、運命学の世界における一級の研究誌であります。

○購読をご希望の方は、総本部にお問い合わせください。なお、バックナンバーは年度別にお分けしております（平成三十一年の時点で84号まで発刊されております）。

2019・3

日本命理学会のホームページ ⇒ http://nihonmeirigakkai.jp/